商海问道

宋志平◎编著

中国财富出版社有限公司

图书在版编目（CIP）数据

商海问道 / 宋志平编著. --北京:中国财富出版社有限公司，2025. 4.
ISBN 978-7-5047-8394-3

Ⅰ. F279.23-53

中国国家版本馆CIP数据核字第2025AN8241号

策划编辑 杜 亮　　**责任编辑** 杜 亮　　**版权编辑** 武 玥
责任印制 梁 凡　　**责任校对** 孙丽丽　　**责任发行** 董 倩

出版发行	中国财富出版社有限公司		
社　　址	北京市丰台区南四环西路188号5区20楼	**邮政编码**	100070
电　　话	010-52227588 转 2098（发行部）		010-52227588 转 321（总编室）
	010-52227566（24小时读者服务）		010-52227588 转 305（质检部）
网　　址	http：//www.cfpress.com.cn	**排　　版**	宝蕾元
经　　销	新华书店	**印　　刷**	宝蕾元仁浩（天津）印刷有限公司
书　　号	ISBN 978-7-5047-8394-3 / F · 3798		
开　　本	710mm × 1000mm　1/16	**版　　次**	2025 年4月第1版
印　　张	22.25	**印　　次**	2025 年4月第1次印刷
字　　数	364千字	**定　　价**	89.00 元

序

PREFACE

我是2019年5月出任中国上市公司协会会长的，到现在差不多6年的时间了，在这段时间里，我去过400多家上市公司、100多家非上市公司进行调研，和一些企业家进行面对面的交谈，也和一些专家、媒体人在资本市场、上市公司高质量发展、创新和新质生产力、企业的经营管理等方面做过不少交流，这本《商海问道》就是从这些交谈和交流里选取的部分内容。虽然只选了30篇，但其内容十分丰富，信息量也很大，也从一个侧面反映了过去这段时光企业的实践和企业家们的感悟，反映了在和专家、媒体交流中大家的所思所想，把这些记录下来并结集出版，也是想让我们记住昨天的岁月，记住我们曾走过的道路，记住一路上我们积淀的思想，毕竟这些思想是弥足珍贵的。

我国的社会主义市场经济是前无古人的，在这种环境下发展资本市场更是一项探索性极强的工作，而这些探索又集中在我国企业和上市公司的实践中。这本书主要是围绕着企业这个层面展开的，通过对话的形式反映出大家在产品运营和资本运营、公司治理和公司管理、企业创新和企业发展、企业面对困难和防范风险等多方面的深层次的真知灼见。因为这些真知灼见是透过大家生动而直白的对话，在问答间表达出来的，所以，我谓之“问道”，相信读者们可以从这些对话中获得有益的启示。

书中的第一部分主要是我和上市公司的企业家们的对话，选取的是我带领协会和媒体与企业家进行的深度对话，这些对话中的问题也都是当时大众所关心关注的内容。京东方的陈炎顺、格力的董明珠、华润啤酒的侯孝海等，谈出了企业高质量发展过程中面临的问题和深度思考；德龙钢铁的丁立国和海信集团的贾少谦，详细讲解了“走出去”的经历和体会。这部分还展示了不同领域的数十名上市公司高管的思辨和智慧，也反映了我国企业家快速成长和对社会做出的巨大贡献，那些交谈的情景至今常浮现在我的眼前。

书中的第二部分是我和一些著名专家学者就企业的问题进行的深度交流。多年来，我国企业的发展也一直得益于管理教育界的大力支持，他们学贯中西，创造理论，培育人才，为我国企业的发展提供了重要的思想支撑。我有幸在过去30年有出任商学院实践教授的经历，曾任三届全国MBA教指委委员，和这些专家学者有些天然的联系，像书中的刘俏、张维迎、刘科、宫玉振、黄卫伟、何志毅、马旭飞等重要学者，他们在企业创新、发展新质生产力、绿色低碳、经营和管理等诸多方面发表了深刻的见解，他们的见解具有很强的理论性和指导性，在和他们的交流中，我获益良多。这些年，这些经管专家和我亦师亦友，进行过不少深度的讨论，对我厘清企业的问题和思路提供了很多帮助。

书中的第三部分是我接受媒体的一些采访，其中也有和上市公司企业家共同接受的采访。陈伟鸿、何伊凡、陈为、张涛、陈小雨等都是著名的媒体人，他们关心市场、关心企业、关心企业家，他们的问题是多方面的，既关系企业，也关系社会，甚至关系人生观。他们的采访是生动鲜活和充满智慧的，好似代表大众进行深度的考问，回答他们的问题也让我有机会对我遇到的问题和我的一些工作情况做些介绍。坦率来讲，我讲的大多是企业层面的事，尤其在企业资本运营、提高上市公司质量、防范企业风险等方面做了一些解答和论述，这些都是我近几年做会长过程中的心得体会，也表达了我对资本市场健康发展的愿望和希冀。我并不想做网红，我接受采访很大程度上是希望媒体对国企改革、资本市场、上市公司、企业家多做些积极正面的报道。

我做了40年企业，又做了6年会长，也去商学院讲课，为大家写了一些企业经营管理方面的书，我常对大家说，我哪里会写书，我是先做和看、再想和讲，最后把讲过的写下来。我始终认为，做企业是一门实践的学问，离开实践就不会知道企业的经营管理是何物。也正因此，我这些年做会长期间常深入企业，和企业家打成一片。央视的陈伟鸿在采访中说我是从“运动员”成为“教练员”，我深知这个“教练员”的责任和含义，其实透过这本书大家也能看到我做“教练员”的一些点滴，或许这本书本身也是供企业家们学习和训练的素材。

在这本书的编写过程中，中国上市公司协会、《中国企业家》杂志、正和岛、央广网、凤凰网、总裁读书会等都提供了大量的支持和帮助，书中各位企业家、专家学者、媒体人热情地参与和指导。中国财富出版社也一如既往地精心编辑，中国财富出版社这些年相继出版了我的“问道三部曲”、《企业心语》《新机与新局》《稳健经营》等7本书，他们对工作的满腔热忱和一丝不苟的工作态度也常让我感动。最后，我还要感谢我的读者们，是大家的包容和理解支持了我持续写作。

宋志平

2025年春

CONTENTS

目 录

第三部分
媒体面对面

第一部分 PART 1

企业家面对面

商海问道

01 上市公司高质量发展
——与京东方集团董事长陈炎顺对话

对话人：陈炎顺，京东方集团董事长
时　间：2020年7月15日
地　点：北京，京东方集团

战略是企业的核心基因

宋志平：陈董，今天我们主要围绕上市公司该怎么发展来讨论，包括企业的发展战略、创新情况、企业的管理、内部的机制、市场、公司治理结构等；围绕上市公司质量如何提高，我们来认真讨论一下关于治理质量和运营质量的问题。这是我第一次来京东方，参观了展室、创新中心，百闻不如一见。我对京东方有了一个全新的认识，尤其是现在的京东方，在显示屏领域的发展，对市场的覆盖、技术的进步，进入智能物流、医疗健康等领域，这些都特别有特色。大家都希望了解京东方现在的一些情况，以及你们对未来、对投资者的想法。

首先请陈董谈一谈京东方的过去、现在和未来，从战略等层面上讲讲京东方发展的故事。

陈炎顺：刚才宋会长已经看到了，京东方作为一家1997年就上市的公司，到目前为止已经23年，算是一家老牌的上市公司。这23年，再加上上市之前的时间，一共近30年的时间里，京东方从一张白纸发展到今天成为全球半导体显示领域的领军企业，确实是非常不容易的。

目前，我们在半导体显示领域的产能占全球市场份额的近1/4，整体出货量、出货面积，以及主要产品的出货量都在全球市场中占比第一。2019年，

◎ 京东方的发展得益于对技术的尊重和对创新的坚持

京东方产品的总市场规模大概占全球市场规模的22%。我们的五大产品中，手机出货量超过4亿片，占全球市场份额的25%，排名全球第一；iPad、平板电脑的出货量达到近9500万片，占全球市场份额的37%，排名全球第一；笔记本电脑的出货量也超过4500万片，占全球市场份额的34%，排名全球第一；显示器出货量3700万片，占全球市场份额的26%，排名全球第一；电视屏幕出货量达到5300万片，占全球市场份额的19%，也排在全球第一。目前半导体显示领域涉及的所有产品，从0.39寸一直到110寸，京东方都有涉足。我们现在在全球市场占据这样一个重要的位置，但是回首这30年的发展历程，还是有很多感慨的。

从企业的战略发展来看，在京东方成立10周年的时候，我们出过一本书，叫《理想之路》，书中我写了一篇文章——《明天会更好》。文章的开篇有两句话我一直记得非常清楚："有战略的企业是幸福的，有战略家的企业是幸运的。京东方无疑是幸福的，也是幸运的。"我为什么这样讲？是因为京东方这30年的快速发展，最根本的原因在于战略引领，同时京东方也非常幸运，我们的创始人王东升先生，具有极其高瞻远瞩的战略思想和战略管理能力。

京东方在2003年进入半导体显示领域以前，我们曾经用两年的时间来讨论京东方应该向何处去。我们1993年上市融资3.5亿元，在那时算很多钱了。融到3.5亿元资金，京东方未来做什么？其实我们用了很长时间讨论，也用了很多时间尝试。1993年到2000年这7年的时间里，我们做过终端、数码相机、笔记本电脑，做过电视机、证券交易的瘦电脑，也做过一卡通，等等，但是坦率地讲，都不是很成功。也就是说，在这个发展探索的过程中，我们始终在寻求自己未来发展战略的主方向，最后我们还是把它定位到自己的老本行——前沿技术的器件产品。因为我们是做器件起家的，思维、逻辑跟技术的发展、迭代和整个行业的核心领域是相关的，所以在2003年，我们将自己的发展领域定位为平板显示器件领域，目标是成为该领域的龙头企业。我记得当时我曾经给所有的管理团队做过190多页的PPT，讨论未来的战略怎么发展。从2003年到现在，17年过去了，回过头再翻看这个PPT，我发现我们现在的发展路径和轨迹仍然和当时设计的这个路径和轨迹非常相近。

宋志平：我有时候也研究战略，您刚才说的，我归纳一下。从战略角度来讲，其实有两点很重要：第一，京东方过去从老的电子管工业走过来，经过国企改革，后面也做了很多IT产品等，最后选择了显示领域。应该说显示领域是一个大领域，京东方深耕在一个大的领域，这对京东方来说至关重要。第二，其实每个企业都有自己的基因。那么京东方的基因是什么？实际上就是您刚才讲的做电子器件。虽然京东方也做过不少小的终端产品，也做过多次的选择，但是后来还是凭借“基因”又回到了做电子器件上，在电子器件里面选择了液晶屏，回到“屏”上来。很多企业在思考战略的时候，其实没有一个明晰的战略目标，今天做这个，明天做那个，也就选不到一个合适的业务。

陈炎顺：您说得非常对，确实是，因为战略不可能是一个人或者几个人想出来的，一定是根植于企业的最核心的基因。京东方的发展史可以追溯到1956年建立的北京电子管厂，当时主要是以真空显示、真空电子技术为核心。后来在改革开放初期，京东方跟日本松下合资成立了北京松下彩色显像管有限公司，将真空的军用技术转化为民用技术，而且第一次将真空技术转化为显示，就是大家看到的大部头的彩色显示设备。后来我们一直在探索未来的发展方向，就像您说的，差不多用了六七年的时间，这个时间不算短，但是我们最终选择了与京东方的核心基因相关的显示领域。但是这个选择，不是过去做什么现在还做什么，因为电子信息行业的技术更迭是非常快的，所以我们在进行技术选择的时候，一定要把握三个方向。

第一个方向是技术要具有前瞻性。它一定是未来若干年在整个领域里具有先进性的。如果我们选的是落后的，或者小众的、发展前景不明朗的技术，那必然会对企业的战略实施形成很大的压力。

第二个方向是技术发展领域一定要有足够的市场规模。京东方的前身是北京电子管厂，它是亚洲最大的电子管厂。所以它的基因就是在一个细分市场，要做就做全球老大的，而不是小打小闹。我们当时就把市场规模定位为在全球市场一定要超过千亿美元，其实只有做显示领域能够形成这样的市场规模。

第三个方向是技术要具有继承性。这就是刚才您说的，选择根植于自己内心深处的，特别是在思维逻辑、行事方法和思考的深刻度上有一定基础的产品和技术，我们叫它继承性。所谓继承性，其实就是企业自身内在的基因。

所以，进行技术选择这三点必须保障：前瞻性、规模性、继承性。正是依照这三点，京东方从1993年成立到现在，我们经历了技术的两级跳。第一级跳是我们从真空显示技术跳跃到平板显示技术。2009年，随着北京松下彩色显像管厂的停产，真空显示产业彻底结束了，平板显示技术代替真空显示技术。当然，现在平板显示技术不断发展，从过去的LCD到OLED，再到AR、VR、迷你OLED等一些新型显示技术，但是不管怎么发展，都是半导体显示的延续。

在半导体显示做到一定程度以后，京东方在整个技术领域蓄力第二级跳。第二级跳是在2016年，我们的前任董事长在第一次全球创新伙伴大会上提出“芯屏器合”这个概念。“芯屏器合”就是和软硬融合、系统整合的路线相适应，“芯屏器合”再加上与物联网技术的融合，形成了京东方发展过程中的第二个技术跳跃。这个跳跃就是我们向物联网领域发展，发展自己的人工智能、大数据技术。

发展人工智能、大数据技术，有两点是必不可少的：一是智慧显示终端，我们就是做这个的；二是传感器件，特别是高性能的光电传感器件，这也是我们的本行。依据这两个基础技术，我们再去发展人工智能技术。人工智能的核心是“智能+大数据”，这几年我们通过自己的积累发展，也取得了很好的成绩，而且我们把这些技术应用到各个物联网的应用领域。您今天看到的都是我们这几年在智慧显示终端，以及传感技术、人工智能、大数据与物联网融合在一起，在各种各样的细分市场和场景市场的应用，非常多。我们按照这个路径一步一步发展下去。

在资本市场支持下快速发展

宋志平：京东方在1997年发行B股，2001年在深圳证券交易所发行A股。我看公司做了几次大的定增，用定增的资金支持了京东方后来上的大线，我觉得这也是一个很有特色的资本的故事。应该说，如果没有当年在资本市场的上市，京东方可能也发展不到今天。所以我也想请您讲讲京东方与资本市场的故事，这可能也是大家都非常关心的事情。

陈炎顺：好的。我们一直都认为京东方的成就和中国资本市场的支持是分不开的，我们也非常感谢中国资本市场在京东方的发展过程中给我们这样的支持。我们发展半导体显示产业采用的是一个什么样的发展模式呢？就是海外收购核心技术，引进国内消化吸收，再创新发展提高，这样一种发展路径。我们收购的核心技术是韩国现代显示技术，但是收购完成之后，我们没有像其他一些企业一样在国外发展，而是把所有的技术、人才、产品设备全部搬回来。所以，2005年我们在中国建设了国内第一条产线。但是，半导体显示产业的本质的特征一共三块：技术密集型、人才密集型，还有一个很重要的，就是资本密集型。京东方上市的时候，我们的规模不大，总资产也就二三十亿元，收入也不多，但是我们一下子要投进去几百亿元去发展这个产业，很显然，依靠自身的能力是不够的，这个时候我们采用的是政府支持、市场化运作的模式，这也是京东方这么多年来非常成功的一种商业模式。

非常幸运的是，京东方在发展过程中遇到了2009年国家对高端制造领域的全力支持，半导体显示行业被列为我国高端制造业，地方政府考虑到地方经济发展因素，希望能够和京东方合作发展高端制造产业。我们针对这种需求，结合资本市场的特征，去思考发展的模式。我们去一个地方发展，投一条200亿元的产线需要至少100多亿元的资本金，但是没有钱怎么办？我们跟地方政府商量，通过资本市场向当地的资本投资平台定向增发，我们把这部分资金再投入当地去建设企业、发展经济。这样一种模式，我们后来把它归结为政府支持、市场化运作。

通过这种模式，我们在合肥、成都、重庆、福州、武汉、北京等地建设、运营了14条产线，还有2条产线在建设中。从1997年上市到现在，资本市场给予京东方的资本金支持，就融资这一块，超过了700亿元，这是史无前例的。坦率地讲，没有这700多亿元，京东方发展不到今天。正是因为我们抓住了资本市场为产业服务的特征，通过自身的努力，把产业做起来，把市场拓开，把技术能力提升上去，才成就了京东方，在半导体显示领域里做到全球最大。

宋志平：刚才陈董讲的非常重要，其实看京东方的轨迹，从CRT（彩色显像管）跳跃到TFT-LCD（薄膜晶体管液晶显示器），实际上也与改革开放有关系。第一是收购韩国的三条线，抓住这个机会，进行了我们常讲的“引进、消化、吸收再创新”。第二是刚才讲到的政府的支持，因为京东方发展的这几年，正好是地方政府希望能够构建前沿技术产业的时候，大家都希望能够用面板作为核心来带动产业链条，所以给了京东方很大的支持。同时，这种模式巧妙地结合了资本市场，用定增的方式，地方政府可以加入，也可以退出，这就是资本市场的魅力。所以结果是很成功的。

对于投资者来讲，这么多年京东方的发展，为我们国家创造了一个前沿的工业企业，这是很不简单的。液晶显示屏技术异军突起，打破了过去韩国、日本对我国的垄断，产品价格大大地降低了。有时候我想，我们的资本市场不光造就了京东方这样的企业，也通过支持京东方这样的企业快速发展，服务了全社会，我觉得这个社会效益是巨大的。京东方打破了垄断，让老百姓受益，现在家家都有电视，有的有两三台，一台电视价格几千块，小一点的甚至只要几百块，从这点来讲，京东方做出的贡献是巨大的。

陈炎顺：在很多高科技领域里，中国的资本市场发挥了很大的作用。一个产业的发展，比如半导体显示产业的发展，它是各方面的，资本要密集，人才也要密集，所以人才的发展也非常关键。我们在过去，一没有资本，二没有人才。2003年我们做这个行业的时候，国内大学连液晶专业都没有，当时我记得我们“搜刮”了国内学微电子专业的人才，大概120名员工。我们收购了韩国的企业以后，就把这120名员工拉到长城，面对国旗和长城高声宣誓，一定要学好技术，回国效力。我们把这120名种子技术员派到韩国，受训一年多，有的甚至两年多。同时，我们拼命加快建线的速度，建线完成后，受训的员工就可以担当一部分职能。其实这段时间的学习、提升，对我们整体技术能力的提升是非常有好处的。2005年到现在的15年间，京东方的规模从0发展到全球第一，我可以很自豪地跟您讲，我们派到韩国的120名员工，现在还在集团的超过90%。他们这些人都已经成为京东方显示行业发展的主力军，是我们的中坚力量，我们相当一部分领导层人员都是从这些人中出来的。所以人才也是非常的重要。

宋志平：我们透过京东方发展液晶显示屏的过程，可以联想到现在“卡脖子”的芯片。过去咱们叫“缺芯少屏”，现在“屏”的问题解决了，那么“芯”的问题，我觉得也可以这样解决，走京东方一样的道路，因为芯片也是需要大量投资的，也是资本密集型、技术密集型产业。

我在想，京东方实际上相当于现在的老科创板企业。因为科创板有一个假定，就是企业是有价值的，资本市场先投入，价值后面回馈给投资者。可能有的科创板企业一开始没有那么好的效益，但是它有价值，随着企业的发展，会回报投资者。京东方很好地发挥了资本市场的长处，利用和政府合作定增的方式，我觉得非常成功，并不是每个企业都能够想到或者做到。政府出一些资，通过资本市场回笼。企业如果能够把政府、资本市场、企业这三者发挥的作用很好地结合起来，就可能会做得更好。京东方把这条路走了一遍，提供了一个非常好的示范。所以我现在想到了芯片等一些高端技术，也需要密集资本的投入，这些企业可以好好研究京东方的路径。

陈炎顺：确实是，这个过程也有很多艰辛。我们面对的是一个全球竞争的市场，是日新月异的技术发展，是变化多端的市场环境和形势，我们还面临着国外的龙头企业对我们的打压，所以能够成长起来确实非常不容易。除了京东方自身的努力，中国资本市场给了京东方一片很好的土壤，让我们能够在这片土壤中成长起来。

京东方人对于中国资本市场确实心存感激，这是毋庸置疑的。我曾在很多场合跟大家讲，京东方的发展是中国资本市场支持中国实体产业发展的一个典范。资本市场支持实体产业的发展有没有不成功的？有，但是不能因为有不成功的，我们就讨论它应不应该的问题，做任何事情都会有成功的可能，但是从京东方发展的历程和成功的经验，我们可以看出，中国资本市场在支持中国实体产业，特别是高端制造产业发展方面，起着非常重要的作用。

企业的成功需要战略家

宋志平：是。京东方从过去的老国有企业，经过改革、上市、创新发展，成为今天半导体显示领域全球最大的企业，也是技术最先进的企业，这个过程里有很多企业家的坚持，企业家精神至关重要。刚才您讲到，一个企业的成功，要有一个很好的战略，也要有很好的战略家。战略家本身得具有企业家精神，同时要有一个很好的资本市场的成长模式，还要有政府的支持。京东方恰恰具备了上述要件，或者说只有优秀的企业家，能够把这些集中起来形成合力。王东升先生和您，这些年带领团队矢志不渝做企业，很值得敬佩。

陈炎顺：在这一点上我深有感触。我1993年加入京东方，到今年整整27年。我深深地感受到在企业的发展过程中，战略的重要性，企业家、领头人的重要性。举一个例子，我们2003年进入这个行业之前，京东方通过发行B股、发行A股，手上大约有30亿元的资金。那个时候30亿元是不少钱，当时望京正好在开发过程中，我开玩笑说，我们有30亿元的资金，如果去望京买地，成为一个房地产公司，可以把整个望京的地都买下来。当然如果把望京的地买下来，我们可能做房地产行业。但是在讨论企业如何发展的过程中，当时王东升董事长讲了一段话，至今让我记忆犹新。

他跟我讲，我们是做工业起家的，如果像京东方这样一直做工业的企业都转向去做房地产，工业谁来做？中国的工业自动化、现代化怎么实现？我们这代人一定要从整个国家工业发展的角度去看，产业报国精神不能灭，所以我们选择做老本行，去做产业。如果京东方没有做半导体显示产业，中国"缺芯少屏"的问题如何能够解决？这就是京东方存在的意义。我当时听到这段话非常震撼。

宋志平：他是一个有理想、有远大目标的企业家。房地产是挣热钱的，京东方这么多年来走过那么多的艰难道路，最终修成正果，为我国的显示事业立下了汗马功劳，这也和企业家秉持的价值观有关。如果那个时候一动心，把30亿元拿去买了地，从做企业的角度上，可能赚了更多的钱，但是从做事业的角度上，从企业使命的角度上，现在这个选择更好。

今天我们很多企业家都在坚守，像宝钢、北汽，一直坚持做主业发展起来，没有去投机、去挣热钱，这是不容易的。也有很多企业选择去投机，但结果没有多少是成功的，为什么？因为用做产业的思路去投机，未见得成为成功者。当时你们的选择，成就了今天这个企业。

陈炎顺：刚才您说的一句话，我们王东升董事长也经常说：我们做企业，如果从做生意的角度去做，不能说不对，但是它不会长久，一定要从做事业的角度去看待企业。我们要有一个远大的目标，拿我们创始人的话说：不做就不做，要做就做全球老大，必须把成为全球老大作为自己发展奋斗的目标。

成为全球物联网领域的创新型企业

宋志平：陈董，现在京东方在屏这一领域已经做到全球老大了，那么京东方的下一个目标是什么呢？

陈炎顺：我2006年做总裁，2016年做CEO，2019年接任董事长。这10多年，我在专注企业管理运行发展的同时，也在思考一个问题，就是京东方的未来向何处去。我们在面板产业已经做到全球最大，很快就会碰到自己的天花板，这个时候京东方的出路是什么？京东方的核心技术就是显示、传感，而显示和传感又与物联网融合在一起，可以形成千千万万的物联网细分市场所需要的软硬融合的产品。我们非常幸运，赶上了这样一个时代。

第一，从2016年开始，我们就提出了“芯屏器合”的未来发展方向。2016—2019年，我们每年举办一次全球技术创新伙伴大会，我们和伙伴们一起探讨整个行业未来的发展方向，以及合作的平台。我们把京东方的未来定性为一家全球物联网领域的创新型企业。我们转型具有得天独厚的条件，因为我们的技术终端、智慧终端和传感器件是未来物联网的核心器件。第二，物联网所迸发的这样一个市场规模巨大，场景无处不在，市场无处不在，这适合京东方在技术方向选择上的路径要求。第三，京东方在软硬融合方面已经做了将近5年的准备，在人工智能、大数据方面做了很多积累，我们有很多技术，比如超分技术、信息群发技术、移动转屏技术等，在人工智能领域的比赛中获得金奖。我们把这些融合在一起，为物联网的各类市场服务。特别是国家提出了以5G为核心的新基建，未来的移动产品，在我们可以看到的3年、5年内，会保持增长的趋势。

我们现在把建设智慧系统创新中心作为第二次腾飞和改革的抓手。我们与地方政府合作，在当地建设智慧系统创新中心。智慧系统创新中心要建五大平台，一是建软硬融合的技术开发平台。因为我们的市场、技术应用都在当地，所以要改变过去的方式，把我们的技术开放领域，全部往市场赶，往一线赶，跟客户接触，了解他们的需求。二是在各地建立产品和市场的展销平台。过去我们是坐在屋里销售，因为客户很单一，现在不行了，物联网的客户到处都是，一定要让销售往前端走，让他们跟市场、跟客户在一起。三是建立先进材料和装备的产业转换平台。现在我国大型制造业、高端制造业的很多材料仍然被有些国家控制，我们要用5年左右的时间，做到产业的上下游自主可控。四是建立国际人才的引进和交流平台。这是一个开放性的人才平台，凡是能够为京东方的事业添砖加瓦的人才我们都需要，各类人才集聚在这个平台上，为企业的发展服务。五是建立开放的市场和技术合作平台。物联网市场最根本的特征就是平台化和协作共赢，我们把产品市场拿出来，对上下游技术合作伙伴、产品合作伙伴开放，像我们做的智慧经营系统、深度视觉系统，都是合作共赢的。京东方建设五个平台，深耕选定的六大产品。通过一年多的发展，我们在这些方面已经取得了很多经验，也取得了很大的成绩，明确了未来的转型方向。

京东方的数据体系是庞大的，我们现在有16条产线，整个数据量非常大。对这些数据进行归纳处理形成一个支撑企业运行发展的平台，这是我们过去花了将近10年时间去做的事。我们一共做了1088个数据平台，这些数据平台有效地支撑了工艺良率和生产过程的改造。我们只要把这些平台稍微改造一下，就可以对外提供产品。

过去和政府合作主要是资本的合作，现在是市场合作、需求合作，随着我国生产技术的发展、地方智慧城市的发展、公共业务的发展、工业物联网赋能的制造升级，需要越来越多的企业提供服务。我们把积累下来的技术开放出来，跟地方政府合作。我们在当地建设创新中心，把我们所有的技术人员、市场人员下放到当地，为当地的市场服务，包括政府市场、企业市场和消费者市场。

宋志平：过去建线的时候是地方政府的需求更多，现在是地方政府拿出市场来跟你合作。京东方这些新业务也需要加大宣传，因为一想到京东方，就想到了液晶显示屏制造大王，但是今天看到京东方还涉足智能物流、物联网、医疗健康等领域，觉得你们在这些领域的发展也是很快的，也有自己的核心专长。

做物联网的企业各有长处，那么京东方是靠什么长处切入的？京东方成为液晶显示屏的领导者，下一步，液晶显示屏产业会不会迁移？京东方的未来发展有没有风险？风险是什么？

陈炎顺： 实际上您提的这个问题，是我现在考虑最多的问题。现在全球约55%的产能在中国大陆，京东方又占其中将近一半的份额。我也一直在想，万一哪一天出现新的技术，我们的技术被替代了，我们该怎么办？我们的产能会“一夜之间消失”，这对我来讲是最大的压力。

我们的创始人也是经常跟我讲，一定要重视前沿技术的发展。LCD显示技术，我们叫半导体平板显示技术，在未来20～30年不会消失，这是肯定的。当然显示技术是在不断进步的，但LCD显示仍然处于主导地位。我们现在的做法有两条。第一，稳固基础。我们在LCD方面已经成为全球老大，但是我们要保持全球老大位置，保持这个位置不仅仅是我们的产能最大，而是我们的技术能力、盈利能力、市场能力、产业链供应链保障能力，这四种能力都要达到全球领先的位置，我们才能够继续保持在半导体显示领域里的领先位置。

第二，我们在新一代的显示路径选择方面，我们要跟进所有的显示路径，要紧紧地扣住现有的产业基础发展。比如，一块小尺寸的OLED，我们从2011年开始做研发，到现在已经占全球市场份额的22%，成为全球第二，未来OLED显示还会发展，柔性显示就是我们在全球领先的显示技术，未来我们可能还会在迷你LED显示方面发展，特别是玻璃基迷你LED显示。因为迷你LED显示要两块面板，其中一块是芯片板，芯片板的底板跟我们现在的LCD半导体的底板是一样的。这样一来，如果下一代迷你显示器来了，我们还可以为它提供底板，这样可以将我们现在的技术用于其他发展，这是未来的一个发展趋势。

就像您说的，一个企业的发展，不管怎么做，都要把创新放在第一位，可以把现有的技术沉淀下来，同时去创新发展，去为其他的产业发展服务。

尊重技术，坚持创新

宋志平：我们的第二个话题就是关于创新。通过今天的参观，包括您刚才也讲了大量的创新实践，我们发现京东方也是一个以创新为核心发展起来的企业，京东方有不少核心专长。在创新这方面，京东方是怎么理解的，怎么做的？这么多年来，京东方创新的动力和活力是怎么获得的？刚才您讲的去了韩国学习的120个人，现在90%都留下了，这里面一定有原因。

陈炎顺：京东方发展到今天，技术能力的进步得益于对技术的尊重和对创新的坚持，这是我们的理解。为什么说尊重技术、坚持创新是企业发展非常重要的一环？京东方从开始创新以来，前任董事长就交代我一句话："一个企业技术行不一定赢，技术不行铁定输，尤其在技术竞争、技术迭代非常快的行业里。"从2003年进入这个行业开始，我们确定了技术发展方向，就是我刚才说的技术的跳跃，每10年一个阶段，我们要建立起一个30年保持技术不落后的技术创新体系，包括专利体系、技术管理体系、技术路径体系，以及产品技术创新体系、工艺技术创新体系、未来技术创新体系，这些模块组成了我们保持未来30年技术不落后的技术路径图。我们每季度要对这个技术路径图做一次复盘，随时保持变化，这是一个方面。

第二个方面，保持足够的对技术的投入。京东方从2003年开始一直坚持将销售收入的7%用于研发投入，不管经营得好与不好，困难与否，必须坚持不懈。我们在过去一段时间内很艰难，特别是2003年到2011年，京东方在一个产业积累快速发展、弯道超车的关键时期，很多时候经营非常困难，甚至现金流不足。但是有一条红线我们没有碰，或者说是我们的信念，就是保持对技术的尊重和对创新的坚持，保持研发投入占销售收入比重不低于7%，所以京东方到现在积累了全球领先的核心技术。资源的投入是非常重要的。

第三个方面，我们建立了一个以市场和创新发展倒逼技术人员的机制。我们每年都要参加美国的全球显示技术展SID，深圳、上海的消费电子展，这些是要出展的，是对新技术的展示。每年还有一次全球创新伙伴大会，把当年的新技术产品全部拿出来，让大家来判断、评价。我们有一条规矩，去年展的产品今年不能够再展出，各个部门打擂台。如果出不来产品，那第二年的部门的预算就会被砍。所以各个部门就必须尽快把新产品拿出来。通过这种对创新的倒逼机制，促使技术人员把更多的时间和精力用到产品创新上去。当然，技术的投入也要讲投入产出，随便花不行，这个投入产出我们是有一套指标体系的。比如，我们产品研发人员研发的产品跟我们企划产品的对比，产品量产在市场上的盈利水平，根据盈利水平我们可以给技术团队提供0.5%的提成，技术团队可以拿到奖励。技术人员一要创新产品，二要做好成本控制、盈利控制，这样才能够有收益。

第四个方面，就是我们对技术人才讲究不拘一格，这就是为什么120个人中的90%还在这。因为我们尊重技术人才、尊重技术，能为技术人员尽可能提供好的研发环境和平台，让他们能够安心地去做研发，这点总体来讲我们做得是比较成功的。

宋志平：讲到华为的技术来源，在全球有很多研发中心，也就是说华为实际上很重视全球的技术人才，京东方在这个方面是怎么安排的呢？

陈炎顺：我们整个技术创新体系中有一个“技术寻源体系”。我们有一个模块，是组建了一个基金，这个基金一年大概拿出来5000万美元，要在全球各地对现在的、未来的整个显示技术、材料技术进行寻源。我们在美国就有四个寻源中心，分别在硅谷、波士顿、圣地亚哥和休斯敦。四个地方分别对材料显示技术、设备技术以及融合技术进行寻源，我们也会投一部分给美国的医疗基金，比如生物基金，还有显示基金等，让它们帮我们寻找这些先进的显示技术。找到以后我们会做一些投资。同时，我们也在韩国、日本、美国建有自己的研究中心，我们也是在全球布局的。

转型要聚焦核心技术能力和核心市场

宋志平：刚才您说一方面，液晶屏竞争很激烈，另一方面，公司进入了一些新的领域。之前我去华为的时候，其实他们也盯着您刚才说的这些市场，这里面强手如林，有很多新进入者。京东方本身是制造业起家，现在实际上进入物联网、物流、医疗健康领域，有一个适应的问题，京东方到底是用自己的方式，还是用重组的方式来成长的？商业模式上有哪些独特的地方？

陈炎顺：从市场方面来看，因为半导体显示这个行业具有非常强的周期性，过去的周期在两年左右，现在的周期越来越短，但过去波动的幅度是比较大的，现在波动的幅度慢慢变小了，整个发展规律其实和产业的发展规律是一致的。建设一条半导体产业生产线大概需要两年的时间，因为投资比较大，一建成必须快速量产，快速将产能释放出去，所以在产业的建设过程中，市场在增长，但是产能没释放的时候，市场会暂时出现短缺，这样市场价格可能会上去，但一旦大量的产能释放出来，会超过需求，价格会下跌，就引起半导体显示价格的波动。市场的波动是难免的。

京东方实际上从一开始也是完全市场化，在市场上我们真是靠自己冲出来的。现在从京东方的显示产品方面来看，主要产品都占全球第一的份额。我们在国内市场竞争中也处在比较强势的地位，我们的电视机、笔记本、平板电脑、手机等，无论是在技术能力还是在产品能力、市场能力、市场占有率方面，都处在行业第一的水平。我有信心在未来的市场竞争中能够保持现有的竞争优势。

关于向物联网转型，您说得非常对，物联网市场强手如云。我们的策略是转型要聚焦在京东方已有的核心技术能力和核心市场方面。比如，我们把物联网的市场定位在五大产品上。

一是智慧车载。我们在车用显示领域排在全球第四，再加上我们的智慧仪表盘、智慧终端，就会形成一套完整的智慧车用电子，这是我们的转型发展方向，我们有信心通过未来两三年的努力做到全球前三名。

二是智慧零售。我们有一整套的解决方案，是通过并购的方式完成的，目前占全球市场份额的55%，而且海外市场所占份额比国内市场份额更大。我相信，未来随着国内的智慧零售市场份额的扩大和快速增长，我们的份额和规模会越来越大。很多智慧零售产品转型，比如电子价格标签，可以把它做成员工的胸卡、会议的桌牌、酒店的门牌。现在，平板电脑的需求量越来越大，但是普通的平板电脑有一个很重要的特征，就是对眼睛有伤害。我们把原来零售方面的反射技术应用到平板电脑上，推出护眼的平板电脑。

三是智慧金融体系。智慧银行、智慧城市公共服务、国庆70周年的晚会中3290块光影屏，全是我们做的。现在成都的交子大道有全球最大的显示系统，也是我们做的，我们过去有很多经验，也做出了很多成绩，我们会沿着这些工业化成绩做下去，会聚焦在自己有优势的地方。

在核心技术上要用我们的东西，但是在整个合作方面一定是平台合作，不可能自己把所有的技术做完。在物联网市场上，第一个核心就是智慧终端，第二个是传感器件，第三个是交互。在交互方面，京东方是采取合作的方式，国庆70周年晚会的很多交互，我们都是和大学合作的。我们的创新中心平台上的五大平台中有一个就是全球市场或技术的合作平台。把我们的市场、产品拿出来，大家能围着我们，在周边形成一个产业链体系。

大小企业我们都合作，跟阿里、京东、腾讯都在合作，因为这些企业最大的优势是它们的公有云系统，我们的最大优势是什么？是我们的社会终端和人工智能系统，把大家的优势结合起来，会更好地为企业和客户提供服务和产品，何乐而不为？所以在整个发展过程中，仍然是平台最重要，应该采取平台发展的策略。很多企业，比如三星、LG，大家看我们是竞争对手，实际上我们的合作程度远远超出我们的竞争。我们不是竞争关系，而是竞合关系。

宋志平：从竞争到竞合。在价格领导方面，京东方现在和TCL等企业在竞争，京东方在价格方面是被动的还是主动的呢？

陈炎顺：首先从价格体系的决定方面，整个行业是非常市场化的，价格是由市场、供求关系决定的。通常来看，行业供需比在105%左右，就是需求是100，供应105是正常的。在价格市场化的情况下，京东方取胜的核心就在于产品的价值，为客户提供服务，创造更好的价值。比如，首发产品率是我们这个行业很重要的一个指标，如果我们的首发产品率超过40%，也就是说全球一年新发产品中有超过40%是我们的。首发的产品就能“吃到肉、喝到汤”，如果是二发、三发，可能就只能“喝汤”了，因为产品的变化太快了。

另一个指标是高端产品的比例。高端产品的毛利率水平明显高于低端产品，我们争取抓的是高端产品，这样就可以提升产品的技术和开发能力。我们供应给苹果、戴尔、惠普等国际品牌企业的，都是非常好的产品。

“三横三纵”的未来组织

宋志平：大家知道，华为有一种分钱的机制，就是任正非讲的分好钱就能够挣更多的钱。华为的快速发展依靠两点：企业家精神和机制。京东方脱胎于国有企业，又是上市公司。京东方对于经营骨干、技术骨干，以及其他员工，在激励机制方面有没有一些想法，是怎么做的？

陈炎顺：京东方所从事的行业是一个全球竞争行业，我们对市场的反应速度要非常快，如果以一般的国有企业的管理方式来实施管理肯定是不行的。在机制改革这个议题上，可以归纳几点：团队取消干部待遇，完全用市场化管理，在整个行政管理体系方面已经完全市场化了。改革力度确实是比较大的。在具体的执行过程中，我们又把它跟我们自身的改革结合在一起。

我认为一个企业的发展，“三驾马车”必须并驾齐驱。第一驾马车是坚定的战略和战略落地的具体措施，这是核心。第二驾马车是职业化的管理团队和市场化的考核机制，这方面我们做了很多的尝试。一是在市委、市政府的支持下，取消了VP以上干部的终身制，都改成任期制，三年一期，和董事会的任期是一致的。三年重新聘任的时候，要根据具体经营业绩考核结果来重新聘任上岗。二是把副总裁以上的工资结构全部转化为市场化的工资结构。过去如果我是一个部门长就拿部门长的工资，是副总裁就拿副总裁的工资，现在转换成按级别来，而不是按职务来，我把它定为职级工资。三是绩效工资，在任何一个岗位上拿到的是所做的工作的绩效工资。四是绩效股权。核心就是要解决干部能上能下、能进能出的问题。

京东方从2003年到现在，副总裁级、科学家级的干部有100多人，那么未来的发展需要年轻人走上前台，但是年轻人没有指标了，没有编制了，没有岗位了，怎么办？必须通过考核，把一大批年轻人推上去。

我们把员工分成22个职级，职级工资大概占40%，绩效工资占60%。第一把任期解决，第二把职级解决，第三还要考核。我们通过年度考核一定要将VP以上干部中的5%淘汰下来，即便是在任期之内，这样让年轻人上去。再就是留才金，年轻干部上去后，怎么面对外部激烈的市场竞争，怎么留住他们？当然首先是事业留人、文化留人，这是我们企业惯常做的，但是光考虑这两点还是不够。我们还有留才金制度，就是对于企业发展需要的核心技术人员、管理人员，在我们的工资额度范围之内，另外授权。董事长另外拿出一部分来对这些员工实行留才计划，留才计划的核心就是，除了给员工工资，还会给他们一部分钱买公司的股票，约定好锁定期。通过这种留才金制度，留住关键的人才。这就是我们讲的第二驾马车，职业化的管理团队和市场化的考核机制。

第三驾马车是高效的组织和流程，这也是最难的。过去做企业都是按照职级大小来做流程，我们现在把它全面转换为按照业务的本原，就是业务应该是怎样的，应该谁来定，流程就按业务来定，固定流程，同时根据固化的流程配套考核。

我们未来的组织要全面改造成“三横三纵”，所谓“三横”就是以客户为核心的前中后台，“三纵”实际上是定位总部的三个功能。第一个功能是战略管理，就是要把方向。第二个功能是流程和IT化，就是要把业务流程化、流程数据化、数据知识化，解决流程问题最核心的就是解决授权——谁做什么，谁在授权范围之内来进行工作。所以我们提出“主干严谨、直接授权”这样一种管理模式。主干是什么？一是责任书；二是红线，即不能违反国家法律法规、公司章程、企业的核心制度。在这几个“不违反”的前提下，岗位的业务负责人获得充分的授权。我们要形成“主干严谨、直接授权”的管理体制。第三个功能是KPI业绩考核，将事后考核转向事中、事前考核，从过去“算管分离”转向“算管一致”。核心内容是什么？我们成立了一个专门的业绩管理小组，核心就是每一个部门背对背地算好业绩分钱。所以我的看法就是总部把这三点做好了，企业的发展没有任何问题。

坚持规范的法人治理结构

宋志平：证监会强调提高上市公司质量，要建立一个有韧性有活力的市场，要提高上市公司质量；把提高上市公司质量作为上市公司的一个中心工作。上市公司质量有两方面，一方面是治理质量，另一方面是运营质量，如果再细说，就是公司的治理水平、效益水平和责任。

证监会也提出了“四个敬畏”“四条底线”：“四个敬畏”是敬畏市场、敬畏法治、敬畏专业、敬畏投资者；“四条底线”是不披露虚假信息、不从事内幕交易、不操纵股票价格、不损害上市公司利益。过去一年里，中国上市公司协会对董监高“关键少数”进行培训，就是围绕提高上市公司的质量。

经过这么多年，绝大多数上市公司是良性发展的，上市公司对于中国经济的发展做出了非常大的贡献。但是也有一些上市公司在经营过程中存在着不同的问题，所以如何提高上市公司质量也是协会工作的一个重点。我常想，不要假设每一位董监高都认真地读过《中华人民共和国证券法》（以下简称《证券法》），我们还是要引导大家认真地去学习这些内容，要知道做上市公司的底线是什么，怎么才能做好。当然，有很多做得非常好的，我们也想挑选一些标杆企业，让大家学习，比学赶帮超。

京东方在公司治理、提高公司的质量这方面有什么想法和做法？我知道您是京东方上市以后的第一任董秘，希望您给大家介绍一下。

陈炎顺：其实从上市公司的治理规则的变化来看，我是深有感触的。刚才会长说我是京东方1997年上市后的第一任董秘，从1997年到现在20多年过去了，中国的上市公司治理也是一步一步在走向规范。我记得从最开始集团和上市公司分开，到建立上市公司的治理构架，再到建立独立董事制度，这些都是提高上市公司治理水平的过程。京东方自从1997年上市以来，一直坚持规范的法人治理结构，这得益于整个公司的团队核心成员都是法务出身、财务出身、董秘出身，有基础。

我跟他们开玩笑说，京东方有几点是值得大家研讨的：第一，企业过去15年的发展，几乎每年都是在走弯道超车的发展路径。但是我们跑这么快，为什么没翻车？很重要的一点就是，我们企业主要的决策层财务背景比较多，我们原董事长和我都是财务背景的，过去的人事、董秘也是财务背景的。

第二，京东方在治理过程中，法律体系是非常完善的。因为京东方的客户体系是全球客户体系，京东方的客户对整个企业，特别是对全球法律的征询要求是非常高的。所以我们有法务团队体系，包括公司治理的法务体系，在法务体系方面也是非常完善的。

第三，我们会对团队做教育，核心的教育理念“三心教育”跟“四个敬畏”类似，我们叫“敬畏之心、感恩之心和超越之心”。其中，敬畏之心教育的核心是敬畏红线，就是企业规定的红线，包括国家法律、公司章程或企业规章制度。当然，还要敬畏投资者、敬畏行业，感谢投资者和行业企业给我们提供的发展机会。我们要立誓“三心”，做企业的文化宣传，目的就是让大家从内心讲究规范。

第四，在制度建设上，我们建立了完善的董事会治理规则体系，包括股东会、董事会、经理层，在董事会中充分发挥独立董事的作用，充分发挥审计委员会、监督委员会、战略咨询委员会等专业委员会的作用。我们也跟独立董事保持密切的沟通，因为独立董事都是这个行业的专家或社会知名人士，保持沟通，请他们对公司法人治理、公司的治理结构提出一些建议。通过完善各种制度体系的建设，从制度上来保证公司的规范。在董事会以下，还有各种制度，包括执委会的议事制度、经理会的议事制度、决策制度。通过一整套的制度体系，来保证公司在治理上沿着规范的道路前行。这一点我觉得京东方做得还是非常成功的。

宋志平：我老讲有的错误可以犯，可能还有改正的机会，而有的错误是一生一世的错误，不能犯。新《证券法》里对信息披露、维护股东权益等作出新的规定，要求越来越严格，上市公司要自觉地做到这些要求。其实我总想，作为上市公司的董监高，尤其是董事长，得有一个初心。公司上了市之后，和以前的民营企业或国有企业完全不同了，因为成为一家公众公司，应该有公众公司的基本认识。我们要有这个初心，得建立原则立场，如果这个原则立场没建立起来，讲再多的制度也没用。

上市公司作为公众公司，就是要守规矩、讲诚信。中国上市公司协会是证监会领导下的全国性自律组织，是政府部门和企业之间交流的桥梁和纽带，也是上市公司之间交流合作的平台。现在协会给大家做一些培训，希望大家都能听到正面的声音，同时也可以通过这样一个交流平台互相学习。

02 保护投资者权益很重要
——与中交资本董事长周长江等对话

对话人： 郭文英，中证中小投资者服务中心党委书记、董事长
周长江，中国交通建设股份有限公司董事会秘书、中交资本控股有限公司董事长
马金儒，新疆金风科技股份有限公司副总裁、董事会秘书
黄　杰，中国移动有限公司财务部兼证券事务部总经理、信息披露境内代表
王珠林，中国上市公司协会并购委执行主任委员，银华基金管理股份有限公司董事长
张昕帆，中信建投证券股份有限公司执委会委员，中信建投（国际）金融控股有限公司董事

时　间： 2022 年 3 月 15 日

地　点： 北京，中上协会客厅

投资者保护是一项系统工作

宋志平： 这次我们要讨论的主题是投资者保护。投资者是资本市场的经营消费者，是资本市场可持续发展之本，尊重投资者是资本市场践行以人民为中心的发展思想的具体体现。今天我们来聊一聊在基本面长期向好的情况下，如何让更多的投资者，特别是广大中小投资者分享到高质量发展的红利，增强获得感。据统计，截至2022年2月25日，A股投资者数量已经突破2亿，其中97%为持股市值为50万元以下的中小投资者，这意味着中国证券市场与很多老百姓的生活息息相关。

随着投资者群体的持续扩大，投资者保护也成为全民议题，作为上市公

司全国性自律组织，中国上市公司协会在中国证监会党委的坚强领导下，在中国证监会投资者保护局及交易所投服中心等系统单位的大力支持下，努力提高上市公司投资者保护意识，强化自律引导，鼓励上市公司深耕，做实投资者服务及投资者关系的管理工作，多方合力，扎实推进各项投保工作，取得了显著的成效。

2020年3月1日，新《证券法》正式施行，其最大的亮点就是单独设立了投资者保护的专章，规定了投保组织的法律地位和持股行权、纠纷调解、集体诉讼等几项创新性的投保措施。这几年市场上有一个叫投服中心（中证中小投资者服务中心）的投保组织，经常出现在上市公司的股东大会的现场、为投资者追索民事赔偿的法庭上，以及央视《股东来了》的荧屏上，我们远程连线投服中心的郭文英董事长，请郭董讲讲对投资者保护的看法。

郭文英：新《证券法》规定了投资者保护专章，出台了许多新的投资者保护制度，投服中心主要涉及的是持股行权、纠纷调解和诉讼维权。在持股行权方面，我们践行积极的“股东主义”。截至2021年年底，投服中心持有4634家上市公司股票，累计行使股东权利3900多次。在纠纷调解方面，投服中心做了大量的工作，为投资者解决急难愁盼的问题，化解投资者之间和其他市场主体之间的纠纷。2020年1月，我们在上海临港注册了全资子公司——中证资本市场法律服务中心，专门化解证券期货纠纷。截至2021年年底，共受理投资者纠纷14000多件，调解成功1万多件，投资者获赔金额近30亿元。在诉讼维权方面，投服中心最早开始的是支持诉讼，到2021年年底有46件，正在进行的有一件股东代位诉讼，引起市场高度关注。投服中心特别代表人诉讼康美药业，52000多名投资者获得了24.59亿元赔偿，这个案件是中国资本市场里程碑式的事件。

在持股行权方面，这些年来，我们主要通过公开发声，参加媒体说明会，参加股东大会，征集股东权利，从这些方面来帮助上市公司规范公司治理结构，提升上市公司质量。针对“三高”重组，比如，有一家公司要用近23亿元收购一个公众号，我们公开发声后，这家公司就取消了收购事项。在纠纷调解方面的案例很多，这些案件是涉众型的，涉及人数多，金额大，案情比较复杂，影响也比较广泛。在诉讼维权方面，如康美药业案，特别代表人诉讼制度的实施对净化资本市场生态、打击资本市场违法违规行为有非常好的震慑作用。

中国资本市场有一个特点，就是有广大中小投资者，2亿多投资者的背后是千千万万个家庭，我们必须把保护投资者的事做好。一个好的市场、成熟的市场，必须是投资者合法权益得到有效保护的市场。中国特色的资本市场也要走中国特色投资者保护之路，坚持“大投保”的理念，坚持构建“大投保”格局，政府、市场主体、媒体、投资者自己，各个方面都要履行自己的职责，做好投资者保护工作，构建良好的投资者保护生态，最终形成法律保护、监管保护、市场保护、自律保护和自我保护的投资者保护大格局。尤其是中小投资者自我保护的手段和能力不强，当然整个市场还需要创造让投资者积极参与公司治理、督促公司提高质量的氛围，让投资者真正参与到保护投资者的工作中。这些年来，党中央、国务院和证监会做了大量的投资者保护工作，应该说投资者保护工作已经走上了一条良好的发展道路。

当然，发展的过程中还存在一些困难，比如，法律制度供给方面，虽然有一些保护投资者的规章制度，但是系统性、针对性还需要不断地健全和完善。虽然《证券法》出台了，但是怎么实施、落实，还是要在实践中摸索和制定规则制度，把保护投资者落到实处，落到具体的规则条文上，建立一个系统性的保护投资者的法律法规体系。

投资者保护是一项系统工作。第一，要构建一个全过程、全方位、全覆盖的投资者保护体系，要有一个大的投资者保护格局，通过整个市场生态的改善、市场环境的改善，形成打击违法违规行为、保护投资者合法权益的良好生态，这是大的前提。第二，保护好投资者必须提高上市公司质量，只要投资者买了好的上市公司的股票，就会和上市公司共成长，所以好的上市公司是对投资者最好的保护。第三，中介机构要尽职尽责，发挥好市场“看门人”的作用，对侵害投资者合法权益形成“零容忍”氛围，对违法者形成震慑。同时，要加强投资者教育，提高投资者自我保护意识和自我保护能力，这也是我们需要长期做的、久久为功的一件大事。

宋志平： 谢谢郭董事长。大家知道资本市场在我国是举足轻重的，上市公司对于经济发展做出了巨大的贡献，现在4700多家上市公司的销售收入约占GDP的57%，也就是半壁江山。上市公司是资本市场的基石，但是投资者是上市公司的基础。我们老讲投资者是上市公司的衣食父母，所以想请三位从各自的上市公司的角度来谈谈如何保护投资者的利益。作为上市公司，我们如何保护投资者的知情权、参与权和收益权？

周长江： 中国交建现在是A+H两地上市公司，2006年在香港H股上市，应该是第一家整体在境外上市的国有大型基建企业，2012年回归A股。在保护投资者权益方面，我们首先借鉴了很多国外好的资本市场制度，其次按照国内的监管规则要求，在这方面做好做实。

第一，我们认为信息披露是保护投资者知情权的一个核心工作。首要的是做好定期的信息披露和临时的信息披露公告。对投资者特别关心的、需要知道的关于公司的战略发展、生产经营、财务指标等信息，以及公司未来的发展方向，我们要及时回答这类问题，及时做披露。

第二，关于参与权，我们主要是积极地创造条件，让广大投资者参与中国交建的治理过程。首先是开好股东大会。股东大会是股东积极参加公司表决和决策的一个重要形式和渠道。其次，我们积极邀请有意愿参与的股东参加大会的表决，这样就保证了他们的参与决策权。

第三，关于收益权，我们主要是建立分红机制。一是在公司章程中明确规定，如果公司有利润、有现金流，一定要进行分红，建立一个长效的分红机制。二是每年按照当年实现的可供普通股分红的利润，将不少于20%的部分进行现金分红，2006—2021年，我们坚持了15年的现金分红，我们从资本市场募集的资金只有200多亿元，分红总金额已经约有360亿元。三是随着公司经营的持续健康发展，在现金流也非常好的情况下，我们可能会适当地提高分红的比例。

宋志平： 非常好，中国交建在央企中是一家非常优秀的公司。金风科技是一家新能源公司，这些年发展得也非常快，请马总介绍一下公司的情况。

马金儒：好的。金风科技是中国最早从事风力发电设备制造的企业之一，2007年登陆深交所，2016年登陆港交所，经过20多年的发展，在金风几代人的努力下，目前已经成为全球领先的风电企业，连续10年在中国排名第一，连续6年在全球排名第三。

我们一直把保护股东的各项权利放在第一位。比如，对于股东的知情权，我们做了很多的努力。我们认为信息披露是使所有股东知情的最基本的方式，所以我们通过各种制度体系、流程体系，保证公司的信息披露真实、准确、完整、及时。我们是两地的上市公司，要保证两地的境内外投资者能够同时获得一致的信息，公司还要给股东提供多种获得信息的渠道，比如，业绩发布之后我们会做一份定期报告，信息披露之后会做全球业绩路演。定期报告的全球电话会议规模是400～600人，线上、线下都可以参加。我们会做路演、反向路演，以及日常的投资者接待，还有专人负责接听投资者热线。

在参与权方面，有两点比较重要且有特色。一是在章程中规定中小投资者要对重要的议案单独计票，当然我们在实践中执行得远比章程中的严格，对所有股东大会的投票，中小投资者、A股投资者、港股投资者全部分别计票，然后单独公告。二是有累计投票的机制、类别股东投票的机制。

分红权当然也是股东一个非常重要的权利，公司2007年在A股上市，从2007年到现在，除了股权的分配之外，仅现金分红已超过91亿元，平均每年的现金分红都会超过当年利润的30%以上。

宋志平：非常好，金风科技这家公司成长性很好。下面请中国移动的黄总给大家说说。

黄杰：中国移动上市比较早，1997年就分别在港交所和纽交所上市。在国际资本市场，公司建立了一套相对成熟完善的，包括公司治理、投资者权益保护、信息披露等机制。2022年1月5日，公司成功在上交所挂牌上市，这也是我们的夙愿。回到A股之后，我们实现了客户群体和投资者群体的有机融合，可以让广大客户分享公司发展的成果。保护投资者的权益，实际上就是保护客户的权益，从这一点上讲，保护投资者权益对于中国移动具有特殊的意义。

公司上市以来，始终瞄准创建世界一流企业的目标，不断开拓创新，创造了“大象快跑”的奇迹。我们2020年收入7700亿元，净利润1100亿元，分别比上市之初增长了50多倍和20多倍，这个速度应该说是惊人的，在全世界运营商中也是名列前茅的。运营商的平均的净利润率只有约6%，我们达到14%。这种高基数的持续增长，压力还是比较大的，确实也倒逼我们加快转型升级和创新的步伐。

举一个例子，前几年随着人口红利和流量红利的消退，整个通信行业的发展处于低迷的状态。现在我国有14亿多人口，已经有约16亿移动客户，发展空间受限了。另外，流量资费这几年一直在提速降费，从2015年的超过80元/GB到2020年的不到5元/GB，下降了近95%。这两个红利消退之后，公司的增长点在哪呢？

公司提出了以“三个转变”为主要内容的新的发展战略。一是业务发展从过去的通信服务向信息服务转型，不能固守在原来的领域。二是业务市场由聚焦个人市场转为向个人、家庭、政企、新兴市场全向发力。三是在发展方式上，由过去的资源要素驱动逐步向创新驱动转变。经过这两年的实践，确实收到很好的效果，现在我们的收入增长曲线基本往上走了。

第一，无论是从央企的“三个责任”，还是“受人之托，忠人之事”的角度来讲，投资者投入资金到我们的公司，我们就要对投资者负责，持续创造优良的业绩是保护投资者权益的基石和前提。

第二，要坚持现金分红，不能做“铁公鸡”。每年我们把净利润超过50%的部分用来分红。上市以来，公司已经累计向股东分红超过1万亿港元，2020年的股息收益率达到7.44%，远远超出银行理财。所以，香港召开股东大会时我们看到很多老年人买我们的股票用作养老保障，因为有稳定的收益。我们的利润派息率无论是在A股还是在港股，都是名列前茅的。

第三，要重视市值管理。市值管理是一家上市公司必须做的事情，现在有些企业融资后就不关注股价了，这其实是不对的，做好市值管理也是对投资者负责的一种具体体现。我们公司专门成立了市值管理的工作小组，综合利用各种手段，无论是“绿鞋”，还是上市公司回购等，保持A股和港股的股价稳定，这也最大限度地维护了投资者的权益。

投资者才是真正的老板，对老板还有什么可隐瞒的？一定要把公司的发展战略、未来的投资价值好好讲给投资者听，让投资者理解公司，让投资者放心，这样才会形成良性的互动，形成发展合力。

宋志平：中国移动是一家非常好的公司，集团的业绩在央企中也是名列前茅的。其实刚才讲到，上市公司拿了投资者的钱，就要把公司做好，这是我们义不容辞的责任。2021年，上市公司共分红1.67万亿元，比2019年增加17%，高于2020年。以前有人说不少上市公司是“铁公鸡”，一毛不拔，但现在这些年，大家改变了想法。

从2012年到2021年，10年左右的时间，上市公司累计分红约8.2万亿元，这个数字也是不小的。我们的上市公司要让股东有获得感，大家买了你的股票，成为投资者，要有获得感。刚才讲到公司股息收益率超过7%，国内上市公司的派息水平实际上与国际的先进水平是相当的。

信息披露是资本市场的核心

宋志平：大家讲到了知情权，上市公司与非上市公司最大的区别就在于上市公司是公开、透明、阳光下的公司，对所有股东一视同仁。信息披露是资本市场的生命线，注册制的前提是信息披露必须准确，如果信息披露不准确，注册制是做不下去的。对于投资者来讲，就是通过信息披露了解公司信息，所以信息披露的真实性、准确性就非常重要。我做会长这几年，发现每年一些因违规被处罚的上市公司，其中百分之六七十是因为信息披露不规范。

在做好信息披露这方面，你们是怎么做的？有什么特色？

周长江：作为一家“A+H”上市公司，我们把信息披露作为一项非常重要的工作来抓。第一，要根据监管要求，完善公司的信息披露制度。第二，要压实责任。我们公司信息披露制度中明确规定，公司的董事长是信息披露的第一责任人。公司内部建立了信息披露工作小组，工作小组成员包括战略部门、财务部门、业务部门，以及合规法律部门，信息能够及时地通过这种联系机制反馈到工作小组。我们有丰富多彩的披露形式，有些是用图表来体现的，使投资者很容易读得懂、看得懂，也了解得更快，不是看冰冷的、枯燥的数据。比如，我们有新媒体平台、公司网站、投资者热线，还有专门的投资者栏目。

马金儒：注册制实质上区别于核准制，将选择权、判断权交给了市场，交给了投资者，所以信息披露是资本市场的核心、基础、灵魂。在这样的背景下，作为上市公司就应该以投资者的需求为目标，把信息披露做得真实、准确、完整和负责任。

第一，信息披露不仅是一纸公告，其实是对整个链条的管理，要想保证信息披露的真实、准确、完整，就要管理好它的源头，所以我们建立了信息披露管理的一系列制度，规范流程；对外披露的主体不仅是董秘办，所有业务单元的一把手、所有职能部门、所管辖的业务负责人都承担责任。

第二，这几年法律法规一直在变化，我们要不停地学习、不停地输入，不仅要修正公司的制度体系，也要提升业务部门的业务能力。

第三，培训、宣贯、推广是非常重要的。要在公司的很多业务流程中做前置设计，让信息披露的管理人员、负责人员能够在重大信息的前置流程里提前介入，以避免漏报和漏披，更好地向资本市场反映。要对重大事件做定期跟踪，我们也有专门的机制与之配合。在规范的信息披露的基础上，还要向资本市场做宣讲和解读。

黄杰：我觉得做好信息披露工作、提高信息披露的有效性，是消除投资者信息不对称、真正保护投资者权益的非常重要的手段。我们回到A股之后，确实感觉压力挺大，因为A股的投资者结构、市场特点等与港股不同。A股散户相对比较多，对信息的分析消化能力不足，与港股市场有差距。我们要正视这两个市场的差异，要主动适应。中国移动因为上市比较早，2003年公司内部就专门成立了信息披露委员会。信息披露确实涉及很多部门和环节，怎么能保证不错不漏？

第一，管理一定要制度化，用制度约束，制度要流程化，流程尽量能够用IT系统固化下来，比如在清单化管理、日历管理等方面都有完整的管理体系。信息披露无小事，一旦披露不当，会带来不可挽回的损失。

第二，我们加强了自愿披露，除了法定披露，我们还在与跟投资者沟通的过程中，对他们比较关心的一些热点问题进行自愿披露，保证投资者能够及时了解公司运营状况，以此增进投资者对公司的理解和支持。现在我们每月都会公布主要的业务指标，过去是一个季度披露一次主要业绩。另外，在披露的过程中，我们也在不断地根据客户反馈优化披露的格式和内容。很多投行来问问题、追问一些数据，是为了修改盈利预测模型，既然投资者有这个需求，我们索性就主动披露，披露格式这几年也在不断与时俱进。

第三，我们主动披露ESG报告。早在2007年，中国移动应该是在上市公司中率先独立披露可持续发展报告的，可持续发展报告与年报一起披露，实际上也给投资者提供了一个全面了解公司价值的视角。

宋志平： 做好信息披露要有一个好的内部制度，同时董事长、董秘要尽到责任，这非常重要。我过去在中国建材做过17年董事长，我觉得要做好信息披露，董事长和董秘非常重要。董事长的意识要非常强，要把信息披露当成责任。此外，与投资者的沟通也非常关键。我们发现，有的企业经营得非常好，但市值不高，问题就出在与投资者的沟通上面。上市之后公司有两种客户：一是产品客户，二是资本客户。上市公司应该向投资者讲好公司的技术、新产品、发展战略、经营思想，要与投资者多沟通。

和投资者建立良性互动关系

宋志平： 2021年，证监会和国资委联合推动3756家上市公司做了业绩说明会，比上一年提高了40%，有3688个董事长和总经理出席了说明会。证监会、国资委以及我们协会做了大量的工作。公司一年来到底做得怎么样，得跟投资者沟通。如果做得差一点，也要给大家讲讲，听一听大家的意见。你们三家企业的投资者关系都做得非常好，我想听你们谈一谈这方面。

周长江：作为中国交建董秘，我深有体会。关于投资者关系，中国交建是从这几个方面来开展工作的。

第一，开好业绩说明会。我们每次开业绩说明会，董事长或者总裁、管理层都参加，直接面对投资者。很多的投资者，包括证券分析师，他们所关注的问题其实很专业，通过信息披露，实际上可能比我们更能看清楚公司的发展情况，可能很清楚在哪方面存在问题，有时候可能毫不客气地指出，问公司存在的问题以及解决办法。我觉得公司的管理层要有一个开放的心态，交流得越充分，投资者就越了解公司的发展，越会觉得公司是好的、值得尊重的。

第二，做好反向路演。投资者特别欢迎反向路演的方式，真正走进企业、去看企业，感觉是不一样的。举个例子，我们港珠澳大桥当时正在建设过程中，大家都很关心，这是代表当今世界交通基础设施最高水平的巨大工程，公司就组织投资者参观这个工程，港珠澳大桥的总工程师、总经理林鸣与他们亲切地交流，投资者特别满意。2021年在中国交建信息披露的过程中，投资者发现公司的科技投入比例较大，就特别想了解这些投入的去向，实际产生了哪些科技成果。虽然我们也进行了书面的解答，但感觉不够深刻。后来，我们组织投资者参观我们的国家重点实验室以及一些创新成果，让他们感受到投入是值得的，产生了效益，资金用到了刀刃上。

第三，设置24小时投资者热线。我们收到投资者的问题会及时答复。我们也会采取一些其他的形式，比如主动参加各种证券公司组织的大型论坛、峰会。我们获得过不少投资者关系的奖项，美国《机构投资者》杂志多次把中国交建评为投资者关系最佳的团队，我们也多次获得中国上市公司投资者关系管理天马奖。

宋志平：中国交建的业绩说明会一直做得很好。金风科技也是这方面的优秀代表，下面请马总说说。

马金儒：金风科技和投资者间一直保持着良好的互动，我们也是通过高效灵活的投资者管理体系，给投资者提供多种渠道、多种方式，向投资者更多地展示公司。过去10年，新能源行业其实是一个政策频出、波动非常大的行业。如何为投资者提供更好的服务？仅仅介绍公司的业务和财务数据是不够的，所以我们每次业绩路演中第一部分就是关于行业的分析、判断、介绍。

很多分析师都会把金风科技对于行业的分析和判断作为行业研究的一个非常重要的依据，高质量地站在投资者角度提供投资者关系的管理服务，是非常有意义的，这不仅方便了投资者搭建自己的模型，也容易对未来作出判断。

关于方式，因为我们是一家“A+H”上市公司，我们有4个定期报告，有全球的业绩说明会。最初我们是到香港做业绩说明会，在当地路演之后，再回到A股做路演等。随着通信手段的发展，现在最大的业绩说明会是在线上线下同时进行的。我们对所有的重要股东、大型基金，无论是境内还是境外的，都要去拜访，不过这两年很多也搬到了线上。

在沟通的过程中，我们也进行反向路演。根据每年不同的关注点，我们会组织不同的反向路演。比如，参观我们的海上实验平台、风电场、智能微网等，其实大家在了解公司的同时，也拓展了对行业的了解和理解。

我们也紧紧跟上时代的步伐，在2007年深交所上市之后，每年披露社会责任报告。从2016年开始，我们披露可持续发展报告，就是ESG报告。我们的ESG评级在全球是非常高的，在MSCI ESG评级[1]中，我们连续两年都是Double A以上，在恒生可持续发展ESG评级[2]中是A+。我们在资本市场获得了一些奖项肯定，比如最佳董事会、最佳投资者关系、最有投资价值公司等。我们希望在未来的公司发展中，能够一直把行业、公司各方面更好地呈现给广大投资者。

宋志平：你们三家公司其实都披露ESG报告，ESG报告是受到大力支持的，中国上市公司协会也做了ESG白皮书。我们每家公司不但财报要做好，

1　由摩根士丹利资本国际公司（MSCI）编制的一种环境、社会和治理（ESG）评级系统。

2　由恒生指数公司发布的用于评估企业在环境、社会和治理方面表现的评级系统。

ESG报告也要做好。在国外，如果要买公司的股票，投资者也会看ESG报告，这非常重要。

黄杰： 和投资者建立一种良性互动的关系，对于上市公司持续健康发展非常重要。为什么大家普遍反映双方互动不是特别理想？我觉得可能得从两方面去找原因。一方面，投资者还是要去除浮躁和急功近利的心态，要坚持长期价值投资理念，不能光去追风口、挣快钱，如果这样，可能双方谈不到一起去。另一方面，作为上市公司，就像宋会长说的，既然上市了就得有这个意识，上市之后要面对两个市场、两种客户，既有产品市场的客户，也有资本市场的客户，两方面都要做好，不能一条腿长，一条腿短。有这个意识，才能做好这项工作。

我有三方面建议。第一，要丰富沟通渠道。刚才大家提了很多，有业绩说明会、分析师投资者大会、路演等。比如，反向路演，前期我们做5G投资之后，资本市场质疑5G投资大，耗电量强，商业模式又不成熟，中国移动的盈利从哪来？后来我们对投资者做了反向路演，让他们来公司参观，给他们介绍5G的发展状况，他们看到之后，确实打消了顾虑。只要有这种理念，像推销我们的产品一样去推销公司的价值，就一定能取得很好的结果。

第二，对待客户一定要真诚。其实很多投资者，特别是机构投资者专业能力很强，搜集分析能力也很强。在跟他们沟通交流的过程中，一方面，公司的战略要赢得他们的理解和支持；另一方面，我们可以从他们那里获得对公司治理、未来公司发展的很多建设性的意见。

第三，一对一沟通。我们介绍中国移动现在已经不是传统的运营商，现在面对数字经济广阔的蓝海，公司已经定位为信息服务的科技创新公司新赛道。过去我们主要是卖连接、卖流量，以后我们要卖能力、卖算力。我们现在要打造基于“5G+算力网络+智慧中台的连接+算力能力”的新型信息服务体系，讲完之后效果很好。沟通过程中要相信这些专业的机构投资者的消化能力，他们的专业性还是非常强的，我们去讲是能够赢得理解的，抱着这么一种思想和态度去沟通，就会取得好的效果。和投资者建立一种良性的互动关系，也能促进上市公司持续健康发展。

宋志平： 你们三家公司都是在香港上市的，所以对于业绩发布和路演都是非常习惯的。对于路演，我有点儿小小的经验。路演就是“三讲”。一是“讲好”，要把自己的故事“讲好”，让人家喜欢你，这很重要。二是“讲通”，前年、去年讲的要和今年讲的匹配，要“讲通”。三是“讲准确”，以数字说话，不能都是定性的，而要定量分析。要讲好、讲通、讲准确。在准备业绩发布、路演等的过程中，我们能反思一年的工作，到底该怎么讲自己的故事；讲完后反思、研究，对大家提出的建议归纳、总结。路演非常重要，实际上也能促进企业的成长。

很多公司上市后，还是秉持传统观念，只知道产品市场，只对卖产品抱有极大的兴趣，当然这也是对的，但是这样往往忽视了资本市场的客户，这么多机构买了公司的股票，他们听不到公司的声音，很着急。

我还想提个问题：什么样的上市公司是投资者喜欢的?

黄杰： 我想，做一家好的公司，就像做一个好人一样，诚信透明，有发展前景，效益好，这就是一家好公司。

马金儒： 好的公司首先要业绩优秀，成长性非常好，公司治理也非常优秀，开放透明，和资本市场无缝交流，一定要有社会责任感，不仅仅追逐利润，还要对社会有更大的贡献。

周长江： 一家投资者喜欢的公司，一是要有好的业绩，给投资者好的回报；二是要做治理规范、透明公开、诚实的上市公司；三是能跟投资者开诚布公地交流，投资者会觉得这家公司对他是尊重的，他会喜欢这样的公司。

宋志平： 什么是好的上市公司？就是投资者喜欢的公司才是好的上市公司。一是刚才讲的业绩要良好；二是公开透明，信息披露和与投资者的沟通特别好；三是规范治理，当然不上市也要规范治理，但上市后要求公司治理要更加规范，叫合规性，这方面也是非常重要的；四是刚才大家讲的，要履行社会责任，其中很重要的就是对于投资者的责任。

关于上市公司和投资机构的沟通，大家始终觉得不是太充分，刚才讲了我们有2亿个股东，其实其中真正的机构投资者只有40多万，所以机构投资者非常重要。作为上市公司，和机构投资者的沟通特别重要，王总、张总，你们二位，一位是机构投资者，一位代理很多散户投资者，机构投资者如何加强与上市公司之间的沟通？

王珠林： 这些年公募基金规模增长很快，但大家反映机构投资者跟很多上市公司沟通不畅。我看了一下相关的数据，实际上2021年机构投资者对于上市公司的调研频次达到24万次左右，2020年只有15万多次，2019年之前是5万～8万次，这两年调研频次增加得很快，但是大家还是会感觉到交流不畅。我认为有几个原因：一是上市公司增加较多，从10年前的2000多家到现在的4700多家，假设一个研究员对应50家，也需要100个研究员，从机构投资者的角度来讲，应该要增加这方面的力量。二是现在沟通多是在线上完成，线上调研跟实际调研是有差别的，有点像吃快餐、外卖，而不是去餐厅吃大餐，总是感觉交流得不透彻。三是现在信息披露要求规则越来越完善。对于很多信息，如何在公平对待投资者这个前提下达到平衡，这是相关参与者，包括监管机关都应该思考的一个问题。

宋志平： 刚才几家上市公司都提到了路演和反向路演，反向路演就是要“请进来”，路演就是要“走出去”，希望投资机构、分析师能够多到上市公司去深入了解情况。

王珠林： 上市公司数量多了，规模也增长了。第一，应该增加投研人数，增强投研力量。第二,一定要利用现代的信息技术手段，提高沟通的效率，现在线上的很多方式还是很好的，剩下的就是如何进行改善的问题。第三，要提高效率，进行分类。比如，在股权、债券分类里再分层，分一般库、基本库、核心库、中心库，针对不同的分类分层，可以投入不同的力量，从而效率就会提高一些。第四，机构投资者有时候还起到风向标的作用。要通过投票权或者诉讼权，或者其他的一些投资者权利，参与上市公司的治理，做出有益于上市公司价值提升的举动，从而反过来实现机构投资者的价值。

宋志平：我以前在海外路演的时候，那些大的基金公司有很多的接待程序，来路演的公司都要等着，分析师都来听一听这些公司的情况，您的基金公司的情况是怎么样的？

王珠林：“读万卷书，行万里路”，实际上机构投资者必须是“读万篇报告，走千家公司”，万家公司走不过来，那就走千家公司，不只要看面上的东西，一定特别要看的是数据和事实背后的真实逻辑。实际上，我们在探索逻辑的过程中也知道了运行规律，所以有一些量化的指标必须去调研，去了以后回来要再看，才能决定进入什么库，不同的库对应的力度不一样，买多少、在什么范围买，都不一样。

宋志平：中信建投代理很多散户买股票，张总，我想听听您在投资者和上市公司沟通这方面的体会。

张昕帆：应该说，散户和上市公司沟通由来已久，而且现在还是主流。比如，上市公司定期召开股东会、路演或者是定期的业绩披露会，大部分情况参与最多的是散户，其中最理性的是机构客户，但一般机构客户的理性声音都被散户的情绪淹没了。散户体现出了中国证券市场的特色，我们是一个以散户为主的市场。上市公司需要应付大量散户的各种诉求，面对如此之多的散户的各种需求，有时候还有非理性的声音，其实往往难以作答，难以判断，难以做出决策。这时候，需要机构投资者能够担负起股东的责任，将散户的诉求做好归纳，与上市公司进行沟通。

当然，我们作为中介机构要对散户做更多的投资者教育，教育投资者做长期投资、价值投资、组合投资，识别风险，进行适当的管理，不要买风险过高、不了解的产品以及不了解的企业的股票等，这是我们要做的工作，任重道远。我认为最重要的是上市公司治理和提高上市公司质量，这是整个证券市场的基石。如果上市公司作假，散户根本看不出来，不能把识别上市公司好坏的责任放在散户身上，应该加大惩治力度，提高上市公司违规成本。

宋志平：对，提高上市公司质量是基石，这是最重要的。上市公司和投资者的沟通也非常重要，上市公司必须主动与投资者沟通，投资者也要在了解上市公司方面多下一些功夫。包括中信建投这样代表散户的机构投资者，我觉得也要加强对于上市公司的研究和了解，因为机构是有分析能力的，上市公司其实非常看重投资机构的意见，这些意见可以指导上市公司做得更好。有人说买股票也是“在买董事长”，这其实也是提醒上市公司，要特别重视公司的掌门人，因为掌门人的战略思考、文化观念会引领公司的发展方向。

中小市值公司如何获得投资者青睐

宋志平：现在我们有4700多家上市公司，但真正高市值的还不是很多，千亿级市值的上市公司有139家，是最近两年增加了。现在资本市场也有了一个新的情况，机构都喜欢买高市值的公司，低市值的公司有时可能被忽视。可是我们又在发展专精特新“小巨人”等，希望一些创新企业、中小企业上市，也希望资本市场关照它们，培育它们。作为上市公司协会会长，我很希望这些上市公司能得到资金支持，社会能够更平衡，资本市场也能够更健康。在这方面，先请王总谈一谈看法。

王珠林：是这样的。首先，机构投资者青睐大市值公司，从现在或者未来来看，我觉得这是大趋势。大市值公司一般是头部公司，一般业绩稳定，赶上顺周期时，成长性也会很高，抗风险能力更强，同时在资本市场上市值高意味着流通性好。现在数百亿甚至上千亿级的基金产品层出不穷，机构要花精力去研究一家公司，同时基金也有净值的问题，要满足投资者的流动性诉求，所以会关注高市值公司，把相当一部分精力放在大市值公司，我觉得是趋势使然。

机构投资者不会一直只关注大市值公司，当然小市值公司成长为大市值公司有难度，我曾经看到一个统计数据，只有2%的小市值公司能成长为大市值公司。中小市值公司还是很有活力的，曾几何时，市场认为它们是“小而美”的，但是变化是动态的。既然变化是动态的，中小市值公司也没有必要灰心丧气。

我对中小市值公司有几点不成熟的建议：实际上还是要做基本面，主业要突出，主业在收入中占的比例不一样，估值是不一样的。另外，中长期规划要让大家看得懂，规划能看懂，基本面也好，那么投资就不是空中楼阁，否则投资者会不踏实，所以，信息披露很重要。信息披露要具备完整性、准确性、及时性，还必须能说清楚这些事实或数据背后的逻辑。仅有这些不够，还得主动披露，如产业环境、行业发展、公司战略等，甚至还要有预测性的披露，如社会责任、ESG、积极影响力投资方面。信息披露没有这么多的强制要求，但是现在机构投资者，尤其是国际投资者，都有这方面的要求。

实际上在市值管理中，投资者关系管理、顺周期的资本运作是两个核心内容。投资者关系管理是“一把手工程”，企业的实控人、董事长、CEO要高度重视，既体现态度，也有信息交流的有效性问题。对于市值管理，有的人理解错了，以为是找人拉抬股价，放信息“坐庄”，这不是市值管理。真正的市值管理是要顺周期去做，市场好的时候、市值高的时候，多做一些融资并购动作；市值低的时候，要回购维护，甚至做中长期激励。否则，短期为拉抬股价而放假消息、蹭热点，等热点褪去了，实际上从长期来讲，更加伤害了机构投资者，因为机构投资者一般长期持有股票，更重视公司诚信。如果公司重视诚信，就会用很少的成本留住投资者。

宋志平：中信建投有散户委托你们去买上市公司的股票，从这个角度来讲，是不是更关注一些优秀的中小市值公司？

张昕帆：散户对中小市值的公司，尤其是绝对股价低的公司是很青睐的，但中小市值公司成为大市值公司的概率没有大家想象中那么高。比如，上市很多年后还是中小市值公司，就说明公司的经营有问题，这样的公司根本上要提高自己的经营质量，而不是获得资金。

宁德时代2018年上市时，市值只有500亿元。当时大家一直在争论这家公司行不行，因为它的发展前途大家看不懂，但是公司一直在做超越预期的经营，市值一直在涨，资金就被吸引，大量的资金涌入，而如果公司表现一直不好的话，资金进去也会出来。

因此，第一，上市公司要不断提高自己的业绩，有了好的业绩才能吸引大量的资金。

第二，多层次资本市场的背后也要有多层次的投资者渠道，比如有的投资者专门想买小市值公司，这就要求市场足够大。举个例子，在北京我们能吃到叙利亚菜，因为在北京的叙利亚商人可能有几千人，能把饭店养活，但是在二线城市可能吃不到，因为没有足够的客户群。所以，在北京我们可以吃到世界各地的菜，每一个菜系背后都是一定数量的客户群体。因此，一方面要提高投资者的数量，另一方面也要扩大机构投资者数量，机构投资者不仅包括公募基金，还包括私募基金、另类投资等，市场一定要包容，各种风格都有，不能只能做长线不让做短线。很多小市值公司市值小，在不断上涨时大基金公司来不及关照它，但小的私募基金能盯住它。一定要使市场的多层次投资者群体多元化，要包容，要尊重市场的原创性，而不是只允许大力发展一种基金、一种投资公司。

第三，一定要有强大的违规纠错机制。对于投资者来说，如果有的小市值公司不确定因素较多，业绩是假的，信息披露不够真实准确全面，投资者没法判断。因此要增加违规成本，加强对上市公司的治理，这种管控非常重要。

王珠林：我还想补充一点，实际上基金公司的产品种类是多样的，也有很多投中小企业或新兴产业的产品，对专精特新的战略性铺垫和跟踪研究，现在大家都很重视。

宋志平：现在基金公司也希望支持专精特新。

王珠林：对。比如我们有专门的研究团队一直在跟踪。大市值的股票走到一定程度就走不动了，我们必须发现新的热点，热点就在中小市值中，要找到它。最近很多IPO公司上市就到顶点，为什么上市即顶点？除了跟流通筹码有关，还跟上市公司对信息披露的关注度有关。我们常讲“注意力经济”，实际上在资本市场上关注度很重要，一般关注度高，信息就多，交投就活跃，流动性就好，估值也能上去，这就是正向循环，反之就是负向循环。这些新上市公司，好多也是市值比较低的，过了一段时间，比如流通盘扩大以后，会降得很厉害，这时候一定要持续进行信息披露，不进行信息披露，不去吸引投资者，大家久而久之就会把它忽略了。

张昕帆：王总，我特别同意你的观点。比如现在的元宇宙概念，不少是中小市值上市公司，大的公司可能还没有，散户想投不敢投，完全看不懂。这时候如果一个公司推出了这样的基金，做好严格的客户适当性管理，风险会很大，但是散户投资者中是有群体愿意冒险的。客户愿意冒险，产品设计创新，上市公司重视信息披露、对造假进行治理，就会把生态做好。

王珠林：实际上从今年开始大家已经这样去做了，也是看到了科技的力量。

宋志平：其实大公司也是由小公司成长起来的，它都有一个过程。我们还是希望中国的资本市场能够均衡地发展，能够关注一些高速成长的中小企业，因为中小企业有时面临融资难、融资贵的问题，上了市以后，它的市值又是小的，上市资源是有限的。我国的资本市场的散户占比较大，这样的特征可能更有利于中小市值公司发展。中小市值公司其实也应该有清晰的战略，有一套成长的路径，要不然，发展会很难。

还有一个问题，从投资者角度来看，你们觉得什么是好的上市公司，是你们愿意投的上市公司？

王珠林：在我看来有两条：第一，长久持有它能带来长久的收益；第二，只带来收益并不一定是好的上市公司，好的上市公司要主业突出，信息披露不但公开透明，还要专业。

张昕帆：我觉得上市公司的使命、愿景、价值观是我最看重的。一家公司要做什么、要给世界带来什么改变，这是使命。战略分两种：一种是不变的战略，另一种是变的策略。其实战略是不变的，这也是使命贯穿，但是变的是什么？比如科技赋能、组织建设、商业模式转换、竞争环境变化等。再就是公司的团队，一家公司有优秀的战略加上强大的执行力，它就没有对手了，市场会越做越大。

宋志平：大家讲得特别好。做好一家上市公司是不容易的，要经过时间的历练。如果从《梧桐树协议》来看，美国资本市场有200多年的历史了，而荷兰阿姆斯特丹最早的交易市场有400多年历史了，我国只有30多年的历史。如果这么看，就会发现我们的资本市场虽然时间不长，但是发展非常迅猛，这些年为国企改革做出贡献，为民企发展做出贡献，现在又在为科创事业做贡献，同时也在为专精特新“小巨人”的发展做贡献，我们的资本市场真的是极大地支持了我国的经济发展。我也常讲，中国的资本市场也是中国经济的一张底牌，希望中国资本市场的崛起能带动整个经济的腾飞。在新的一年里，无论是上市公司、投资方，还是监管层，大家共同努力，使我国资本市场能够往前迈一大步。

03 提升五种能力，做高质量的上市公司
——与赤峰黄金董事长王建华等对话

对话人： 王建华，赤峰吉隆黄金矿业股份有限公司董事长
刘　燕，中国中材国际工程股份有限公司党委书记、董事长
郜春海，交控科技股份有限公司董事长、总经理
时　间： 2022 年 4 月 27 日
地　点： 北京，中上协会客厅

上市公司治理实践

宋志平： 我们这次的讨论主要围绕如何提高上市公司的质量。过去3年，资本市场取得了非常大的成绩。现在一共有4782家A股上市公司，80万亿元的市值，这个数字和2018年相比，上市公司家数增加了33%，市值增加了约80%。上市公司所创造的利润占整个中国规上工业企业创造利润的50%，而3年前只占40%，增加了10%。3年里，企业从资本市场融资共3.1万亿元，分红3.5万亿元，成绩还是巨大的。同时，我们的上市公司还有需要进一步提升的地方。上市公司是资本市场的基石，资本市场对于整个国家的经济又是牵一发而动全身的，我觉得在这些方面上市公司应该担起责任。

2020年10月国务院出台了《国务院关于进一步提高上市公司质量的意见》(国发〔2020〕14号)，围绕提高上市公司质量、加强治理做了大量的工作。从证监会来讲，在推动公司治理方面出台了相关政策。中国上市公司协会这3年给董监高“关键少数”也进行了多次培训，为上市公司的治理打下了一定的基础。让上市公司做得更好，首要的就是提升上市公司的治理能力。因为上市公司是公众公司，所以治理能力特别重要。

◎ 中上协第二期会客厅，嘉宾就提升五种能力，做高质量上市公司分享观点

我想先请王建华董事长说一说加强上市公司治理这方面赤峰黄金的一些实践和您自己的一些理解。

王建华：我是2018年到赤峰黄金任董事长的，我想从以下几个方面谈一谈关于治理结构的建设。

第一，股权结构对治理的影响是巨大的，特别是前些年在民营企业通过上市走向大众公司这个过程当中，我的一些体会还是深刻的。赤峰黄金原来是一个大股东主导的企业，大股东持股超20%，我们3年以前就做出规划，把实际控制人的股份降低到10%以下，使经营者、管理者和骨干员工，特别是有技能、有技术的员工持股大约占10%，从一些国家基金或者对整个行业有引领作用的战略同行引入10%，现在这个任务已经完成了。赤峰黄金现在股权结构基本上达到了一个合理的水平。

第二，股权结构问题解决了，还要解决人的思想转变问题。我们引入了一些长期经过企业与社会锻炼、经过市场考验、被小股东和广大投资人认可的人，他们加入治理结构的决策层中，作为企业发展的核心竞争力。我们当时规模很小，只有二三十亿元，他们加入以后，使我们发生了很大变化。比如，他们经常打电话指出我们哪些地方做得不够，哪些地方做得不好。治理结构建设，对我们所有的高管人员来说是一次重塑，是一次走向资本市场的认知提升，是当今资本市场需要高度的重新站位。

在议事规则上要保证透明与开放。我们提出一个口号“内部极度透明”，不能因为他是独立董事，他远在天涯海角，就可以对他模糊不清。还有一个口号“对外极度开放”，除了上市公司监管要求不能披露的内部信息之外，我们没有权利自己制造一些屏障。我们要使自己的报表、业务、进度、困难、风险都展露在投资人面前。这非常重要。

我们公司的内部文化中有一句话叫“每个企业都争取光荣”，争取光荣的很大的前提就是光明，光明带来的是对人、对高管的拘束，光明带来的是对“四个底线”的敬畏。做到这些以后，要巩固治理结构，使其能经受住考验。公司治理能力是公司本身长期养成的素养，治理结构是一种高于利益最大化的更大的利益，我们叫“价值最大化”。我们限定终极目标，就是让更多的人、在更大的范围，因赤峰黄金的发展而受益，这是我们的总体价值观。当我们在决策事情上遇到利益最大化和价值最大化冲突的时候，我们应该有一份坚守。这本身就是为了长期的价值最大化，而不是短期的利益最大化。

宋志平：赤峰黄金确实很有特色，过去它是一家民营企业、治理结构也属于“一股独大”的结构，这些年进行了一些治理结构上的改变，同时引入高水平的独立董事，所以赤峰黄金这几年的变化非常大。

下面请刘燕董事长来谈谈对于治理结构的一些看法和想法。

刘燕：中国建材集团是全球最大的建材集团，中材国际是中国建材旗下其中一个上市公司。我们主营业务是水泥技术装备和工程建设，在全球做总承包，交付水泥工厂，连续14年全球市场占有率第一，在工程技术服务业务上已经是一家全球领先的企业。但是在公司治理上，我们还要继续努力。现在国资委提倡要创办世界一流企业，创建世界一流企业前提要有一流企业的有效治理，所以要向全球的有效治理的标准去看齐。中材国际也是在积极地探索。

中材国际通过努力也取得一些成效，我们获得公司治理特别贡献奖、上市公司董事会“金圆桌奖”。中材国际在公司治理方面有几个特点：第一，有一个好的董事会结构。我们有9名董事，董事会结构是“333结构”——3名独立董事，3名外部董事，其中一名外部董事是坐班的专职董事，还有3名内部工作的董事，结构很合理。

第二，3名内部董事以外，我们建立了包含专职董事和独立董事独特的9大工作机制。运行一段时间，我们发觉其实最核心的治理问题还是要把治理主体的权责边界厘清。作为一家中央企业，又是上市公司，如果权责划得不清晰，治理就没办法做好，所以我们下了很大工夫，分了12大类、126项权责，权责清单边界都划清楚，有效治理就是权责法定、权责透明，大家依托这个规则，该开什么会开什么会，该做什么事就做什么事。把治理边界、议事清单、权责都划清楚以后，我们的独立董事、专职董事就依据这些去开展工作。

因为专职董事本身就是行业专家，我们在想怎样让专职的外部董事促进独立董事发挥更好的作用。我们引入了很多工作机制，比如，调研的机制、重大事项的会前讨论会机制、问询机制，我们为此还把公司的审计部作为专职的外部董事、独立董事的工作的支持机构，招聘了一名“四大”出来的审计部专职副总经理，配合专、独董工作，有什么问题和疑问，可以由审计部直接去审计，把问题查清楚，原因说清楚。我们2021年一年通过专、独董，

◎ 中材国际在保加利亚建设的水泥生产线

通过审计支持机构发现问题46项，整改台账、工作台账每一项都要有结果回复给他们，所以厘清权责清单，建立专、独董联席工作机制是中材国际的第二个工作特点。

第三，真正提高治理水平还是靠人。外部董事、专职董事尤其是我们管理层内部董事加强学习、加强培训、加强考核，首先提高我们对公司治理的认识、意识，然后提升我们的知识能力，然后才能有效地提高治理的水平。

宋志平：刘燕董事长讲的治理其实有一个创新，我觉得很多国有控股上市公司可以参照。董事会“333结构”，有3人是现职的，还有3人是外部董事，再有3个独董，特别好。

郜春海：我身份稍微有点特殊，我是原先是大学老师，做科研项目，我是做轨道交通地铁控制系统的，就是俗称的“信号控制”。关于治理结构，我的套路就是按照规矩来。

我觉得有三点是比较重要的。第一,三会（股东会、董事会、监事会）一定要制度化，按照现在的叫法就是公司现代治理结构。第二，要做到流程化。有时候制度放在那，但是在操作过程中就被扔到一边去了，我是把所有的制度弄成流程，编成工作程序。第三，要做到透明化，现在叫“数字化转型”。我从2016年就开始做信息化，那个时候叫“两化融合”。当时我们还是一家小公司，只有五六百人，但是公司到底有多少人，统计口径不一样，得到的数据就不一样。公司不大，却连人数都搞不清楚，再这么做下去就有问题了。从那时起我们就开始做信息化，公司业务产品线的开发等，所有数据都是一致的。我们的股东、董事，大家看到的和我看到的都是一样的。这种透明性带来什么好处呢？大家对公司的信任增加了。

我觉得制度化、流程化、透明化这“三化”很重要，另外还有民主。特别是在公司内部，最终目的要统一，我有什么想法，大家如果有不同意见，下面再讨论，必须得讨论一致。我的观点是意见不统一的就先不做，统一思想太重要了。

集中精力做好主业

宋志平：对于上市公司治理来讲，透明是非常重要的，好信息、坏信息都得告诉独立董事，让他们真正能发挥作用。治理其实和管理不同，我们不能简单地用管理来代替治理，以前我们讲企业管理比较多，但上市公司多讲治理，不能简单地利用管理代替治理，证监会讲的第二种能力是要突出主业，提高企业的核心竞争力，过往这些年我们看到上市公司出问题的，除了违法违纪的之外，大部分出问题是出在偏离了主业，盲目扩张，所以我们把提高企业的核心竞争力、做实主业、做好主业放在了非常重要的位置。

你们三家公司都是主业比较突出的公司，我们也讲讲主业。

王建华：我到现在这个公司以后，我们确实做了壮士断腕的决断，提出营收到500亿元之前只做黄金，不做别的，甚至有点“矫枉过正”，不管你是多少就是要做精。赤峰黄金做了两件事情，第一，在市场比较好的情况下“幸福地卖”。我们在北京市场挂出冶金厂，以25亿元卖掉了，卖掉以后用这个钱扩充了主业，到老挝买了一个世界级矿山，也是世界第六大矿山交易案，后来又在加拿大买了一个世界级的矿山。对一家小公司来说，确实先要把生存、基础做好。到了一定规模，我们又把冶炼处理掉了，把军工、国防、服务业、地产业等都毅然决然地卖掉了，卖掉以后就有大量的资金，使股权质押降到一个很低的程度。

第二，做主业就是做正确的事，然后正确地做事，还要根据自己的实际选择主业。其实对比大企业，我们的优势是很薄弱的，我们没有技术储备，没有设计院、工程院、研究院，我们把所有的优势压在轻资产上，就是要在重资产行业尽量设轻资产，然后抓先完成、后完善，抓效率、效能。

做主业不是一件简单的事，首先是战略问题，其次是在做决策以前要对自己的优势非常明确。不一定什么事都要做，每一个中小企业都应该有这样的心态，就是做正确的事情，正确地做事。同时，企业要知道自己的短板在哪里，寻找短板弥补起来。我相信，比别人更勤奋一些，努力到自己无能为力，这个企业才有可能做好。

宋志平： 其实，是多元化还是专业化一直讨论了很多年，今天我们看到，多元化也有做得好的企业，比如华润、韩国的现代，但是做得好的少之又少。因为一个企业的财力、能力、人力、物力都是有限的，应该集中精力把主业做好，要突出主业，走专业化的道路。

刘燕： 对于中材国际来说，主业已经非常突出了——水泥技术装备。1953年成立的重工业部沈阳设计院是中材国际的前身。要搞好基础设施建设，就要解决水泥的问题。中国的基建这四五十年之所以能够快速地发展，水泥功不可没。中材国际在其中是做了巨大贡献的，20世纪80年代末，我们引进日产3000多吨的水泥线，要花将近20亿元。那个时候20亿元相当于现在多少钱？现在我们建一条日产1万吨的线也就十几亿元。从一开始我们完全去学习、引进、消化、吸收，到现在走到全球领先，这是一个持续的过程。

总结这些年，我们对核心竞争力的理解是，不同的企业发展阶段、行业发展阶段，企业的核心竞争力是不同的。一开始，我们的学习能力、模仿能力是核心竞争力。后来，我们的核心竞争力就是把建设成本降下来，再后来就是有国产化的装备，走向全球化，有技术创新，有商业模式创新。

我们其实也碰到过困惑。随着中材国际的竞争能力、核心能力不断提升，水泥行业很受益，效益很好，那时候建一个水泥厂三年可以收回投资，大家就纷纷投资，带来的就是产能过剩。随着“双碳”“双高”“双限”等对产能过剩行业的控制，中材国际这么一家专注主业的企业，未来怎么发展呢？怎么给股东创造持续的回报呢？其实我们面临着企业的持续增长问题，增长才能给股东带来更好的回报。但是在碰到盈利瓶颈的时候，企业该怎么做呢？

第一，我们做强链补链的工作。过去最早我们是设计院，加上施工安装，收设计费或者安装费。现在我们拥有整个加工链，从研发就开始做，不光设计生产线、设计工艺，我们还设计核心的装备，我们做出来的装备效率高、电耗低、故障率低。过去在国外建生产线的时候，买的装备都是欧洲的，现在我们就用中材国际的装备，运转的状态更好。在这个链条里，把核心装备补进来了，后来我们把矿山、运维服务也补进来了。实际上这个链条本身就能够带来业务上的增长。

第二，还要谈到创新，其实这是中材国际未来增长的核心。现在，国内有不到2000条生产线，全球有接近4000条生产线，跟我们的技术水平已经有很大落差了。那我们可以去做改造，提升大部分的性能指标，改造成数字化、智能化、绿色环保、消耗指标低的生产线。水泥是一个过剩行业，但是未来我们搞建设还需要水泥，它一直存量生产，这些装备实际上是要不断地通过技术进步去更新。如果有了新技术，更新的速度就会加快。这本身又创造了一个巨大的市场。前提是我们的技术装备是处于全球最领先的。

第三，就未来的增长空间来说，我们在发展业务、创新技术的同时，实际上也带来了扩张增长。比如，我们可以为水泥厂提供绿色能源，协同处理城市生活垃圾、危废、固废，这会带来业务的扩张。在研究、专注一个主业时，由于技术的进步产生裂变效应，我们称之为“有限相关多元”。在专注主业的基础上，由于科技能力的不断提升，公司的业务自然而然会扩张。

宋志平：我过去做中国建材董事长的时候，也是经常发愁，中材国际这个公司因为做得很专业，就是做水泥装备，随着水泥厂的建设趋于饱和，它的业务会不会萎缩呢？其实不仅不会萎缩，还一代一代地越做越大。

郜春海：交控科技的情况不太一样，我们的主业还处在一个不断发展的阶段。我有一个感受，就是要想提高核心竞争力，就必须掌握核心技术。一个关键的问题是，如果企业没有核心技术，想去集成别的企业，把盘子做大，其实还是没有竞争力，利润也不会太高。如果企业不掌握多元化领域的核心技术，我觉得还是别去做多元化。

宋志平：其实刚才我们讨论到做强主业、提高核心竞争力、专业化、多元化，现在很多上市公司都需要认真研究这个事情，专业化也是可以做大做强的，不是一定要靠多元化的业务累加起来。其实那种累加，不见得在每个行业里都有控制力。如果企业在某个行业确实做大了，到了天花板，可以再做一两个新业务。比如对央企，规定业务不要超过三个，做了些限制。其实做限制的时候，有些人不太理解，认为这是放弃了很多赚钱的机会，现在回过头来看，恰恰是因为当时限定了业务，才使央企这些年都在稳定地发展，而且产生了一些世界500强企业。如果当时不做专业化的限制，可能今天大家就做得很散，或者同质化。

用创新促进实业发展

宋志平：现在大家提得比较多的是“不创新等死，但是盲目创新会找死”。如何把创新用好，这确实是上市公司要认真思考的，怎么能够用创新真正促进实业的发展？

郜春海：我们这一家小企业，在细分领域里，如果按照代际走，国外企业从第三代做到第五代大概用了30～40年，我们从公司成立到现在，从第三代做到第五代花了10年时间，这其实就是一个创新的过程。我有一个感受，创新其实是可以管理的。

第一，创新其实有路径，只是很多创新没有把路径做起来，如果中间有一个环节做不成，创新就很难转化为产品。干一件事情就要把这件事情想明白，要明确创新路径在哪里。有没有核心技术？有没有研发能力？有没有验证的手段？有没有产业化的能力？有没有工厂？有没有市场化机制和能力？企业能不能给客户提供全生命周期的服务？

第二，要风险可控。小企业也好，大企业也罢，我一直强调，创新一定要所有的风险可控，如果可控就大踏步朝前走，要是风险不可控，真的不能干。

第三，一定要把创新的每一个环节的风险找到，控制风险。有技术风险、财务风险、市场风险等各种风险，把这些风险找到，一个一个地解决掉。按照这样的思维去做创新，成功的概率会大大提高。

我觉得创新有“三化”：产品化、工程化、市场化。市场化其实是第一位的，在市场上先给大家提供价值主张，然后在企业里去做创新。但是很多企业是反过来做的，先把企业内部做得特别好，然后再去找市场，这其实并没有根据真正的市场需要去量身定制，而是按照自己的想象去做创新，做成后再去推行。

宋志平：刚才讲到了风险问题，其实过去大家讲企业家有两个特点：一个是创新，另一个是冒险。后来大家又说，企业家不是非得冒险，企业家应该是创新的同时懂得规避风险，创新实际上是一个有目的地寻求机遇的过程，这样可以减少风险。德鲁克认为有目的的创新可以减少90%的风险，创新确实要规避风险。科学家的创新和企业家的创新不太一样，因为科学家的创新没有短期的利益要求，但是企业家的创新有一个非常明显的边界，就是要有效益或创造价值。这就是为什么创新有风险，对企业家来说，创新是有巨大风险的，但有风险也得创新，因为不创新的风险更大，所以要进行有效的、有目的的创新。

刘燕：中材国际一路几十年发展的历史就是一部创新史，我们现在讲从跟跑、并跑到领跑，靠的就是创新。创新有一个前提，就是要有目的地创新。如果一家企业很专注主业，那么它的创新基本上已经规避了90%的风险，因为目的性会很强。比如，中材国际就是围绕怎么样让水泥厂建得最好、效率最高、成本最低、性能最好、周期最短、用人最少等做创新，所以也是目的性很强。

另外，创新还要涉及企业未来的发展。我们对创新会有一个总体规划。因为我们已经在全世界领跑，为了降低风险，我们先广泛地论证，让大家描绘未来工厂是什么样子的。

在做出来的创新规划中，我们就把创新的课题分类。比如，做基础研究的比较超前，失败概率可能是最高的，占研发投入的10%，如果失败了，企业也完全能够承受，这部分不承担经济效益的压力，允许失败，不会设定很严格的时间计划，管理要特别宽。还有80%～90%的投入计划性很强，每个课题都得经过严格的论证，揭榜挂帅。我们内部组织的很多课题组可以申报，可以提方案，然后引入竞争机制，由专家团经过几轮认证，签订任务书，严格考核，做不好就要处罚，做得好就奖励。这个层次的创新是能带来巨大效益的，也比较现实，也是可考核的，失败的可能性比较小。还有一部分创新也很重要，不是教授或工程师的专利，而是鼓励一线员工进行研究创新，也没有什么考核机制。如果员工有想法，我们就支持，比如怎么通过改进一些施工方法、施工工艺提高效率，如何提升系统的安全性，降低风险，如果创新成功了、被采纳、推广了，就会有奖励。

我们把创新分成三个阶段：基础研究阶段，中间产品、开发产品中试阶段，商业化、规模化阶段。我们把死亡谷那一段基础理论做透一点，风险控制投入小一点。另外，技术创新必须同时有机制创新，没有机制创新、文化创新的氛围，也搞不好创新。因为我们是一个具有全产业链竞争力的企业，所以我们总结自己叫“全链创新”，产业未来每一端都要研究、布置课题，还要配上机制创新、管理创新、商业模式创新等，就是全员创新、全链创新、全面创新，希望在一个过剩行业或者发展比较缓慢的行业里，能够走出一片新的天地。

宋志平：创新确实是一个大题目。我们各类企业都要大力地推进创新。

提高抗风险、防风险能力

宋志平：企业还要有第四种能力，就是抗风险能力、防风险能力，我们做上市公司的，不能光看到如何进攻，也要看到周期性影响，要看到企业经营伴随着风险。请建华董事长从防范风险方面给大家讲一讲。

王建华：我们作为中小企业，在向中型企业发展过程中，对于风险是有比较深刻的认识的。所有的企业行为都包含风险偏好的选择，关键是哪些方面是宽容的，是应该激励、鼓励去尝试的，哪些方面是不允许的。我主要有以下一些体会。

第一，关于资产负债率。我们不要光看这个比率，还要看资产的实际情况。刚才两位董事长都谈到技术贬值是很快的，如果设备可以运转30年，但是技术马上面临淘汰，我们再生产，市场就不接受了，矿产企业尤其严重。

我们可能会报储量是多少，特别是老企业，看起来资产负债率不算太高，但我想知道的是报的这个资源的库龄是多少。我们对自己的资产的实际情况要心中有数。赤峰黄金的资产负债率要求做到“零”，当然有息负债也要为零，我们做到了，是从很高的值一直降到现在这个程度。我们从资产的实际情况出发，变现以后，卖了一些不良资产，企业的资产就更实了。

第二，我们要求资产里不能有不增值的一些资产，或者是脱离发展的资产最好为“零”。这说起来很容易，但做到并不容易，因为一处理就会有亏空，资本市场对此有反应。像我们做完以后，公司的销售收入从很高跌到很低，大家要能接受，不能只是接受扬扬得意，也得接受垂头丧气。

第三，非增长性资产要为“零”。很多企业，特别是历史比较长的企业去动这个“手术”是不容易的，就像我们家里总是有些旧衣服，买的时候可能花了500元，现在只能卖5元。所以，尽量负责任地对待不能增值的资产或者脱离性资产，既然早晚都要处理，那应尽早尽快处理，不要以为它以后还能创造价值。

我们把资产当中的现金看得无比重要，我们提出一个口号：大股东只许有权，不许有股，就是不允许有质押，控股股东必须降到“零”。现在我们真正做到了。质押降到“零”不是说不具备变现的能力，而是深蹲是为了跳起来，企业需要的时候拿出资金就比较容易。我们还很注意流通，所谓资产价值不在流通当中会显现不出价值，比如我们坚决把在内蒙古的办公楼卖出去，即使账面亏损也不在意，流通本身是有价值的。

风险主要是在根基不牢的企业产生的，不要等到来风的时候才想起要有根基，这是企业主要领导的主要责任。

宋志平：企业在经营过程中，风险往往是客观的。我们讲处置风险的底线是什么，就是刚才建华董事长讲的，风险发生了，我们能不能可承受、可承担，这往往是企业家特别重视的。刚才建华董事长还讲到了财务稳健化的原则，很多企业出现风险，实际上是资金流枯竭了、断链了。

中材国际在全世界做EPC项目，现在在全球的水泥成套装备市场的占有率大概为65%，其实这在很多行业是很少见的。但是它做的项目不少都在非洲、中东地区，所以这也是我常常替他们担忧的原因，就是有各种各样的风险。你们是怎么最大限度地防范和规避风险的？

刘燕：我们境外业务最多的时候占比超过80%，这几年在调整，现在基本上形成双循环。中材国际有特殊性，确实我们过去很多业务都在境外，其实面临着比一般企业更多的风险。从大类来说，有外部风险、内部风险。我们要把内部风险降到最低，抗外部风险能力才能更强，所以我们内部有一个绝招叫“三精管理”，就是内功一定要练好。内功要是练不好，“走出去”就会摔得头破血流，根本没有抗风险能力。

关于外部风险，在内功越来越强的情况下，我们增强了抗风险能力。首先，我们从源头上把好关，要做趋势分析，建立很好的风险分析评估预警系统。这对我们这种在全球经营业务的企业特别重要。其次，在商务上一定要做好防风险的工作。要把风险发生的处理方法、处理原则前置，把预防机制建立好。

我们内部用的是“三精管理”，关注成本控制能力、质量控制能力、进度控制能力。我们这两年也体会到一点，长期的战略合作关系是能降低风险的，我们现在很多客户都是国际大公司，或者是当地区域的大公司，大家长期合作，真正发生什么问题可以协商，这是可以降低风险的。在境外，该买的保险一定得买，如果我们评估下来这个地区有可能发生风险，我们一定去买保险，如果风险真的发生了，我们自己没有能力解决，业主也没有能力解决，就靠保险公司解决了。

关于投资风险，我们不仅有可行性研究团队，还有一个不可行性研究团队，这两个团队要辩论，其实这个辩论过程就是在做各种风险分析。人的风险是最大的风险，现在国有企业对干部的选拔越来越严格，中材国际选一个干部，有十二三道流程，每一道流程都要经得起检查，严格执行，这里边有道德品质标准、各种能力标准、群众认可的标准、价值观的标准等，这样去选干部，把干部选好了，尤其是把一把手选好了，实际上很多风险都能回避、解决。

基本上把用人、投资、经营这三大类风险控制住了，很多风险就能规避掉，但有些风险我们还是得去面对，去承受。

宋志平：中材国际的很多业务在国外，赤峰黄金其实在海外也有很多矿。在提高上市公司质量方面，要特别关注抗风险能力、防风险能力，希望上市公司不能光想发展，还得想到问题，想到风险。

提高回报能力

宋志平：最后一个话题关于如何提高上市公司的回报能力，因为做公司就得赚钱，就得回报股东、回报社会，先请刘燕讲讲体会。

刘燕：短期机会主义者靠股价波动博取收益，但真正的长期的价值投资人、理性投资人，其实是靠从公司的业绩增长中获益，这一块是稳定的基础性收益，对长期投资非常重要。资本市场上的很多投资人并不是长期主义者，但回过头，我们也要反思上市公司本身是不是也是长期主义者。假设我是一个长期主义的投资人，每年我能拿到5%~6%的现金分红，随着公司的业绩稳定增长，每股收益不断地提高。其实投资人的收益越稳定，也代表上市公司的质量越高。将来公司融资的时候，投资人会出资，这是在坚持长期主义。

树立良好的资本市场形象和信誉，真正让投资人愿意和公司一起长期共赢、共同发展，上市公司自己的行为也很重要。中材国际从上市以来，融资约4亿元，现在分红接近40亿元，每年分红接近利润的30%。下一步我们准备再提高一点，计划是利润的35%～40%。每年盈利，公司就有现金流拿得出来分给大家，反过来也约束经营者，一定要把钱挣到手，要做有现金流的利润，不能靠贷款分红，一定要有现金流的利润。

宋志平：谈到回报能力，分红是很关键的。除了我们要提高利润，提高现金流，提高分红，对于上市公司来讲，还要提高价值。现在我们上市公司的股息率和国际上相比也处于很好的水平，分红也不错，但是大家盯着的是股价，是价值的提升。赤峰黄金的股价、K线图走势特别好，这方面请建华董事长给大家讲讲如何提高上市公司的价值来回报投资者。

王建华：回报，要做实不务虚，像矿山这种企业要高度注重资源禀赋，只要黄金矿山的资源禀赋是好的，资源存量是真实的，这个回报就是客观的。矿山的资源评估、投入资源里面的时间、资源所在国家的风险系数，这些都是要参照的。我们回报要坚持长期，首先要很注重所在国和我们国家的关系。关于投资矿山企业的股权分析，我们也在想这个问题，就是我们是否能够这些问题都解决了，我们去控制这个公司，并不是非要51%。25%行不行？32%行不行？释放一些冲突可能给我们造成的风险，不能光靠保险，因为保险是一次了结，不能使你完全跨越。

总而言之，要有一个经营者的心态，回报是投资人本来应有的权利和要求，这是毋庸置疑的。我们没有资格，也没有任何借口说股票价值搞不上去，不给回报。这个评价标准是永远在我们心里的，应该努力做好回报工作。

郜春海：我有两重身份，既是企业创始人，又是经营团队中的一员，我的观点是能分红一定要分红，同时管理层一定要跟企业绑定，该回购的时候也要回购。作为投资者，我肯定要回报，但我又是管理层，一定要公司把价值做出来，在风险可控的情况下该分则分。

管理层一定要用好分红回购，能分还是要分的，不管钱多钱少。我们这些科创企业一开始没有挣钱的时候，大家花这么多钱来投资我们，看重的就是我们的未来，买的也是我们的未来，但是我们得把未来给大家兑现。如果一年不行，两年不行，三年还不行，最终大家肯定失去兴趣了。长期价值，也得让投资者感受到企业在努力，是在朝着好的方向走，如果看不到希望，又没有回报，估计投资者不会再投资了。

宋志平：过去大家比较重视的是资本市场的融资功能，实际上资本市场最重要的功能是要为投资者实现价值。刚才讲到回报，分红是一个方面，另一方面是希望大家把自己的价值做起来。其实投资者还是希望既能够分享企业的利润，也能分享企业的价值，而且他们把价值也看得非常重要。我以前和一些企业的领导者交谈，问他们企业为什么上市，得到的回答就是募集资金，再问谁给你资金，对方说是投资者给的，那投资者为什么要给你资金呢？我们要好好思考这个问题。如果你的企业没有回报，也没有价值，那大家可不就“用脚投票”了吗？

关于上市公司，有一个特别重要的观念要转变，过去我们可能更重视融资，现在我们要转向重视企业的价值。如果我们这些当家人理解公司上市的使命和责任仅仅是去融资，将上市变成一个融资的工具，而没有看到它其实是一个为投资者创造价值的工具，这是很可惜的，这是一个重大的认识问题。

04 “国潮”大势
——与燕京啤酒董事长耿超等对话

对话人： 耿　超，北京燕京啤酒股份有限公司董事长
冷友斌，黑龙江飞鹤乳业有限公司董事长
董　明，云南白药集团股份有限公司首席执行官（CEO）
王春利，北京菜市口百货股份有限公司总经理

时　间： 2022 年 8 月 24 日

地　点： 北京，中上协会客厅

民族品牌的崛起

宋志平： 我和大家分享一组数据：2021年新国货白皮书问卷调研显示，2021年购买国货的人群较2020年上涨了15.1%；近5年中国品牌热搜热度占比从45%提升到75%，是海外品牌的3倍。国货认同感增强的同时，可以看到十几年来，一大批民族品牌正在迅速地崛起，越来越多的企业纷纷向民族品牌发力，不少国货“出海”浪潮从产品“出海”转向品牌“出海”，利用国际认知和品牌定位，建立海外消费者认知，从而输出中国特色文化。一个个耳熟能详的中国民族品牌正在为中国赢得世界的尊重。

今天我们邀请了一批国货的龙头，共同回顾龙头的成长史，分享“出海”经验，以及深入探讨品牌的可持续价值。我们的话题包括崛起、博弈、聚焦。我们先谈论第一个话题——崛起，就是民族品牌的塑造史，技术、资本、人才、营销、政策、市场、创新等哪些因素更大程度地成就了今天的龙头。

冷友斌： 飞鹤今年正好成立60周年，我们用60年全员的努力打造了中国飞鹤婴幼儿奶粉，目前市场占有率约20%，排在第一。目前我们在北纬47

◎ 中上协会客厅第三期，聚焦做世界一流的民族品牌

度建设了飞鹤自有的产业链，从牛吃的饲草饲料，到黑土地、种子、机耕作业、饲料加工等，有9个现代化牧场、9万头奶牛，年产近50万吨鲜奶，保证婴幼儿奶粉的原料的高品质、新鲜，而且完全自控。从研发、生产、品质管控到品牌的树立和消费者口碑的打造，是一个完整的产业。“更适合中国宝宝体质”的飞鹤奶粉，现在在中国家喻户晓。习近平总书记讲“中国饭碗要装中国粮”，飞鹤就要做到“中国奶瓶要装中国奶”，我们一直为飞鹤这个国产的婴幼儿奶粉品牌而努力，我们企业的宗旨就是做良心的企业，做母亲的事业，让下一代更健康。

宋志平：您讲的让我想起了好多的事情。过去中国曾经有受消费者欢迎的婴幼儿奶粉品牌，但是后来打价格战，又出现三聚氰胺事件等，这些几乎毁掉了我们的婴幼儿奶粉品牌。再后来市场一度被洋品牌统治，洋品牌又贵，又不容易买到。现在，我们的婴幼儿奶粉，无论品质、品牌的认知度，都不亚于洋品牌。洋品牌不可怕，我们把质量、品牌做好，照样可以打败它，我们完全可以做出世界一流的品牌。

接着请菜百的王总给大家讲讲。

王春利：菜百股份的前身是北京菜市口百货商场，成立于1956年，从1985年中国人民银行总行批准可以内销零售黄金开始，到现在经营黄金珠宝已经有37年的历史，从一个中型的百货商场转型为今天的黄金珠宝的专业经营公司。可以说，在中国百货业、黄金珠宝行业，没有一家黄金珠宝公司是从百货业态转型过来的。菜百2021年9月9日上市，还不到一年的时间，我们是国有控股的股份制公司，同时我们也是很少的、带着752个职工股东上市的公司。大家共同经历了走向资本市场的大的跨越，上了一个大的平台。

菜百从1985年开始经营黄金，是“京城黄金第一家”，后来又被授予“中国黄金第一家”的称号。随着30多年的经营和不断地有所为、有所不为，不断地创新，老字号品牌焕发了青春，走向了一个全新的赛道。在中国黄金珠宝行业，我们也是典范企业，我们有60多家直营连锁店，2014年成立了电商子公司。

宋志平：刚才您在讲一个老字号如何焕发青春的故事，我们国家老字号其实挺多的，这些老字号怎么能在新时代里成为民族品牌？菜百就给大家走出了一条路。另外，菜百还做了700多人的全员持股，做企业就是要提倡一种共享机制，让劳动者能够共享企业创造的财富，不光是所有者，还要照顾到其他利益相关者，包括我们的客户、员工。菜百由一个国有企业、一家百货企业一路发展起来，代表了很多国有企业改制上市走出来的一条好的道路。

现在我们请燕京啤酒的耿总和大家聊一聊。

耿超：燕京1980年建厂，改革开放初期，中国啤酒的产量非常小，当时建厂也是为了适应改革开放带来的巨大市场需求。当时国家要重点扶持100个产品，其中就有啤酒，从国家政策到引进资金、进口设备等，都是大力支持的。随着改革开放，啤酒就发展得很快，从1978年的40万吨到2013年达到了5000多万吨，增长了120多倍，当时有句话说，中国啤酒用了30年走过了西方啤酒100年的发展历史。

燕京是从最初的1万吨逐渐做到最高峰的500多万吨，也是跟着改革开放快速发展起来的，成为行业第一。在新时期，我们还是需要发扬过去老一辈的光荣传统，在“十四五”时期继续做强做大，现在我们有配套的改革机制，“十四五”前两年的业绩也是与趋势相符合的，为我们二次创业复兴燕京也奠定了一个坚实的基础。

宋志平：刚才讲到整个啤酒业的迅速发展，发展到过一个高峰，那么现在可能高速增长后到了一个高质量发展的阶段。燕京啤酒是北京的一个大品牌，这么多年来我们大家都是看着它成长的。这些年随着饮料、各种酒的多元化竞争，啤酒下一步怎么发展也是大家挺关心的事。一会儿我们再听听您的高见。

下面有请云南白药的CEO董明，大家对云南白药的故事很感兴趣。

董明：2022年其实是云南白药创制的120周年，走到今天真正走过了两个甲子。云南白药庆祝的主题词叫作“以健康成就家国向往”。回顾云南白药的历史，其实是与从企业创始到现在历代在云南白药工作的人对家国的情怀、奋斗的情怀分不开的。

云南白药创制于1902年，青霉素发明于1928年，在大规模引入中国之前，云南白药是消炎治疗或者战争中受伤后治疗疗效很好的解决方案。到了1971年，周总理给云南白药提出了一个世纪之问，云南白药当时有一种药材面临着绝迹。云南白药从1999年开始探索，到现在花了20年的时间，我们解决了这个问题。

这款药材的名字叫重楼，是百合科的一种植物，当时基本要绝迹，重楼在全世界有24个亚种，云南白药走遍了世界，把南美、欧洲、非洲的种子都拿回来研究，一共研究了23个种子。到今天为止，我们已经实现了重楼从野生变成工厂种植，而且我们不但实现了自用，保证了云南白药品种的生存和发展，同时实现了这个品种的对外销售甚至出口。通过这些变化，大家可以理解云南白药之所以能有这么强的生命力，其实是跟这份家国担当以及对于一件事情的长期坚持息息相关的。

云南白药1993年上市，是云南的“第一股”。到目前为止，云南白药也

◎ 云南白药发挥品牌优势，构建起清晰的增长路径

为我们的投资者提供了650倍左右的回报。到2010年，云南白药率先在医药健康行业里提出了一个概念，叫作“新白药·大健康”。云南白药的使命是守护人类的生命与健康，在战争年代，有战争年代的守护方法，即为人们治愈疗伤；到了和平年代，尤其是从2010年开始，白药全面地向大健康领域发展，到现在为止，在口腔、皮肤、女性关怀、骨伤科等形成了一系列的解决方案。我们也决心在120周年之际做到一切归零，重新开始，迈向我们下一个百年征程。

宋志平：云南白药是大家都非常熟知的一个品牌，刚才讲到了云南白药的产生过程，以及它为我们社会所做出的巨大贡献，上市以后给股东创造的价值翻了650倍。公司为什么上市？募集资金只是一方面，最重要的是要给投资者创造价值，包括分红、股票的成长，都非常重要。

品牌的核心价值

宋志平： 大家做民族品牌，核心价值是什么？一路走来，最大的感触是什么？总结出最宝贵的经验是什么？

冷友斌： 飞鹤是专为宝宝生产口粮的企业。飞鹤在没出名之前，大家问我谁起的“飞鹤”这个名字。我回答说，我们当地有丹顶鹤，如果环境被污染了，丹顶鹤就会迁徙，这丹顶鹤对环境特别挑剔。大家就说，品味太土，一看就是中国品牌。当“飞鹤”有了一定品牌知名度和美誉度的时候，大家都说品牌名起得特别好，鹤有灵性。做企业的宗旨到底是什么？为什么要做企业？我也是不断地在问自己。我做企业35年了，我们这一群人一辈子就做这一件事儿。中国婴幼儿奶粉行业以前给我们的消费者确实带来很多伤痛。我们是专业做奶粉的，60多年没做过别的，就是做婴幼儿奶粉，我们不断地在研究中国母乳，为了生产出更适合中国宝宝、更接近中国母乳的配方奶粉。

每个国家的婴幼儿配方奶粉的标准都是根据本国母乳的营养成分来设定的。我们的母乳样本是中国最大的母乳数据库，从南到北，从北方的零下30多摄氏度到炎热的沿海地区再到新疆，样本量大了以后，才能真正地分析出母乳里面的营养成分，根据成分来设计配方，开发功能原料，上新产品，让产品能更接近中国母乳的营养成分，所以更适合“中国宝宝体质”，这个定位语并不是我们打广告打出来的，而是我们通过科研、通过宝宝吃了以后的这种体验感，家长妈妈们在宝宝的成长过程中总结出来的，它背后有一整套的产业链在做支撑。

我们的产业链在全世界来看都是比较完整的。我们自己养牛，牛吃的饲料全部是我们自己种、自己加工的，我们的科研团队深耕母乳，深耕中国人体质，质量保证体系是比较齐全的一套基础体系。飞鹤能有今天的市场地位，是几十年来我们这一群人、几代人的积累，才把品牌做起来的。飞鹤的核心价值就是为中国宝宝提供安全、高品质、适合中国人体质的好奶粉，我们一直在努力，现在还是继续在努力。

宋志平：做了几十年，一群人就做一件事情，把这件事做到了极致。做奶粉真的不容易，从种草到养牛，这一条龙全要由自己做好，这样才能保证它的质量。飞鹤奶粉走过了一条不寻常的路，所以这个品牌也不是凭空产生的，而是经过几代人艰辛地付出，最后得到了消费者的认可。飞鹤走的道路也值得我们各家上市公司认真地思考。

王春利：菜百首饰是我们菜百股份的主品牌，随着时代、经济的变化，我们现在还推出了一些子品牌。当初推菜百首饰的时候，因为我们是从百货公司转型为做黄金珠宝的品牌，大家说菜百听起来好像是卖菜的，特别不理解为什么起这么一个品牌名。其实我们菜百成立于1956年，是由一代一代的菜百人传到现在的，现在“90后”，甚至“00后”孩子来了，也还是要老老实实做人，踏踏实实做事。我们尽管是一个老字号企业，是一个传统企业，但是转型做黄金珠宝的时候，我们秉承的第一个原则就是保证质量。20世纪80年代，金价是54.4元/克，那时候每个月工资才几十块钱，所以金首饰特别贵重。我们一直很注重首饰的质量，也得到了消费者的认可，但我们更注重顾客视线之外的事。

2002年上海黄金交易所成立，我们的原料都是国库的金子，然后运到合作的加工厂，加工有菜百首饰订单的产品，加工到一定程度的时候，我们会做一个破坏性的检测，保证我们的产品在成色上是有质量保证的。到今天，从菜百买的每一件首饰都有检测证书，都是经过第三方检测的。这么多年，我们一直坚持对产品质量强要求，对成色管理和整个工艺强管控，这才成就了今天的菜百。

现在菜百在中国黄金珠宝行业是有话语权的，参与制定国家和行业标准。中国的黄金珠宝市场还属于朝阳产业，在设计能力、工艺、产品加工等方面，还有人走在我们的前面，但是在发展历程当中，我们正在与国际接轨。菜百能够在经营中取胜，能在资本市场成为一家公众公司，能有今天，与产品的强管控和我们自己内部的管控是有很大关联的。

宋志平：做品牌都要起一个响当当的品牌名，我刚才想起了马季先生相声里讲的“宇宙牌”香烟，但我们用了一个非常朴实朴素的牌子——莱百，反而慢慢被大家认可了。有时候我们讲品牌设计，其实再设计也不及我们把东西做好，把质量做好。刚才冷总讲的飞鹤的来历，当年大家觉得飞鹤比较土，现在看来飞鹤一点也不土，而是大家非常喜欢的牌子，莱百也是这样。通过你们的讲述，大家对品牌有了更深刻的认识。

耿超：我们燕京品牌的价值由很多要素构成，但是提到核心价值，我想还是质量为本。我们是将产品质量作为基础来抓，很多企业有产品质量的意识，但在实现产品质量的能力和方法上是有差距的。燕京积累了过去40多年的工作经验，核心就是对我们现在的生产体系做了革命性的重构。从“十四五”开始，我们就建立了卓越管理体系，它是由八大体系组成的，包括管理体系、最佳体系、质量体系、设备维护体系等，都是跟产品质量挂钩的。质量体系仅仅是这八大体系中的一个，体系之间都有系统性的勾连。只抓质量体系是管不好质量的，只从结果的品评、检测的实验室数据上来看，是得不出高质量的产品的。做质量体系，也要走自己的路。过去三四十年我们是这么走的，未来还要继续这么走。

在啤酒行业的发展过程中，我们也经历过不自信的阶段，特别是在产能饱和、达到峰值之后，市场存量又下降的时候，百威、喜力、嘉士伯等洋品牌都来中国做了大量的收购，很多消费者青睐国际品牌。这个时候有一段时间我们不够自信，但是我觉得我们有那股韧劲，把最难的时候挺过去了。目前随着国家经济的发展，消费者越来越自信，“国潮”回归，民族品牌的信心大增。只要我们的产品是高质量的，同时营销对路，未来不管是国内竞争还是国际竞争，我们都能够和外资品牌一较高下。自信心是我们保证质量的一个根本的要素。

宋志平：燕京一直把质量做得非常好。燕京是在顺义土生土长的企业，最高峰的时候生产570万吨，能做到这个程度，真是辉煌，也希望你们能再创造新的辉煌。那云南白药呢？

董明：云南白药之所以能成为云南白药，到底是因为什么？我们云南白药其实相对比较特殊，公司名、商标名、品牌名是合一的。在整个的发展历程中，传统云南白药是“国家唯二”的绝密配方之一。云南白药背后是什么？我们讨论出来，云南白药如果再想传承两个甲子，即120年，一定要找到我们对社会、民族、人类的价值，我们后来就归结到“守护生命与健康”。100年前，我们以云南白药粉末闻名，粉末有止血、止痛的效果。但是，所有的方案会有时代性，我们服务于人民大众也有时代性。

现在是一个高科技主导的时代，我们对用户的服务和守护就要有变化，这就涉及企业如何做数字化转型，如何发展。民族品牌穿越百年之后，最终要回答的一个问题是：能为民族承担什么样的使命和责任？在每个时代，都要结合时代最先进的生产关系，让最先进的生产力来提供解决方案。我们希望云南白药未来为中国人民，乃至世界人民，提供守护生命与健康的中国化的解决方案。

品牌的博弈

宋志平：大家都谈了对于品牌的深层次的认识，讲得都非常好。接着我们进入第二个话题——博弈。目前我们不少行业的产品是过剩的，企业怎么从这么多的厂家中能够脱颖而出，能够成为一流的或者顶端的品牌？

董明：做任何一个产品，我们都要思考该如何定位它的全生命周期。从产品最初的概念开始，一直到产品全生命周期的管理，要让产品在不同的时间发挥不同的价值。一个公司一定是有产品矩阵的，产品矩阵里也要有比较合适的业务组合，要明确业务组合里面哪些是要实现盈利的产品，哪些是要实现突破的产品，哪些是要打开天花板改善用户心智的产品，哪些是要破圈的产品。我们面临着市场中的同质化竞争，以及其他各种激烈竞争的局面，只有以提供精准的解决方案为目的，才能够解决目前市场上复杂化、标准化和精准化三方面的问题。

我举个例子，云南白药的牙膏这些年做得非常好，其实它是有一个突破的，是把牙膏原来作为一个简单的口腔清洁产品变成了口腔护理产品。现在云南白药在口腔方面正全面策划一套综合的口腔解决方案，从简单地刷牙变成管理牙本质、牙釉质，管理口腔里的菌群、唾液酶、舌苔、黏膜。现在针对这些细分的市场需求，我们提出了一个口号，叫“用口腔管理来调节生命健康”，这种情况下产品就能实现突围，这也让云南白药的口腔解决方案从众多的品牌中脱颖而出了。

宋志平：你刚才讲到产品要超越过去，怎么才能赋予产品一些新的功能、新的体验，这挺重要的。对于品牌企业如何杀出重围，刚才耿总也说了，其实当年做啤酒的有很多企业。

耿超：对。当年有很多企业，最好的时候有上千家，但现在大浪淘沙，当年的很多企业、很多好的品牌都凋谢了，或者被收购了。在如何杀出重围这方面，我想核心之处还有几个方面。

第一，技术创新。燕京是最早尝到过技术创新甜头的企业，成立之初我们就跟中国食品发酵工业研究院建立了非常紧密的合作，研究院的科研成果由我们转化成产品，转化为生产力，这是我们最早尝到的甜头。几十年来，我们在技术上不断精进，在创新上不断突破。比如，近年上市的燕京U8是针对年轻人群体设计的一款具有鲜明特色的产品，上市之后迅速在年轻人群中产生了话题，销量也突破性增长。啤酒行业的竞争确实很激烈，现在五大巨头占市场份额的90%。燕京目前还是唯一没有外资参与的品牌，我们坚持走自己的路。

第二，现在的企业跟过去的作坊不一样，核心是要提高企业的治理能力，治理要现代化。我们在全国有几十家工厂、几十个销售团队，如何把它们管理好、治理好？如何让治理能力实现现代化？找我们的酿酒师，找我们的技术人员酿一批好酒很容易，但是要保证批批精品瓶瓶精品，这就需要提升整个公司的治理能力。竞争并不是拿出一个样品去竞争，而是要拿我们的市场去竞争。

国有企业脱胎于原来的全民所有制企业，全民所有制企业后来虽然上市了，股权多元化了，治理结构优化了，但是治理能力现代化的问题还有待进一步解决。我们抓改革，核心是要实现治理能力现代化，这也是我们未来和国外大品牌竞争的核心。作为新时期国有企业的负责人，一方面改革要落地，另一方面还要坚持党的领导，这是我们独特的制度优势，要发挥好，这也是我们将来能走稳走实、在竞争中获胜的法宝。

宋志平：刚才讲到洋品牌收购国产品牌，这个话题比较沉重。国产品牌被洋品牌收购后，很多人心里不是滋味。我们有些品牌过去一直做得非常好，现在我们要做强国产品牌，做成“国潮”，要倍加珍惜。

做品牌还有一个核心，就是自信心，一定要相信自己的产品，相信自己的努力。刚才耿总讲到了治理现代化，“世界一流”有四个内涵：第一，产品卓越，产品质量要好，要把东西做好；第二，品牌卓著；第三，创新领先；第四，治理现代。治理也不是简单的管理问题，管理不能替代治理，治理实际上是投资者和经营者之间、决策者和执行者之间的行权规则和运行机制。

王春利：说到突破重围，我想起20世纪90年代在北京卖首饰，那个时候南方产的一种水波纹项链，克重没多少，大街上一瞬间满是戴着这种项链的人。随着产品的同质化，价格战就来了，有时候明明是特别好的产品，但是直接以黄金原料的价格来打价格战，我们觉得特别痛苦。在这种痛苦当中，企业首先要存活下来，再求发展。

菜百被消费者认可的就是我们的品牌以及产品设计研发能力。比如，我们提出“贺岁金季”，从11月一直到跨年后的正月，这三四个月都是贺岁季。零售市场到贺岁季的时候，消费者对黄金首饰的需求量是巨大的。每年我们都有一个主题，有主题产品，产品设计是菜百独有的，是有专利的，消费者每到逢年过节的时候就会到我们这儿来挑选，我们全年销售额的一半以上都是在“贺岁金季”完成的。

我们为设计团队搭建了一个平台，有整个珠宝行业设计大师的作品展，不同时期有不同的展览，还有国际设计师的展览。形成平台之后，菜百首饰的品牌产品呈现出两大特点：一是成系列化，二是多元化。为什么菜百能有今天？不只是产品的设计好，对顾客的服务也好，体验式的消费也很好。

宋志平： 刚才你讲到水波纹的黄金首饰出现后，大家都进行低价竞争，我很有感触。其实我们都经历过那个时代，产品消费经历了一个由低端向中端、高端的发展过程。人们越来越重视质量、重视品牌，越来越重视品牌背后的那些细致入微的服务，消费者也越来越挑剔。当年解决的是有和没有的问题，现在要解决的是好与不好的问题，产品与服务一定要好才行。

冷友斌： 其实我们婴幼儿奶粉行业企业挺难的。2008年后，外资品牌在短短几年的时间内就占据了中国75%以上的市场，在北上广深市场接近100%，行业已“被外资洗礼”。2008年以后，奶粉品牌就分两种：一种是国外品牌，另一种是国内品牌。很多商场里都卖国外品牌，不允许摆国内的，我们非常被动。那个时候消费者认为国产的奶粉不诚信，质量不好。我们当时在做品牌的时候，也讲产业链、品质，但消费者基本上对国产婴幼儿配方奶粉不认可。

飞鹤为什么能坚持走到今天，而且能突破重围真正走出来？我们的战略非常清晰，我们的愿景就是要给家庭带来希望和欢乐。我们一直倡导母乳喂养，但是如果宝宝一旦没有母乳可吃，那婴幼儿配方奶粉就是宝宝最好的主食，我们很清楚自己身上的责任。只有宝宝的身体健康，才能让我们的国家更强大。所以，飞鹤坚持做品质，坚持投研发。我们2021年投入了4.7亿元的研发费用，在全世界的婴幼儿奶粉企业中，飞鹤的研发投入都是最大的。我们专注做这一件事，专业、专一、专注，现在还能再加两个字，就是专家，我们的研发所有的指向都与促进中国宝宝的健康成长有关。

飞鹤能有今天的成长，第一是我们站的方向对，第二是坚持做基础，第三是坚持科技投入，第四是坚持做品牌。品牌代表了质量、诚信、价值。价值是什么？对我们来说，就是宝宝聪明、强壮，未来能成为栋梁。价值背后有很多的付出，不能用钱去衡量。

宋志平： 冷总讲的特别重要。如果深刻地去想过去奶粉行业发生的质量事件，也和我们过去传统的竞争理念有关系，不停地放量杀价，杀价的过程中就把质量忘记了，这其实还是提醒我们，做企业不能忘记初心。

因为质量是有成本的，做企业不能自欺欺人，如果一家企业说他们的质量很高、成本很低，其实消费者心里是清楚的。我们现在能有飞鹤这样的婴幼儿配方奶粉，要更加珍惜，千千万万不能再回到过去恶性竞争的老路上。那种竞争对企业来讲是伤害，对消费者来讲也是伤害。我对婴幼儿奶粉一直很关注，现在我们的奶粉品牌又重新站了起来。飞鹤奶粉的成功，也是国产品牌产品质量的觉醒、品牌的觉醒。这一轮“国潮”的出现，其实是有基础的，也不是哪个人喊了个口号“国潮”就起来了，是与我们整个工业、企业、制造业水平的提高、产品质量的提高，以及消费者对品牌质量的呼唤分不开的。

另外，我们现在也不再迷信那些国外品牌，飞鹤奶粉就说明了国产品牌更了解中国人，更了解中国的客户。做企业要有企业的价值观、初心，最根本的就是不忘初心。做企业到底是为了什么？做企业是为了让社会更美好，是为了让我们的客户、让大家更幸福。不能离开这个初衷去做企业，如果带着这个初衷，产品就会受欢迎，企业就不愁没有效益，不愁在资本市场上没有股价，这是健康的良性的循环，这是做企业的底层逻辑。

品牌出海

宋志平：这四家都是有知名品牌的企业，可以说在国内“打遍天下无敌手”。现在我们的品牌要出海，产品要出海，在“走出去”的时候，作为一个国产品牌，应该具备哪些基本条件？在走向国际的过程中，又会经历什么样的博弈？

王春利：黄金珠宝行业比较特殊，一些品牌可能可以在国外开一些店，但是真的很难。因为我们中国人购买黄金等珠宝首饰的习惯特性和国外消费者不完全一样。国外消费者更注重设计、款式、工艺、个性化；中国消费者更注重成色、质量。但是，我们跟国际的沟通从来没断过，我们跟世界黄金协会、国际有色金属行业组织、戴比尔斯钻石集团等都有二三十年的合作。

我们在推广的过程中，和国际的同行也有很多交流。近几年，不管是上海进博会，还是海南消博会，我们都有积极参与。现在我们“走出去”可能会面临不同的问题，但是我们相信民族品牌，尤其我们有独特的民族文化、东方文化的传承，中国的黄金珠宝饰品也会被越来越多的国外人士所喜爱。

宋志平：黄金珠宝行业怎么“走出去”，我有个建议可以供您参考。菜百如果真要“走出去”，可能不是简单的产品“走出去”，而是企业“走出去”。比如，企业可选择在一些对黄金首饰有偏好的地区，在当地购买黄金，在当地制造产品，而不是从国内把黄金运出去。在国外可以继续打菜百的品牌，与国内形成相对应的市场。海外的中国人多，有的地区和我国在黄金消费方面有差不多的习惯。对于一些不大具备产品“走出去”条件的行业，我们的企业可以“走出去”，品牌可以“走出去”，我们可以在当地就地取材，用我们的制造技术、品牌进入当地的市场。

冷友斌：中国市场足够大，因为我们有14亿多人口，如果把产品和人的生命周期都结合起来，婴幼儿配方奶粉市场足够大。我们在加拿大也建了自己的工厂，2022年年底拿到婴幼儿配方奶粉生产许可证，也在申办奶粉的保健品生产许可证。我们就走了刚才宋会长说的这条路，我们出去建厂。

其实在海外建厂挺艰难的，我们建了6年，现在还没拿到证，但是这条路还是要走。我们当初提了一个口号叫“让有华人的地方就有飞鹤奶粉”，因为我们研究黄种人的体质，所以这条路还是要坚持走，用海外的市场、海外的资源做好海外市场。我们在美国收购了一个保健品公司，现在也在运作，我们认为这条路是要走的。

宋志平：刚才谈到了国内市场足够大，以国内大循环为主体，我们做品牌要先把国内市场做好，然后如果有精力我们也要准备“走出去”。

耿超：中国是世界最大的啤酒消费市场，也是世界各大品牌竞相融入的市场。作为品牌的愿景和使命，我觉得“走出去”进行国际化是市场的需要，也是我们不断做强的根本。燕京在25年前就“走出去”了，但是这个“走出去”，是靠我们国内忠实的消费群体把我们的产品带出去的，比如中建、中铁建，包括随着在国外工作、学习的人越来越多，这些群体在国内建立起来的对燕京品牌的忠诚度促使我们企业“走出去”，是一种销售“走出去”，这是我们最初的“走出去”。在这种势能形成之后，我们也和一些国际体育赛事合作，包括奥运会、足球世界杯、高尔夫球赛等，参与很多文化活动的组织或赞助，让品牌“走出去”。

宋志平：到国外收购洋品牌，不见得是收购最大的品牌，最大的品牌可能价格太高，其实可以考虑其他有一定历史，也有一定的消费群体的品牌。

耿超：我们在几年前就尝试过，在一些西欧国家，与比较有历史、知名度比较高，但是规模又比较小的品牌企业洽谈。

董明：我们有一个比较新的国际化战略，是把云南白药的国际化或者全球化战略分成四个阶段：一是全球化的销售；二是全球化的生产；三是全球化的供应链；四是全球化的研发。中国企业在讨论全球化的时候，经常讨论的是在中国整合资源，做最好的中国产品，然后卖到世界。但其实整合世界的资源，做出最好的产品，也可以卖给中国消费者。特别是医药健康行业，一些技术前沿和很多通用的要素，其实是必须被全世界所共享或者公用的。

我们面临的最核心的挑战是什么？第一，是如何穿透知识屏障。云南白药有一些特殊，原来我们是以中药板块为主，但是其实在中西医结合下，一些产品在西医医院里的销售额是大于中医医院的。无论是中医还是西医，本身是一种技术，这种技术看在哪个环境应用，怎么与当地做技术上的结合，这是最重要的。第二，是需要有一批具有全球视野的人才支撑公司的发展。医药行业长期被美国、欧洲及日本的药企占据很大的市场份额。我们中国药企在全世界产品销售的比例还是非常低的，没有全球化的公司治理架构，也没有全球化的人才来支撑。但是我认为未来的中国企业，特别是药企，一定会走到这个阶段。未来20年，世界前十大药企里面一定会有若干家中国医药企业。

宋志平：大家达成了共识，中国现在是以国内大循环为主体、国内国际双循环相互促进，企业首先要在中国的大市场站住脚，然后再“走出去”，从产品“走出去”到企业“走出去”，最终是要品牌“走出去”。

聚焦品牌的挑战与未来

宋志平：现在我们进入第三个话题——聚焦，这可能有一点挑战性。我们收集了资本市场上关于各家企业的一些敏感的话题，想听听你们各自的回答。第一个是燕京啤酒，直播带货适合不适合啤酒这种产品的销售？这是个权宜之计，还是一个长期的思考？

耿超：说到直播带货，开始直播是我自己参与的，当时没想那么多，觉得就是我们的一个新的态度，因为新冠疫情后线下很多餐饮堂食受到影响，及时的线上线下相结合是很有必要的。整个直播带货过程，包括后期反馈都非常好，很多消费者的反馈就是认为国有企业带货很正常，而且很多国企也在做。首先我们自己要放平心态，核心是我们不要把自己关在高门大院里面，我们要面对消费者，要倾听消费者的声音，大家有什么样的评价，要和消费者面对面沟通。其实通过直播可以建立起和消费者直接沟通的方式，去传递我们的品牌主张，通过我们的产品去表达我们对消费者的热爱。直播带货的市场反应也不错，我觉得将来也是我们重要的营销途径和载体，会坚定不移地往下走。

有一句老话说，酒香不怕巷子深，但是我觉得中国的谚语往往具有两面性，这句话其实强调的是我们的质量、品质、独一份的理念。对于企业来说，就是一定要坚持做好质量。还有一句话说，酒香也怕巷子深，这讲的是现在产品多元化、同质化的竞争特别激烈，不但要对位营销，而且要使消费者方便地获取我们的产品。现在是自媒体时代，信息碎片化，精准营销非常困难，触达消费者也很困难，但是我们要积极地拥抱这个新的消费时代，知晓营销的变化，线上要从品牌传播延伸到让消费者能够触及品牌，线下要能及时触达消费者。结合当下的形势，我们要不断地进行营销变革，其实这对我们提供的服务，对产品的质量都提出了更高的要求。

宋志平：燕京采取了时尚的营销方式，董事长亲自直播带货。刚才您还讲到了倾听客户的声音，在您直播带货的时候，听到过各种各样的声音，比如客户留言，如果留下的是对燕京的不高兴，您会怎么看？

耿超：发生这种情况是很正常的，因为消费者对我们有期待，这对我们也是一种鼓励和促进。一方面，我们自身能够认识到在发展过程中品牌管理、运营存在的问题；另一方面，消费者点出来了，会更加强化我们的认识，我们还要看清自己的问题。在后面不断发展的过程中，要真正把这些问题解决了。这种声音对我而言是非常珍贵的，甚至有的我觉得说得非常有道理，会让员工帮我联系，看能不能与提意见的人面谈。

宋志平：王总，北京冬奥会时，冰墩墩一墩难求，那个时候凡是能和冰墩墩沾边的公司，股价都疯涨了几天，当时菜百的股票一度有不错的表现。现在冰墩墩的热度慢慢退潮了，不知道菜百是否找到了新的业绩增长点，有没有新的“冰墩墩”？公司上市后您有哪些体会？

王春利：说到冰墩墩我特别高兴，菜百在2008年北京夏季奥运会的时候，就是特许零售商，在卖这种产品的时候，要严格研究产品销售过程当中的相关要求。其实我觉得冰墩墩也好，雪容融也好，给北京人带来更多的是荣誉感、幸福感、责任感，这些美好的感觉远大于卖了多少个冰墩墩，或者那几天股票上涨所带来的快乐。

上市公司就是公开透明的。其实我在菜百工作了40多年，2021年我们上市成功到现在约一年的时间，我们更多的体验和感受是上市公司对社会的责任感。我们是带着700多人上市的，不管是我，还是我们的管理团队、核心人员等，我们看好企业未来的发展，我们更看重的是企业的长远发展，致力于把菜百做成一个长寿的企业，因为菜百就是我们每个菜百人的家。

宋志平：上市公司实际上有一个目标，就是要为股东创造价值，企业的价值和股东的价值是连在一起的。您刚才讲的一心一意做好企业，这个情怀是对的。

最近云南白药联手华为，大家觉得很奇怪，一个做药的，一个做通信设备、手机业务的，这样的两家企业联合在一起要切入AI药物的研发赛道，这是基于什么样的考虑？这是第一个问题。第二个问题是，2021年3月，董总您加入了云南白药做CEO，其实您在这之前有20年在华为，大家觉得您的跨界够大，这个跨界您是如何做到的？现在是否适应？您是否能迅速融入云南白药的团队？对于这个跨界，大家都很感兴趣，想请您讲讲这方面的事情。

董明：我先回答第二个问题。云南白药面向未来的发展和转型，其实是从2021年开始的，我们进行了一次关于团队的重构，我只是这个重构中间的一块拼图。2021年我们中药研发板块的总监当选了中国工程院院士，我们也引进了首席科学家，主导创新药和生物药这条线的发展。最近，我原来在华为的同事也加入了云南白药，做CFO，主要是促进云南白药的产业融合。其实并不能靠某一个人的加入来重塑一个公司，而是要通过对管理团队的综合调整才能重塑。

我的拼图拼在了哪些部分？可能是三部分。第一个与华为的合作有关系。目前整个医药和医疗行业发生了非常深刻的变化，变成了数据产业，所以云南白药和华为签署了药物研发的协议。这是因为云南白药在植物研究方面有完善的数据体系，还有很多药物学的专家，华为是中国最优秀的掌握人工智能底层技术的公司。原来药物研发需要10年、10亿美元的投入，只有约10%的成功率，而且药物研发的底层科学是生物学和化学，目前我们将信息学加入进来之后，能极大地降低成本，提高效率，所以云南白药和华为的合作是强强联手。

第二个是云南白药致力于做一家提供解决方案的企业，目标是在特定的细分领域，一定要成为消费者生命周期内最好的合作伙伴。我们现在确定的主要领域包括口腔科学、皮肤科学、女性关爱、骨伤科学，我们会更多地用提供解决方案的方式来给客户提供价值。

第三个是活力管理，因为医药行业是充满温度和关爱的行业，但是在某种意义上没有那么“烫”，需要把温度烧得更高一些来提升企业发展的活力，这也是我到云南白药一年多来，推动企业年轻化、活力化、面向未来的现代化的原因。而华为的狼性文化非常“火热”，我相信重构的团队的努力，会给我们的企业带来长期价值。

宋志平：我对云南白药未来怎么发展也进行过一些思考，大家有的时候在中药前面会加两个字——传统，但是现在还有一个词，叫“现代中药”，就是把中药和现代科学结合在一起，我觉得这也是一个方向。云南白药现在是在研究传统和现代的结合，像您这种背景的人才加入云南白药，对云南白药的现代化是非常重要的。我们也衷心祝愿云南白药能走向一条新的中药发展道路。

冷总，大家注意到上半年飞鹤的业绩出炉以后，股价市值有所下降，资本市场上也有一些不同的声音，您看怎么给大家解释一下？同时我们也注意到，飞鹤最近捐赠了6500多万元给基础教育，这方面也请您给大家介绍一下。

冷友斌：第一个话题我们已经发出预警了，上半年确实业绩有所下滑。企业没做好，我们就得承认和检视自己的问题，关键是要找到解决方案，下一步如何改变投资者的印象。现在中国的出生率降低，年轻人的生育观跟以前不一样，可能市场规模的天花板即将能看到，这是投资者比较关心的，也是我们一直在研发领域和体制研究中不断探索的一个问题。

投资人会看飞鹤下一步有没有第二增长曲线、第三增长曲线，以及未来的发展布局，所以我们现在的战略是升级调整，我们的产品在升级调整，目标客户也在升级调整。我们以前做0~3岁的婴幼儿配方奶粉，未来我们要做

3~12岁的儿童奶粉，还要做成人的功能性配方奶粉，也就是会覆盖人的全生命周期。

不同时代的消费者有不同的认知，随着消费群体年轻化，“更适合中国宝宝体质”到底能走多远？我们研究中国宝宝的体质，底层逻辑是抓品质、抓研发、抓母乳等，但是消费者的期待可能是不一样的，因为现在的年轻人需要活力，再好的产品也需要时尚感，需要新的营销模式。客户有自己的品牌主张，所以我们也在不断地变化，适应市场。原来我们的线下渠道比较强，但是消费者已经逐渐转到线上，所以我们要快速跟着市场调整，跟着消费者调整，跟着人的生命周期调整。

不久前，我们捐赠了6540万元用于乡村教师和中小学师资队伍的培训，我们认为师资是基础，如果师资队伍不好，一代代人的基础可能就会有问题。我们从2005年二次创业，第5年开始就在做公益教育，资助贫困家庭的孩子上学，还给一些学校捐赠了教育器材，给医院也捐赠了医疗器械。在社会责任上，飞鹤一直坚持不懈，不管业绩是下滑，还是增长。我们已经坚持了17年，累计捐赠了6亿多元。

宋志平： 刚才冷总讲到业绩有所下滑，股价有所回调，其实这也是正常的。我们还是要抓管理、抓创新、抓市场、抓服务，把做企业的这些基本功做好，投资者慢慢地也能够理解我们。我们做上市公司不光要看到产品客户，更重要的还要看到资本市场的投资者，所以我们也要理解他们的想法，将产品市场和资本市场的规律结合起来。我们也相信，飞鹤奶粉的价值还会进一步提升。

品牌的价值对企业至关重要，民族品牌更是如此。我想问大家：在做品牌的过程中，是否遇到过品牌危机？遇到危机后是怎样化解的？

冷友斌： 实际上做品牌，这个问题每家企业，不管大与小，都会遇到，而且是经常遇到。对企业来讲，最大的危机就是诚信问题。不管遇到什么危机，都要实事求是，要跟市场、媒体讲清楚，越是躲避，市场的猜疑就会越大。我记得当时收购一个品牌，后期出了质量问题，那次损失3亿多元，但我们必须承担，所有的产品全部收回，那次市场和消费者、媒体对飞鹤是竖大拇指的，认为我们敢担当，维护市场、维护品牌、维护消费者权益都非常重要。我认为一家食品公司安全问题是底线，要在管理过程中提升，因为好产品是生产出来的。一旦出现问题，公关就应该实事求是，要公开、透明。

宋志平：遇到危机以后，化解危机的方法就是将心比心，承认事实，把问题解决好。其实做企业包括做产品哪有没错的？永远都做得好，这是不可能的，过程中总是会出现这样那样的问题，关键是企业的态度至关重要。遇到危机以后，企业所持的态度应该是诚信，诚信就是一条船，可以承载整个企业渡过危机。那菜百在这方面是否遇到过问题？

王春利：我做了40多年生意，而且做黄金珠宝已经37年了，如果说我没遇到过危机，那肯定是在瞎说，因为每天都在处理遇到的各种各样的问题。遇到危机最重要的是真诚，包括解决问题，我们在第一时间给出最佳的解决方案。尤其是我们上市以后，我脑子里这根弦会绷得更紧，为什么？因为所有的事都是公开透明的，我要对得起职工，对得起工作，还要对得起股东，所以在处理危机事件、面对突发事件时，菜百是有一套流程的。我们要学会换位思考，要站在对方的角度思考，菜百几十年的企业，一直是这样传承下来的。

宋志平：这块金字招牌是这么多年来历经了很多困难、危机，逐渐打造出来的。

耿超：企业的发展、困境，包括品牌出现危机，这都是正常的企业经营形态，并不可怕。对我们来说，做决策有的时候要考量各方面的因素。当然，在这种过程中，首先要有一股子韧劲，相信自己能挺过寒冬，春天就要来了。三十年河东，三十年河西，比如啤酒行业，有一段时间外资品牌大量涌入，但是从“十四五”开始，我们的国货品牌又起势了。不要盲目地崇洋，要学习、要包容、要创新，要能形成我们自己的东西，这是核心。

另外，作为产业人，要坚定文化自信。中国是世界第一大啤酒市场，我们的啤酒品牌得天独厚，是几十年的消费者品牌，有几十年的忠诚度培育。外资来了，即使消费者在一定时期选择了外资品牌，品牌有新的营销特点，但核心还是要做好我们自己，相信终有客户回头的那一天。

还有一个核心，就是要继续推动改革，各方面都要配套。竞争是动态的，也是变化的，有困难也是暂时的。要提升自己的能力，要有跨越发展阶段性问题的能力，敢与国际品牌一较高下。其实经历了困难之后，我们心态会更好，也更加自信。未来，我们对推动中国啤酒行业的发展、进行燕京的二次创业、复兴燕京目标的实现，都是充满信心的。

◎ 燕京啤酒生产线一角——机械手自动码垛

董明：云南白药这120年的历史中，历经九死一生，遇到过好多次危机，但云南白药能传承到现在，一直坚持的原则就是：关注内在价值胜于关注外在价值，关注精神价值胜于关注财富价值。随着时间的推移，历史给出了答案，岁月给出了最好的注脚。

最早的时候，白药的销售大量下滑过，因为最开始生产的是白药粉末，那个时候哪里破了，直接把粉末倒上去消炎。但后来销量大幅度降低，是因为创可贴来了，解决这个问题，就只有一种方法，就是做创可贴。云南白药把白药放到创可贴里面，渡过了那次危机。还有很多次，比如有人质疑云南白药的绝密配方里面有没有毒性成分，牙膏里面有没有不良成分的添加，有很多学术上的争论，历经多少年的创伤，我们都用科学化和现代化的方法把这些问题解决了。

怎么来应对危机？对于出现的任何问题，无论是外界的责难，还是消费者提出的建议，有则改之，无则加勉。如果错了，就要知错能改。在处理危机的过程中，我们寻求团队的成长和公司的成熟。危机其实是品牌脱颖而出的一把双刃剑，它既能毁灭品牌，也能让品牌在一个良好的处理过程中造就出与众不同，提高品牌的知名度和辨识度。

宋志平：“危机”两个字，既有“危”又有“机”，我们哪一个企业没有危机呢？做企业其实本身就是一个困难选择，克服困难我们就往前面走一步，同时危机也是我们的老师，出现了问题能很好地总结，我们就又往前迈出一大步。所以我常讲，做企业实际上是熬出来的，循序渐进，不断地总结经验教训，向上成长。

在中国品牌的道路上，我们理解了中国企业所做出的努力，任重道远，不容易，但再不容易我们也要做，一定要让“国潮”兴盛起来，让我们中国品牌屹立于世界之林。

05 让世界爱上中国造
——与格力电器董事长董明珠对话

对话人： 董明珠，格力电器董事长兼总裁
活　动： 第二十届中国企业领袖年会
时　间： 2022 年 12 月 10 日

用技术、质量实现中国制造的梦想

宋志平： 党的二十大提出了几个“强国”，其中谈到了制造强国和质量强国，这是非常重要的。董总长期都是做制造业、做实体经济的，在这方面也有比较深的体会。我们国家实际是制造大国，有个大市场，任何一个国家都无法满足中国14亿多人口的市场需要。但我们国家的制造业却几乎可以满足全世界任何一个国家的需求，所以从制造体量来讲是很大的。但现在也有一个问题，就是光讲体量不行，得从中低端迈向中高端，把制造的质量提起来，这非常重要，一方面是规模，另一方面是质量，这样才能创造良好的经济效益，来满足我们人民生活的需要。

董明珠： 中国是一个制造大国，我们可以做各种各样的东西，但是我们掌握了什么，这是值得研究的。如果我们只是简单地粗加工，那是没有技术含量的。过去存在的问题就是，不少企业盲目追求市场，而没有追求品质。我记得十几年前在南非时，就有人跟我说格力空调质量太好了，销售之后都没有售后服务需求，但是他们不愿意打“中国制造”，而要打“泰国制造”——十几年前他们认为中国制造是粗糙的，可以用但不耐用。所以那个时候格力就意识到要走向世界。因为我们的产品代表了一个国家的形象，中国制造要发展，必须解决质量问题、技术问题。

习近平总书记在2018年来格力电器视察的时候，也强调我们一定要掌握关键核心技术。这4年来，我们发展的速度更快，对品质的认知更深刻。格力电器已经走完了从空调到家电的整个系统的转型，我们真正掌握了关键核心技术。让我们自豪的是2022年卡塔尔世界杯采购了格力的空调，因为当地气温特别高，有时候室外最高能到60℃，所以对空调技术、品质的要求超乎一般，几万台格力空调为足球赛事保驾护航。这就是我讲的中国制造的梦想，用技术、质量让全世界人民都能享受到我们带来的品质生活。

我理解中国制造已走完了前一个阶段，后一个阶段，有中国上市公司协会的关心和指导，相信我们的上市公司会更加重视质量。同时，我们要有自主研发技术的能力。因为我们只有创造新的技术，才能改变人们的生活，总之一句话，人民对美好生活的向往就是我们努力的方向。制造业就是要有高品质，比如，一些朋友到我们企业参观后很震撼，说“小小的家电带来大大的健康”。习近平总书记2005年在浙江调研时，提出“绿水青山就是金山银山”的重要理念。我对绿水青山的理解不仅仅是山青水绿，而是我们的思

◎ 格力倡导用技术和质量，让世界爱上中国造

想、我们的产品也要秉持绿水青山的理念，这样才能实现我们的梦想，让世界爱上中国造。

宋志平： 2019“让世界爱上中国造”高峰论坛就是在格力电器珠海总部举办的，这个口号非常响亮，也是我们大家的一个愿望。上一次我去格力参观，看了制造车间，管理得非常好，而且刚才您也讲到了，格力的技术支撑也非常好，格力的产品能做到现在这么好，其实是有长期的积累和积淀的。

抽象出来看，其实造出一个好的产品，确确实实需要一些基本功：第一，得有过硬的技术，这其实是核心。第二，企业管理要特别好。我做企业几十年，只要到工厂车间去看一看，就会很有感受。我到格力的车间，认认真真地看了，觉得管理很有水平。第三，要有工匠精神，也就是要有干一行、爱一行、精一行、专一行的技术人员，这对做好产品是非常重要的。第四，做产品要持之以恒。格力做了几十年空调，一直踏踏实实。因为做一个好产品需要长时间的积淀，需要方方面面的磨合。这几点是非常重要的。这是我们做制造业的看家本领，要特别重视。

董明珠： 宋会长提到了“沉淀”，这非常重要。我在格力32年了，应该说跟着格力一块成长，格力从一个组装型的企业到拥有自己掌握的核心技术。企业的发展要具备几个条件，其中重要的是企业家要有吃亏精神，要有奉献精神，同时还要有一种战斗精神。吃亏精神，就是我们做企业绝对不能因为这个赚钱就去做，因为国家有政策补贴就赶紧做，大家都用钻空子的想法来做企业肯定不行。我们要有远大的目标，不怕吃眼前的亏，坚守一个自己的梦想，但这是非常难做到的，因为企业在发展过程中，首先要活下来，但如何活下来？大家的理解就不一样。我认为活下来就要做一个好产品，别人用着都很喜欢，都愿意来买。但有人觉得有钱赚就能活下来，但他们不知道那种活下来是短期的，不可持续，所以最终还是要坚守自己的产品品质。

宋志平：做实体是不容易的，也是比较苦的，有时候还要吃亏。但是实体经济还是我们的根，我们要实现中国式现代化，实体经济是我们的基础。格力是典型的实体经济的代表，其实这么多年，格力没挣过热钱和快钱，一直扎扎实实地做制造业，一做几十年，这就是实体经济。我们从一个制造大国，要迈向制造强国，确实需要像董总这样的企业家的坚守精神。我做中国上市公司协会会长3年多，我们研究那些出了问题的企业，除了违法乱纪的，有不少企业的问题就出在偏离主业、盲目扩张上，就是刚才董总说有什么钱就想赚什么钱，总想赚热钱、快钱，偏离了最初的轨道。倒是那些踏踏实实还在做实体经济、做主业的企业，有的做得大，有的做得小，但是不会人仰马翻，所以这就告诉我们，做企业，还是要把自己的业务做好。

我常跟大家讲，其实我们有四个核心——核心业务、核心专长、核心市场、核心客户，我们的业务要归核化，不要太散，要扎扎实实把自己的基本功做好，把产品做好，这才是核心。

做产品可能有几个步骤：第一，要把产品做出来，这可能主要是技术问题，实现从0到1；第二，产品做出来了，要批量生产上规模；第三，能量产了，要把质量合格率提高，合格率做到99%以上，这样才真的有硬功夫；第四，合格率提高了，要把成本降下来，因为要参与市场竞争。

所以，做实体经济、做制造业真的很不容易，踏踏实实地做下来，真的是需要硬功夫的。现在中国的好企业的共同点就是踏踏实实把产品做好，心无旁骛地做好主业。

董明珠：宋会长提到的“坚守”这一点特别重要。我们今天说“再塑实业精神”，其实对我来说，不能用“再塑”两个字，是30年一以贯之，没有改变过。比如格力做装备制造，可能投下去10亿元、20亿元，短期内不会有太大的进展，但是我觉得只要能承担，就要舍得投入。现在10年下来，我觉得成功了，格力数控机床已经为汽车行业服务了，这就值得骄傲，比赚钱还开心，因为我们创造了帮助别人的能力，对于企业来说，获得这样一种能力非常重要。

宋志平：现在提“再塑实业精神”，我理解，中国经济在最开始的时候，实际上大部分是制造业，后边随着经济发展，出现了金融、房地产等好多新的赚钱机会。现在又提出了“再塑”，就是还要回到初心，把产品做好。这也和国家战略有关，一定要把实体经济做好。

从成长模式来说，前二三十年，我们用的更多的是“技术+管理”的模式，这10年强调比较多的是“创新+资本”，而到了今天，我们要把二者结合起来，尤其是对于一些科技事业，没有资本不行，同时又得有技术和管理。企业未来要有综合优势，采取双螺旋的成长方式，缺一不可。拿格力来说，格力技术很好，管理很好，现在高举创新旗帜，同时也是一个绩优的上市公司，从格力的发展过程中，可以感觉到“创新+资本”“技术+管理”高度融合在一起。

另外，“再塑”中也有升华，不是完全按照几十年前的想法去做，因为我们在一个新时代里，要打造新的实业精神。现在我们做企业，要深入贯彻党的二十大精神，符合产业发展阶段的情况，符合国际市场竞争的趋势，这是非常重要的。

刚才董总讲到，格力为卡塔尔世界杯提供了几万台空调，这比做多少广告都好。不过酒香也怕巷子深，广告也是要做的。我看卡塔尔世界杯上，各大厂家的广告云集，这也是非常重要的，就是中国制造要把自己的品牌做出来。现在我们很多产品质量不输给国外品牌，技术和资金都不缺，这个时候非常重要的就是品牌，我们不但要做制造强国、质量强国，也要做品牌强国。这样我们就可以从中低端走向中高端，格力就带了一个头。

董明珠：关键是我们的技术在世界上有了真正的话语权。因为我们在招标过程中，是以技术领先，不是以价格领先，所以我们觉得很自豪，给中国争了光。

目前格力在中东已经是很响的一个品牌，市场口碑也非常好。我一直有一个梦想，就是在中国建成一个世界级的研究基地，希望通过我们这个基地，向全球辐射我们的技术，这肯定需要很长的时间，是要坚持去做的一件事情。

我们要脚踏实地把每天的工作做好，把眼前的小事做好。有人说，我们可以犯小错误，但对一个制造业企业来说，小错误多了就是大错误，积累下来就要出大事。那么小错误是什么？其实就是生产过程中的点点滴滴，就是成本控制、降低废品率等。其实，用最合适的材料是成本控制，生产过程中达到100%的合格也是成本控制，但现在很多企业将此理解成偷工减料，以劣质材料冒充好的材料，这都是不可取的。企业在现实经营过程当中，可以讲每天都有问题，每天都可能遇到意想不到的新问题，我认为关键是要能解决问题，这也是我们制造业在发展过程中很重要的一点，不可能一成不变。

成本控制本身就包含了斗争，是无处不在的。斗争还有一层重要的意义是，不要迷失方向，不要被利益所诱惑。我们很多企业发展不好，就怨天尤人，归咎于外部环境，但回头仔细检讨，还是自己内部问题导致的。

当下这个情况，很多企业可能觉得迷茫，甚至也有抱怨，但我觉得创新是唯一出路，只有改变，改变可以成就新的突破，跟坐以待毙的结果肯定是不同的。以格力为例，我们一定要做好主业。现在看格力已经是个多元化、覆盖面广的企业，但实际上仔细看，格力还是在走专业化道路。为什么呢？因为我们的电机、压缩机、电控全部跟空调有关，把每一个核心部件做到极致之后，也能够给别人提供支持，满足别人的需求，这样无形中就扩大了自己的产业，所以无论如何，最重要的还是坚守。

信念和坚守

宋志平：董总提到格力的产业专业化和多元化，格力做的多元化是有限相关多元化，并不是无限度的多元化。另外，格力保持了每个业务之间的相关性，所以这样就能够突出主业、技术、内部产品之间的协同效应，这个特别好。

有时候大家也问我说，在不确定性下，企业该怎么做？我就说，世界上没有一种灵丹妙药，企业吃下去就行了。可能还是把日常讲的那些常理做好。我赞成董总说的，首先要特别重视创新；其次要紧抓管理，把质量做好，把成本降低，这是永恒的主题；还有要紧抓市场，市场的开发、开拓等也是至关重要的；最后，我们还要紧抓客户，我们的忠诚客户是谁？人家凭什么对我们忠诚？即便企业遇到的问题再不确定，这几方面都是确定的。

看格力三季度的报表，无论收入还是利润都取得了不错的成绩。格力验证了把最基础的东西做好可以应对不确定性，对于企业来讲，这才是真功夫。悲观、失望都没有用，企业还是要以平常心，踏踏实实地把业务做好，把产品做好，把质量做好，把成本降低，这些是永恒的。

这么多年来，经常有人问我，做企业有没有遇到过困难。我说，我也是一年几个小困难，每过几年有一个大困难。

说到困难，其实我总结了三条：一是困难是客观的，你有我有他也有，大家都有，不是你自己独有的，所以不要怨天尤人；二是最困难的时候，困难可能快过去了，困难不会一直延续，总会结束，所以要抱有希望，不要遇到困难就躺倒了、躺平了；三是再大的困难，都要靠自己去克服，还要积极地解决困难。

以前做企业讲得比较多的是情商、智商、胆商，现在对大家来讲，可能重要的是逆商，就是克服困难的能力。格力肯定也有困难，不可能没困难，但是企业家本身就是为解决困难而存在的。所以困难是有的、是客观的，但不可怕，企业家要积极面对并寻求解决问题的办法。

董明珠：肯定有困难，不难就不要斗争了。我觉得人要有信念，无论在顺境，还是在逆境，都要有信念，能时刻、清醒地认识到自己的人生价值。我觉得越困难，越奋斗，越有劲。现在很多人迷茫，是因为钱难挣了，所以说信念很重要。

我们对生活的要求会越来越高，需求的东西越来越多，对制造业来讲，应该去满足这些美好生活的愿望，它是没有止境的。我到现在没有感受到什么不确定的因素，可能由于疫情的影响，流动性变少，可能某种程度上需求发生了变化，那企业怎么去满足新的需求？最近格力的一个破壁机产品卖到断货，因为它解决了噪声大和难清洗的问题，我就想用这个例子说明如何在当下搞清企业的方向，市场是永远在的。

当然，现在可能确实有这样那样的问题，我认为这些都是短暂的，如果我们把一个暂时的困难当作一辈子的事情去看，就很痛苦。我认为唯一不确定的是如果自己没有信念了，就真的不确定了，因为你都不知道自己是谁、想干什么。在企业成长过程中，也会遇到很多选择，比如，最早大家都知道做房地产赚钱，很多企业看起来是制造业企业，其实却在做房地产。我们当时也面临选择。凭我们的实力，去做房地产是很容易的事情，但是我们还是坚决抵制，因为要坚守。我觉得实体经济有两大部分：一部分是商业实体，另一部分是制造实体，要创造东西。所以当我们秉持创造东西这个信念的时候，就能心无旁骛，哪怕是看到别人去发财了，或者看到别人一下子飞黄腾达了，我们也依然能坚守。

宋志平：刚才董总讲，要与困难做斗争，斗争就是要解决问题，要改变现状，这确实非常重要。每次见董总时，她都是那样，好像从来没有唉声叹气过，从来都是很刚强，有那种百折不挠和勇往直前的精神，这给我很深刻的印象。

前一段时间我去珠海带着两个问题：一个就是董总现在怎么样了，另一个是格力最近又出了哪些新产品。去了之后，我印象比较深刻的是，董总还是和过去一样，还是有那种一往无前的精神。我到格力的新展厅看了，格力又开发了不少新产品，展厅里还有一个直播间，让人感觉到了很浓厚的商业氛围。我和董总有相似的经历，我过去做过10年销售，在北新建材做过销售员、销售副厂长，董总过去也做过经营部部长，所以我们对市场、对客户、对销售有深刻的理解，董总能够去直播间，如数家珍地讲她的产品。

董明珠：“好电器格力造”，我们把做空调那种坚毅的品质追求和管理渗透到我们每一个产品中，让技术升级给别人带来快乐。也有人质疑董事长去直播卖货，但我觉得这很正常，很多公司一把手的信息习惯于来自部下，实际上直播就是走在一线，那么多的网友在对面，他们会提出各种各样的想法，无论是好的评价，还是所谓的“黑粉”评价。真正自己去做，我才能了解直播的场景，这是非常重要的。

宋志平：其实过去格力开始直播的时候，我也跟董总讨论过，15000家格力的经销商对直播怎么看，怎么能把直播和经销商的利益很好地结合起来。我这次去还带着这个疑问，董总说其实是可以结合好的，直播实际上能够扩大产品的影响力，有利于经销商的市场开拓。因为企业应该学会应对一种新的销售模式、新的技术，一直沿用老的营销模式，可能是行不通的。但是在用新的营销模式的时候，又要想到跟了企业几十年的老经销商，如何让他们也享受到线上直播的优势，融合进来，形成合力。格力在积极探索，如何把线上直播和线下销售结合起来。

董明珠：其实产品销量倒在其次，今年我觉得最有成就感的就是这一批科技人员的成长，已经不是简单的“1+1”的概念，而是有了突破的思想，有那种敢于挑战的思维，这对产品开发的意义非同小可。格力现在的产品琳琅满目，从客厅到卧室、卫生间、衣帽间、厨房，要想把这些产品做到质量一致，是很有挑战的事情。前一段时间，我们提出10年免费保修，这是要有底气的，对技术人员是一个巨大的挑战。经过几年的培养和历练，现在格力有了更优秀的研发团队，这是我觉得今年收获最大的事情。

宋志平：今年我觉得自己有成就感的一件事，是出版了《三精管理》。因为我从央企领导岗位退休3年了，实际上我一直有一个愿望，就是能够把过去的一些经验体会写出来，为年轻的企业家插上路标。《三精管理》浓缩了我过去几十年的工作经验，包括一些教训，虽然书不厚，但涵盖了我多年来企业实践和研究的总结和思考。这本书出版后反响也不错，尤其是企业的基层干部都挺喜欢，也有企业用三精管理来进行实践。我觉得能够为企业界，尤其是年轻的企业家贡献一点过去的经验和智慧，是我特别开心的事情。

董明珠：宋会长过去管理过两家世界500强企业，现在作为中国上市公司协会会长，面对上千家上市公司。您不断地走基层，到企业了解情况，会员单位有时候遇到一些困难，您从协会的角度给予支持，帮助他们寻求解决困难的办法，对于企业存在的问题，也会指出并给予建议。当然有的企业是自身有问题，有的确实是外部引起的问题，有的是错误导致的问题等。宋会长很善解人意，每次跟您讲完后，我觉得所有东西都能够放下。

宋志平：习近平总书记说：“市场活力来自于人，特别是来自于企业家，来自于企业家精神。”疾风知劲草，我们就要做劲草式的企业家，尤其是当前，更要弘扬企业家精神。那企业家精神的本质是什么？就是刚才讲的不惧困难的斗争精神，顽强的生命力。解决困难是企业家的责任使命，企业家本身就是来克服困难的。希望这种顽强的、百折不挠的企业家精神，会激励更多年轻一代的企业家。

06 当“水泥”遇上“鼠标”：数实融合下的企业新机遇

——与腾讯副总裁李强对话

对话人：李　强，腾讯副总裁、政企业务总裁

主持人：杨　健，腾讯研究院

时　间：2023年7月17日

地　点：腾讯北京总部

企业数字化转型的意义

杨健：宋会长曾经在两家央企担任董事长，他从技术员一路做到央企的掌门人，先后带领3家企业到A股和H股上市，把中国建材和国药集团两家企业带入世界500强。宋会长在10年时间里写了21本书，有非常丰富的企业管理实践和育人的经验，在企业战略、领导力和改革创新方面有非常独到的见解。

李强先生是ICT行业的领军人物，有着20多年的IT从业经验，对于商业软件、云计算和创新的商业模式都有着前瞻和深入的了解，在推动中国数字化转型方面做出了贡献。他是2021年5月加入腾讯的，目前在腾讯全面负责政务、工业、能源、地产等行业的拓展和团队的管理工作。

“水泥+鼠标”，实际上不仅代表了产业数字化和数字产业化趋同的过程，也代表了我们国家的经济发展模式跟数字化时代融合的过程。宋会长之前带领中国建材在水泥行业一步一步打拼，我相信您在这方面有特别深的感触，李强总也一直在推动中国企业的数字化进程，所以接下来我们就一起来聊一聊这个话题。

我们以企业家精神的三个内核来作为今天对话的关键词，就是远见、决断和魄力。现在我们开始“远见”部分。首先请问宋会长，党的二十大提出加快建设数字中国，现在数字经济也在迅猛发展，从您的角度来看，企业实施数字化转型的重要意义是什么？

宋志平：其实“水泥+鼠标”，这是我们在20多年前做电子商务的时候的一个口号，讲的是互联网经济和实体经济的结合，就是今天我们讲的数实融合这样的一个大概念。20多年过去了，今天我们还是在这样的大方向上前进。讲到数字强国，从党的十八大开始，我国实际上是把建设数字强国作为一个国家战略来看待的。党的二十大提出要发展好实体经济，同时又提出加快建设制造强国、质量强国，还提出建设数字中国等大的发展目标。无论是制造强国，还是质量强国，其实数字强国是基础，数字化转型是从过去的高速增长到高质量发展的基础，意义是非常重大的。

我们各行各业其实都离不开数字化转型，这里也有几个概念。我们老讲数字经济，数字经济是一个大概念，既有数字的产业化，也有产业的数字化。2022年，数字经济规模约50万亿元，占GDP比重是41%，其中，数字产业化约占1/5，产业数字化约占4/5。

我们讲数字经济的时候，一方面，要把数字产业化做好。数字产业化本身是一种手段，最重要的是要拉动产业数字化。我过去是做产业的，这么多年来，我们一直在推动产业的数字化转型。另一方面，我们国家从消费互联网时代进入产业互联网时代，这是非常重要的一件事。在消费互联网方面，我们在全球走在了前列，在平台经济方面，腾讯过去给我们搭好了底座，发挥了重要的作用。

现在我们又进入了互联网的下半场，即产业互联网时代。我们的场景是非常丰富的，我国公司制的企业有5000多万家，个体工商户也约有1.3亿户，加起来大约有1.8亿个市场主体，面对这么多的市场主体，这么庞大的应用场景，我们在从上半场进入下半场，在做产业互联网的时候有基础，对此我们充满信心。

产业互联网和消费互联网有相同之处，也有不同之处。相同之处就是场景很多，用户很多；不同之处在于，产业互联网可能要面对每一个客户，即To B，客户的个性化需求很多，对数字服务商来讲，这可能有一定的难度，在这方面需要下功夫。消费互联网发展得比较快，但是产业互联网可能没有那么快，是个慢功夫。我看到腾讯已经进入产业互联网这个下半场，而且在里面充当了主力。

在数字化方面，我们既有长板，也有短板。我们的长板是，无论是消费互联网，还是工业互联网，在应用上还是比较快的，效果也比较好。但是在一些前端的技术研发上，我们还需要加强。一些原创技术是一些发达国家先做出来的，现在我们还面临"卡脖子"等问题，在这方面得补短板。现在大家都意识到了这个问题，我们也寄希望于像腾讯这样走在前面的企业、数字运营商、做数字产业化的企业，无论是在软件上还是在硬件上，都加大研发的力度。当然，产业类的应用企业也要加大研发的力度，思考如何能够和数字运营商更好地结合在一起，希望大家能够把这件事做深做实，而不是形式化，要具体化，最终提高企业的核心竞争力，提高企业的效益，这是我们最终的目的。

党的二十大报告指出推动制造业高端化、智能化、绿色化发展。我们在做高端化的时候，是离不开智能化的，有时候大家会说智能化可以帮助企业提高效率、减少用工，其实那只是一方面，最重要的是智能化能够提高精准度，能够使我们的产品真真正正做到高端。智能化是对数字化的具体描述，是高端化和绿色化的基础。做企业，智能化转型是必需的，转得早，企业就具有主动性，转得晚，企业就被动。当然，一定要和好的数字化转型服务商好好地结合起来，大家一起干。

杨健：我觉得您作为传统企业的领军人物，对数字化一点都不陌生，人家说您不仅是双料董事长、双料企业家，还是双料会长，我看您在跨行业的趋势性的分析上，同样非常厉害。

宋志平：我在北新建材当厂长，是30年以前的事情了，那时候是20世纪90年代，我可能是最早一批搞ERP的。那个时候主要是通过信息化再造流程，这帮了我很大的忙。后来在2000年左右，北新建材上市后，我提出要做电子商务，在北新建材做了一个“中国建材总网”，支起了一张网。那张网本来是要做电子商务的，但当时我们缺几样东西：一是当时移动智能终端还没有普及，我们的手机只能收发短信，还没有智能手机，做个业务要跑到办公室去看看电脑；二是当时我们没有电子支付，不像现在有了微信支付这么便利。

当然，当时的第三方物流也没有现在这么发达。我们虽然意识到电商能够去中介化，现在看，还是搞得早了一点。所以，有的时候有些创新可能大逻辑是对的，但是还得选对时间，早一步可能真的就成了“烈士”，只有在一个合适的时候，各种条件都具备的时候发起冲锋，才能成为成功者。

我们都是比较早地看到了这个问题，也比较早地去做了。我虽然是做传统产业的，但是我一直比较喜欢研究数字化、互联网方面的东西，启蒙我的就是托夫勒的《第三次浪潮》，20世纪80年代时几乎人手一本，我们都是早期读了那本书，里面有一些关于信息化对未来的影响的探讨，这为我们后来投资做互联网奠定了一些思想基础。那本书到现在已有40多年了，我们企业也是从那时开始一步一步走过来的，才有了今天的企业场景。今天我们的应用场景比那本书里讲的不知道多了多少倍，那时候想象不到数字化能发展到今天这样的程度，想象不到能有腾讯这样的企业，有微信、腾讯会议这样的应用。

杨健：刚才宋会长讲得非常好。一方面，我们跟实体经济的结合，还需要走实走深，但是从另外一方面来讲，在源头上，实际上我们的数字技术的进步还是非常快的，包括最近的AIGC、ChatGPT等。数字技术和实体经济进一步结合，您觉得我们未来5年、10年的机会在什么地方？

李强：确实AIGC可能是今年最热的一个话题，就是基于大模型的生成式人工智能。按照我们马总前段时间的说法，就是这一波的热潮百年难遇，等同于工业革命级别的历史机遇。我们确实也看到了AIGC在大规模快速地推动人工智能的发展，向通用人工智能开始转变。在很多新的领域，比如内容的生成、人机的交互，都是颠覆式的创新。今天人员的办公效率、人机对话的内容、文生图、文生视频，对整个行业的冲击是越来越大的。但是我们也看到，前沿的技术要想真正解决实体行业的问题，以AIGC为例，除了通用的大模型，还需要更多地了解行业的特性，应该有行业大模型。我们认为行业大模型与实体经济的业务和需求真正地结合，才能带来业务的引爆点。

比如，今天我们问ChatGPT，我们可以问一些通用的话题，比如今天的天气、如何订机票等，但是你很难让它回答这样的问题：这台设备出了故障，如何去检修？它出现故障的原因是什么？它可能对未来整个生产带来什么样的影响？这个时候通用的人工智能大模型是很难做到的。比如，我们今天的话题是“鼠标+水泥”，如果没有水泥，只有鼠标，我们也解决不了水泥的问题。2023年6月19日，我们腾讯也发布了行业大模型，尝试着把AIGC与行业的痛点相结合。我们在10多个行业与客户共创，基于行业化的数据来构建行业化大模型，结合客户行业的数据做精调，就能让不同行业的客户快速地具备行业大模型，来享受AIGC带来的成果。

如果我们把通用大模型比喻成博览群书的人，让人工智能成为名校的本科生，可能有两种做法：一种是本科生毕业之后开始学专业，今天学医学，成为医生，明天学电力，成为电力工程师，但是这样的成本消耗也是比较大的。可能有另外一种方式，他不需要一开始就有数以千计的参数、百亿的参数，当想成为一名医生时，可以专门学习医学方面的著作，再与医疗方面的一些诊断的数据相结合，能够真正成为在医疗方面的专家。

腾讯就是希望，在做通用大模型的同时，在行业大模型方面能够与实体经济相结合。比如，今天我们可以把行业大模型应用在很多领域，您刚才提到几十年前开始在中国做ERP，那个时候是流程信息化，但今天如果行业大模型使用得当，我们可以直接问计算机：今天的物流状况如何？哪些产品可能会出现滞销？哪些备品备件对于我们的生产会造成影响？我们如何来优化供应链？而这就是典型的人工智能与行业的共性能够相结合，能够应用在很多不同的领域。我想可能接下来腾讯会更多地致力于把过去20多年积累的经验与实体产业相结合。

2018年9月30日，腾讯把内部过去20多年积累的云计算、大数据、人工智能、网络安全、高精地图等，与ToB、ToG相关的所有的业务、技术和能力整合在一起，成立了一个新的BG，叫CSIG云与智慧产业事业群，我们对外称“腾讯云”，这将会作为腾讯云对于ToB和ToG数字化转型服务的一个重要的平台，也希望未来在这方面能跟宋会长多交流，更多地支持好中国企业的数字化转型。

杨健：二位的共同点真的是非常多，我印象特别深的是宋会长刚才谈到智能化，李强总谈到了行业大模型。大家在产业数字化的过程当中，越来越开始关注到对行业的理解，然后在我们去促进行业数字化的过程当中，实际上是想提升我们本身智能的问题。

接下来我们聊第二个关键词，就是“决断”。宋会长，您在央企工作了40年，结合您多年来在大型企业的工作实践，和近些年来对企业调研的思考，能不能给我们整体介绍一下我们现在产业数字化转型的情况是什么样的？效果如何？难点在什么地方？企业应该怎样更好地实现数字化转型？

宋志平：我现在是中国上市公司协会的会长，过去4年，我到200多家上市公司做过调研，同时也去了不少的央国企、大型企业，我最深的印象是，我们的企业都在做两件事情：数字化转型和低碳化转型。但低碳化转型也是以数字化转型为手段和基础的，所以对企业做数字化转型的印象就特别深刻。

每年我们会对上市公司的数字化转型做统计，数字化转型一方面是数字产业化，另一方面是产业数字化，在5200家A股公司里，数字产业化的企业有1200家，产业数字化的企业有3800家。今天我们的上市公司群体已走在了数字化转型的前列，既有数字产业化的企业，如腾讯，又有产业数字化的企业，像中国建材做水泥、新材料是做产业数字化。央企特别重视数字化转型，2022年央企实施的大型数字化转型的重要项目有2116个。这2116个项目的实施，又促进了央企效率的提高，全员的劳动率提高了8.7%，当然其中可能也有其他方面因素，如管理的作用，但还是反映了数字化转型给企业带来的巨大的变化。

从建材行业来看，有“五转五化”，“五转”讲的主要是从认识、组织等方面进行数字化转型，“五化”主要是讲整个产业链都要进行数字化转型。比如，从设计方面，现在全世界的水泥和玻璃大型装备，中国建材的市场占有率为75%，怎么做到的？就是我们的设备性价比高，而在提高性价比方面非常重要的就是生产线的智能化设计。新冠疫情期间，我们给法国建了一条生产线，是通过远程设计和数字孪生技术实施的，因为国内的人去不了，只能在国内指挥法方来进行安装调试，非常成功。从设计方面入手，数字化就起到了非常重要的作用，不然我们做不到装备性能的一流。

在制造智能化方面，过去我们的一个水泥厂可能需要2000人，现在自动化生产线大概需要200人，智能化生产线只需要约50人，这是个巨大的进步。并不只是人数的降低，关键是操作比较精准。自动化生产线有一个中央控制室，有电脑操作员；而智能化生产线没有中央控制室，没有操作员，因为智能化的操作特别精准。

从水泥的耗煤来看，一般自动化生产线每生产1吨水泥，大概会耗115千克标准煤，但如果改成智能化生产线，只消耗85千克标准煤。每吨水泥消耗的标煤节约30千克，智能化确确实实帮了我们的大忙。另外，在销售服务、客户服务环节，进行数字化转型也是非常重要的。过去我们都是通过经销商体系来卖产品，现在大家可以通过App、直销等模式进行销售。

除了中国建材，我也在其他企业看到了不少应用场景，挺受鼓舞的。在设计方面，我去过江南造船厂，它有数字设计中心，完全数字化了，应用了AR、VR、数字孪生等技术。看到他们的数字实验室后我非常高兴，过去我们的实验室基本上都是做工艺实验的，今天我们的数字实验室已成了企业非常重要的一个研发前端。

在智能化方面，我前不久去了泸州老窖，公司董事长说：“宋总，我请您来，不是想让您参加我们的封缸大典，我主要是想让您看看我们的智能化造酒。”对造酒来讲，原来都觉得是用古法造酒工艺，他居然搞了5年智能化造酒开发，投了一条年产10万吨白酒的大型生产线。那是一个无人工厂，酿酒的每一个工艺都智能化了。我也去过云南白药，云南白药赚钱的产品是牙膏，市场占有率达到20%左右，它的生产完全是智能化的，也是无人工厂。现在智能化已经深入各行各业，不仅是大型工业企业在用，一些深度加工、日用品加工的企业也都在用，效果都非常好。

我还看过青岛的智能化码头，也是无人码头。每个集装箱的吊装都是智能化的，集装箱的运输用的是无人自动驾驶的氢燃料汽车。他们跟我讲，看上去智能化是无人的，却体现出了人文关怀，过去一个吊装的工人爬到铁架子上，一上去就是几个小时下不来，他的工作是向下盯着看集装箱从码头吊到船上，或从船上吊到码头，是否摞对，他就重复做这样的动作，实际上对工人来讲，特别辛苦。通过智能化，节约了人工成本，增加了精准度，有一些苦活、累活、险活，就不一定非让员工去干，这也体现了对员工的关怀。

智能化的应用在整个工业界或者实体经济中已经很深入，应用场景很多，但是智能化确实也有一些难点。第一个难点是如何让智能化变成企业的战略，变成企业的核心竞争力，让企业领导重视起来，真正把智能化的意识树立起来。现在有的企业领导有这个意识，有的还在观望，必须下决心来做，要和专业的数字服务商结合起来做。

第二个难点是很多企业觉得做数字化转型投资太大，却不知道效果会怎样。中国建材旗下做耐火砖的一家企业瑞泰马钢，和腾讯合作过一个非常好的项目。在开始的时候也是要投入，投入金额大概占企业利润的10%，这个投入也是不小的，但是后来项目做好以后，对企业的效益提升是巨大的，大概节约了2/3的标煤消耗，利润大概提升了30%。虽然开始时投入多一点，但后边的产出是巨大的。但是这个问题并不是所有人都能想通，这也是很多企业家的一个困惑。

第三个难点是在人力、业务、财力、政策方面需要支持。比如，有的企业不见得有数字化人才，即使有专业的数字服务商对接，但如果企业自身没有这方面的人才，对接起来也是困难的。人才培养特别重要，在传统企业里培养一批数字化人才，这需要时间。

有的企业现在走得比较超前，有的企业还比较落后，我们希望这些落后的企业能够紧跟上来，克服眼前的困惑、不足，也希望数字服务商能够给企

◎ 瑞泰马钢与腾讯云共建全国高温耐火材料行业第一家“透明工厂”

业更多的培训、支持企业人才的培养，不仅要给企业做系统，还要帮助企业培养数字化人才。可能腾讯有能力为实体经济企业多培训一些数字化人才，这其实也是现在非常需要的。

腾讯在数字产业里的定位及核心竞争力

杨健：刚才宋会长把从区域到行业、各个领域里的数字化情况给我们做了介绍，同时也讲到遇到的一些瓶颈和问题，李强总，作为数字服务商，您觉得腾讯在其中可以发挥一些什么样的作用？您可以介绍一些这方面的成功案例吗？

李强：刚才宋会长讲了很多过往落地实战的数字化的经验，腾讯在这一波的数字化浪潮里，我们自己的定位主要在几个方面。

第一，做数字经济的基础设施提供商。今天云计算的算力已经像水电煤一样，成为关键的生产要素。腾讯今年全网有超过200万台服务器规模，拥有亚洲最大的云计算基础设施，每天的消息计算量超过65万亿次，所以我们也拥有国内最大的算力。

在底层基础设施方面，我们除了提供底层的IaaS（Infrastructure as a Service，基础设施即服务），也提供PaaS（Platform as a Service，平台即服务）。刚才您提到的，今天很多央国企关心自主可控国产化，其实我们拥有很多的自主知识产权，比如数据库、安全、语音的操作系统、大数据平台、人工智能相关的一些PaaS应用，我们都能提供给用户端。现在谈得比较多的是大模型，我们知道大模型需要高性能的GPU的算力，我们在近期发布了腾讯新一代高性能的计算集群，用来支持国内的企业，包括科创企业，在大模型人工智能领域来支持他们的算力需求。

未来我们也会提供基于腾讯大模型和行业大模型的MaaS（Model as a Service，模型即服务），让传统行业能够开箱即用，使用大模型、AIGC，还有大家平时经常用到腾讯会议、企业微信之类的SaaS（Software as a Service，软件即服务），所以我们要成为数字经济的基础设施提供商。

第二，数字经济的发展也离不开科技创新，所以科技创新，特别是跟用户一起的科技创新，也会成为腾讯最重要的能力或者贡献。我分享几个数字：过去5年，腾讯累计研发投入超过2000亿元，投入是非常大的；在专利方面，我们拥有公开的专利数量高达6.2万件，仅次于谷歌，在全球互联网企业中位列第二，是中国互联网企业的第一名。另外，过去几年我们也在很多方面支持了中国的科学家从0到1的科技研发。

刚才提到科技的自主，就是基础科学的研发，我们设立了“科学探索奖”，目前已经资助了超过200位科学家。去年我们也专门投资100亿元成立了“新基石研究员”项目，重点支持国内的青年科学家在基础科学方面的从0到1的研发，被选中的科学家可能获得长达5年的支持，在科技创新方面支持更多。科技创新是腾讯20多年的积累，我们接下来还会持续投入，需要把最新的科技与实体经济很好地融合在一起，来支持企业数字化转型的长期需要。

第三，连接是腾讯独特的优势。腾讯通过QQ、微信、腾讯会议、微信支付、小程序等，构建了一个庞大的、独特的、服务超过10亿用户的连接器。我简单举几个例子，大家可能理解连接器的作用。比如，新冠疫情期间的健康码，就是典型的连接老百姓和政府防疫部门的连接器。再比如，我们今天越来越多的消费品企业开始建私域流量，自己建一些零售平台，用一些小程序对外出售货物。过去一年，基于小程序私域流量的GMV（商品交易总额）已经高达数万亿元了，这是一个非常庞大的规模，这样的连接不仅是在交易层面，更重要的是让厂商能够及时了解用户的需求，根据用户的需求来影响产品的研发，根据用户的需求和经销商的状况来进行库存的安排，以及进行前置仓的设定，这样的连接能解决很多问题。

当然，这个连接今天已被扩展到人与人、人与企业、人与物的连接。刚才您提到的瑞泰马钢，除了数字孪生的应用，还有大量的传感器和物联网的应用，解决了生产设备与管理的生产流程连接，以及与操作人员的连接。连接是腾讯独特的优势，我们也希望把连接的作用发挥得更大，能够在千行百业中，使连接、交易、信息的流畅程度大幅提升。

第四，生态繁荣是腾讯在发展中一直提倡的。今天我们看到在很多科技领域，有很多腾讯的合作伙伴取得了非常大的成就，而腾讯也一直是以成就生态来成就自己的，而不是说生态只是服务于腾讯自身。任何一个企业的数字化转型对科技的需求都是非常复杂的，从ERP到云计算、人工智能、大数据、数字孪生等，各个领域都有，没有一个厂商能够完整地提供端到端的解决方案，解决企业数字化转型的所有问题。腾讯的生态繁荣策略就是希望能够把不同的数字化服务商、不同的解决方案的服务商连接在一起，共同为企业的数字化转型服务。

杨健：李强总把腾讯为企业做数字化转型服务的定位讲得非常清楚。您加入腾讯以后，在腾讯云的业务转型过程中，对于组织的优化、产品的创新都做了很多的调整，结合您的经验和腾讯的能力，腾讯作为一家服务于企业的公司，成功的ToB机制的核心，您理解是什么？

李强：ToB可能跟C端的业务不太一样，C端是一个产品，可能就是赢者通吃，但ToB涉及不同的领域，不能有明显的短板，需要在多个方面齐头并进。主要是在三个方面。

第一，是从技术到产品。再先进的技术，如果它不能够形成一个产品，对企业而言就没有太大价值。形成的这个产品还必须能够深刻地理解行业的需求和痛点，将行业客户独特的需求与技术结合，就是把技术变成成熟的、符合行业用户特性和需求的产品，这是基础，是重中之重。

第二，当有了符合行业特性的产品之后，完善的销售和服务体系就显得尤为重要。因为任何项目的交付，既有标准产品交付，也有复杂项目交付，如果我们没有一个完整的服务体系，很难确保客户从服务和产品中最终获益。完善、贴近一线客户、行业化、属地化的销售和服务体系，是确保客户真正从产品中获益的最重要的因素。

第三，建立生态体系。我们在每一个领域都有很多专家，腾讯的优势可能在于科技对互联网的理解，但是在很多细分领域，我们需要与行业化的合作伙伴合作，比如在水泥行业、电力行业、能源行业、消费电子行业等都有很多专业化的服务厂商ISV（独立软件开发商），我们要把它们过去几十年积累的经验与腾讯的产品很好地结合，来缩短我们对用户痛点理解的进程，来确保服务交付的质量。

宋志平：从我们外行的角度来看腾讯，或者站在一个客户角度上看，这些年腾讯迅速发展，从通信产品QQ，到移动互联网时代推出了微信，现在又在做To B，是从消费互联网进入产业互联网，对每个客户进行服务。现在腾讯又提出要持续地创造社会价值，这也是一个指导思想，是一个美好的愿景。从企业来讲，要有技术、产品、服务，还要有一个很好的愿景。

腾讯是有很强核心竞争力的公司，党的二十大提出了要提升企业核心竞争力，其实核心竞争力就是企业在市场竞争中保持领先的能力，其他企业很难复制。我今天参观了腾讯，最大的感受就是，腾讯有自己的核心竞争力，其他企业很难复制。一是腾讯有基础，腾讯是一个数字原生企业，一开始播下的种子就是数字化的，这么多年来，伴随着数字化成长，从新基建等方面打下的基础是非常牢固的。我刚才看了你们的模型和数据中心，感觉挺震撼的，因为这不是一日之功，这是你们的一个基础，也就是你们的底座。二是这些年你们有很多产品，企业的核心还是产品，你们为各方面的客户提供了不同的产品，产品也是核心。三是连接和生态，其实我们做企业，最重要的就是把整个系统连接起来，尤其现在到了物联网时代，腾讯的连接能力是巨大的。四是我看到你们的文化理念叫“用户为本、科技向善”，非常简洁，但直指核心。

用户为本，做企业，到底什么是本？企业到底是在做什么？德鲁克说，企业唯一的目的就是创造客户。我常说，企业要特别重视用户的感受。腾讯提出以用户为本，非常有意义。再说科技向善，科技最终的目的是什么？是让社会更美好。企业的核心竞争力可能不只是有一个专长，它可能是个组合拳，由几个专长组成，然后形成一个巨大的护城河，或者形成一个竞争的壁垒。

腾讯在数字产业里是一家独具竞争力的企业，其核心竞争力其他企业很难超越。当然，对腾讯来讲，也有如何继续巩固、完善和提升核心竞争力的问题，还需要继续进行研发和投入。面对激烈的市场竞争，尤其是和国外的竞争，腾讯要做的事情还很多，未来的担子还很重，尽管过去这几十年做得很好，为我们国家的数字化打下了基础，贡献是巨大的。下一步，腾讯还会在科技创新方面继续做大、做伟大。

杨健：谢谢宋会长对我们这么高的评价。我们也在做这种总结，也在做一些反思，怎么样才能够从大做到伟大，也希望您将来有更多的机会来到我们这调研，给我们一些指导。

做企业有几件重要的事

杨健：前面已经从公司的定位、能力，全方位进行了一些观察和思考，接下来我们想探讨一下企业管理方面的问题，因为两位都是优秀的企业管理者。我想先问李强总，在过去的经验里，在企业管理方面，您觉得最有挑战的事是什么？请您总结一下在管理方面的心得。

李强：如果从单个时点上来讲，也许会有一些短时间挑战比较大的事，但我觉得更重要的是要从长期来看，可能挑战最大的有两个方面。一是人才管理，企业在不同的阶段，从创业初期发展到一定的体量，或者规模很大后，会有一个增长乏力的阶段，那怎么确保企业始终能够招募到、能培养出优秀的人才，这是比较难的一件事。二是持续地创新和变革。比如，ChatGPT是一家创业公司做出来的，而不是最大的企业，有的时候大企业的创新反而有很多的瓶颈，今天企业的创新和变革，从管理实践上来讲，从长期来看，都是挑战相对比较大的。实际上，这方面是管理大师的专长。

杨健：宋会长，大家评价您是“中国的稻盛和夫”，不管是央企市营、三精管理，还是您提出的其他一些模式，您有很多创新的管理理念，请您给我们分享一下管理心得。

宋志平：刚才李总讲的这些我都非常赞同，人才、创新这些都非常重要。从我做企业这么多年来看，我觉得企业里可能有这么几件很重要的事。

第一，要定一个正确的战略，也就是做什么，这是根儿上的事。做企业战略实际上是选择做什么、不做什么，多做什么、少做什么，先选择了做什么，后面才是怎么做的问题。如果做什么选错了，那做得再好也无济于事。当年腾讯选择做微信是正确的事，是正确的选择。

第二，要能抓住机遇。因为有的时候，机会对我们来讲是非常难得的，一个企业可能几年内只有一个机会，人生也一样，所以要抓住机会。德鲁克先生讲到企业家精神的时候说，企业家不一定要去冒险，他不鼓励企业家去冒险，企业家最大的特征是发现机会。大家有时候会问我怎么想到要把那么多的水泥企业、医药企业重组起来，我说因为当时各方面的情况都刚好到一个点位上，机遇出现了。做企业就应该抓住机遇，不能错失机遇。

第三，一定要打造一支有执行力的团队。因为战略也好，机遇也罢，实际上最后都得靠人去做。如果团队不行，最后一定做不好。做企业，实际上是人在做企业，我们常讲21世纪的竞争是组织质量的竞争，是人与人、团队与团队之间的竞争。

第四，解决好如何面对困难的问题。企业在经营的过程中总是会遇到困难，这是对企业家的考验，不只是对情商、智商的考验，更是对逆商的考验，就是考验企业家能不能渡过困难。我们现在面临着需求收缩、供给冲击和预期转弱三重压力，困难很多。在这种情况下，我们的企业就要有韧性。克服困难是企业家的一个特质，我们和一般人最大的不同就是能解决别人解决不了的问题。企业家是否能带着大家解决问题，这很重要。

面对困难，我有自己的困难观。一是困难是客观的，我们要承认，反正你困难、他困难，大家都困难。二是最困难的时候，往往可能困难就快过去了。以前我们老讲否极泰来，这是辩证法，是一种规律。日子不可能永远好过，也不可能永远困难下去，总是存在周期性的变化，我们要能看到困难在演变这个过程。三是面对困难，不要过于悲观，当然也不要盲目乐观，应该务实达观，积极面对并克服困难。有人说，既然会否极泰来，那干脆我们躺平吧。那也不行，因为所有的困难都得靠我们去克服。而且克服困难是企业家的天性，是企业家成就自我、体现自身价值的过程。

我常对大家讲，要站在困难之上去看，站在未来去看，日后会觉得这段困难对我们来讲可能是难能可贵的，跨过这段困难时期，可能会成为我们人生中重要的经历。如果这么看待困难，就能想开了。企业家从本质上来讲，就是要比常人更能够面对困难，更能够解决难题。

杨健：刚才您说企业家的天性就是要克服困难，或者说天职就是要克服困难，如果不解决困难的话，那要企业家干吗？听完我很受震撼。其实李强总就是我们老板请来克服困难的救兵，我相信他现在也在面对不少的问题。

宋志平：李总，我想问问您，是什么吸引您来到腾讯？您来到腾讯以后，最突出的感受有哪几点？和您过往的那些经历相比，腾讯这家企业有什么样的不同？

李强：之前也有一些朋友问我为什么来腾讯，事实上，如果今天从整个中国的科技界来看，腾讯、华为等科技公司，毫无疑问都是最具实力的，是能够真正意义上参与全球化竞争的一些科技类企业。2022年的12月召开的中央经济工作会议上讲，支持平台企业在引领发展、创造就业、国际竞争中大显身手。我以往在跨国公司工作，算是积累了一些ToB业务的经验，但今天，我们如果想更好地把过往的经验与整个中国在科技领域的创新结合，腾讯毫无疑问是最好的平台之一。

而事实上在来了腾讯之后，我的感触非常深刻。无论是在科技方面的积累，还是在其他很多方面，腾讯都是令人惊艳的，而且腾讯也是一家极其谦逊、务实、高度坚持长期主义的企业。去年我们内部交流一个数字，让我很震撼，就是斯坦福大学发布的“全球前2%顶尖科学家榜单”，腾讯有8位科学家名列终身科学影响力榜单，有30位科学家名列年度科学影响力榜单。我加入这家公司，有幸跟这些世界最顶尖的科学家人才共事，把科技实实在在地变成好的产品，能真正地帮助到中国本地的企业，参与全球化的竞争。腾讯是一个非常好的平台。

我认为腾讯的文化和价值观也是非常令人钦佩和吸引人的。刚才您也提到“用户为本、科技向善”，同时把这两点都考虑到实际上是非常不容易的。过去这几年，ToB云计算的业务也经历过一些转折，在每一次重大转折的时候，公司的高层、总办的领导都意见高度一致，就是不追求短期的盈利和收入的增长，而是要坚持长期主义，能够真正打磨出符合用户需求、在全球有竞争力的产品。这一切对我都是非常有吸引力的。

我刚刚也有问题想问您，因为云计算今天也是一个全球化竞争的市场，虽然老板们希望我们坚持长期主义，我们也希望能够快速做大做强。您过往的经历是在很短的时间内，快速地做大做强了两家企业——中国建材和国药集团，这两家企业所处的行业的跨度是极大的，您是如何在这么短的时间内把两家企业双双变成世界500强的呢？从这个角度，您有什么经验和建议可以给我们分享吗？

宋志平：中国建材集团初始规模很小，只有20亿元的收入，当时其实我是抓住了中国水泥重组的机遇。当时市场很散、很乱，产业需要集中，那谁来集中？需要一家企业，最好是央企，我觉得这个机会很重要。同时我也抓住了全球的热钱都来中国这样一个时机，所以选择了在香港上市。在香港上市有了第一桶金，再来重组国内的水泥企业。重组的过程中，我们也不只是单纯的收购，而是做联合重组，后来叫混合所有制，把大家都融合在一起。国药集团也是这样做的。这种机遇并不是总有，抓住了就做起来了，并不复杂。

我觉得做企业最重要的，不是有多少资源，而是要有整合资源的能力。腾讯是经过了几十年一步一步发展起来的，我理解是一个有机成长、内生式成长的发展方式，但是中国建材做水泥和国药集团做医药分销的整合，其实是一个有机重组的过程。做企业还是要适应规律，任何奇迹其实都越不出规律的边界。当时有机遇，而且它符合规律，所以就做成了。

您刚才讲到腾讯是一家很谦逊的企业，我听了很有同感，谦逊很重要。斯坦福大学的原校长约翰·汉尼斯，他写了本书叫《要领》，其实是讲领导力的，十大领导力中有一个就讲到了谦逊。今天中国到了一个大企业时代，我们有145家世界500强，有些企业快速地成长起来，但是我觉得，无论是做到怎么样的大，可能谦逊应该是对于中国企业本质性的要求。企业能做大，可能有我们个人努力的成分，也可能有机会的成分，还可能有广大客户、社会支持我们的因素。所以，当一个企业有了成就，不能单一地将其看成我们个人或者一家企业自身的成就，而是要看成在这个社会的共同帮助和努力下，我们才有了一点成就。

腾讯这家企业，包括马化腾先生本身，都是很谦逊的作风，这反而赢得了客户和社会大众的认同。我也希望我们中国知名的企业和企业家，都应该谦逊。我记得约翰·汉尼斯在书里面还讲了一句，人既要谦逊，也要有同理心。企业对员工、对客户、对社会等都要有同理心，包括刚才讲到的科技向善，其实也是同理心，谦逊加上同理心，我们的企业就会做得更好。

杨健：我特别受启发，我也想向您请教一个问题，因为您做了将近20年的央企掌门人，对央企肯定是非常了解的，我相信腾讯以一个谦逊者的姿态去跟央企打交道，应该是受欢迎的，但这可能只是其中的一个因素，您认为腾讯如果要在产业数字化方面与央企进行更多更好的合作，用一种什么样的方式去跟央企打交道是最得体的?

宋志平: 其实央企并不神秘，它和我们普通的客户相比也没有本质上的区别。央企也是企业，也是符合我们普通企业的一些特征的，腾讯如果希望能够做好央企的工作，得到央企客户，我认为需要依靠三点。首先产品得过硬，腾讯在这个方面是没问题的。其次是得有良好的服务，腾讯在这方面也是做得很好的。最后是合作共赢，一定要找到共赢的点，让央企觉得腾讯提供的服务要高过其他，是物有所值的，企业因此能获得巨大的增值。

当然，可能还有一方面，因为央企承担着国家的一些重大任务，关系到国家安全、国计民生和战略性新兴产业发展等方面，我在看腾讯的展览的时候发现，腾讯在安全保障这方面是有长处的，这一点可能也是非常重要的，要能够提供安全的服务。当然，其他方面，像成本、服务、价格三要素等，也是必须考虑的。

经济承压下，数字化项目需要能解决企业的核心问题

杨健: 最后我也请教李总一个问题，因为企业平时在做产业数字化的过程当中就有一些阻力，并不是那么容易的，现在企业承压还是比较大的，可能企业的动力就更弱，困难会更多。您觉得可以用什么办法去调动企业的积极性，让他们在相对不那么顺畅的环境里还能够保持数字化的动力和意识?

李强: 实际上最近我们内部也一直在思考、讨论这个问题。当经济增长乏力的时候，越来越多的企业会捂紧钱袋子，非常谨慎地考虑各方面的投入。数字化的项目看似不能解决核心问题，比如说成本的问题、效率的问题、获客的问题等，相对而言优先级就没有那么高。所以我们最近也在想，核心是如何在经济承压的大背景下，更好地帮助企业渡过难关。怎么能够提升服务和产品的质量，让服务能更好地连接，更好地获客?怎么能提升效率，降低成本?

刚才跟宋会长一起参观了我们的AI质检。比如制造业，整体承压较大，

但是有越来越多的制造业企业开始在质检中引入新的数字化手段，比如用人工智能来提升检验的效果。以AI质检为例，事实上在很多地区，比如在江浙沪地区，已经很难招到年轻的工人了，没有谁愿意坐在那里，一天8个小时甚至更长的时间用肉眼来看图片做质量的检测，一是伤眼睛，二是工作极其枯燥，招不到人。但是我们通过一体化的AI质检机器，使检测的效率大幅提升，成本的优势也非常明显。一台设备能够替代十几个工人的工作，9～10个月就能收回质检机器的成本，像这样的一些提升效率的事情，大家依然是愿意做的。

我们最近跟宝武钢铁合作，在最先进的热轧厂做了一个项目，完全用数字孪生的方式，虽然投资较大，但是我们结合了数字孪生、物联网的技术，以及游戏的渲染引擎技术，在一个成像房间用裸眼3D的方式完全再现了一个热轧厂的车间，你不仅仅能看到设备的状况，甚至可以通过动作捕捉的方式来对设备进行拆解，进行设备的操控，以及对于设备可能的故障进行预防性的检修，大幅提升了生产的效率，能耗大幅降低，碳排放也降低30%。如果是这种非常直接和明显提升效率的项目，依然有很多企业愿意去投入。

再比如，新冠疫情之下，越来越多的企业希望能够建立自己的私域流量，能够更好地卖货，更好地服务终端的用户，腾讯提供的连接能力就非常重要。企业通过企业微信能够实时地跟终端用户保持联络，及时地推送新产品，提供更好的服务来确保客户不流失。

与效率相关的，能够让企业通过效率的提升来渡过难关的数字化的投入，有越来越多的企业非常坚定地投入，因为运用数字化手段能够实实在在地看到企业在经济效益方面的提升。刚才宋会长也提到，数字产业化、产业数字化，在某种意义上，产业数字化的激情还是高涨的。

杨健：我们不怕冬天，只要在冬天有雪中送炭的能力，就还是受欢迎的。两位今天的对话让我非常受启发。今天我们讨论了三个主题词，远见、决断和魄力，做企业不仅要有穿透短期变化的远见，要有战略抉择的定力和果敢，更要有在变局当中开新局的魄力和勇气。

07 寻找新能源的新增长极
——与协鑫创始人朱共山对话

对话人：朱共山，协鑫创始人
主持人：何伊凡，《中国企业家》杂志社副总编辑
时　间：2023年8月10日
地　点：苏州，协鑫集团

解读新增长极

何伊凡：我们首先探讨一个大家都在关注的事：什么是新增长极？最近中央反复在讲提振企业信心，信心很大一部分来自新增长极。我想先请朱总结合协鑫的实践讲一讲，您对新增长极的理解是什么？协鑫是怎么做的？

朱共山：任何一个国家、任何一个企业，都有一个周期和发展过程。中国经济通过改革开放几十年走到今天，从粗放型经济到加入WTO以后的出口型经济。如今经济形势发生了变化，全球格局发生了变化，人们的需求也在发生变化。就从我们能源行业来讲，协鑫是从以煤为代表的火电、热电开始的热电联产企业——当时也算清洁能源，到今天创业33年，我们完全实现了绿色、清洁、高效、安全。过去化石能源主要有煤、石油，那是大自然上万年以前留下来的。当我们走到新能源这个阶段，还指望谁给我们留什么？只有通过科技不断创造、通过发明不断迭代，才能从今天的新能源走向未来的新能源。科技才是新能源的源泉。新型电力体系建设的核心就是新增长极。未来随着电网整个结构的变化，分布式、分散式以及电网储能、工商储能、户用储能全部上来以后，未来电网要如何运营，这是一个非常重要的现实问题，核心就是数字能源。数字能源的底层支撑是什么？还是科技。

◎ 协鑫通过创新与转型获得持续的增长

我认为现在国家提出新的增长极，就是希望我们所有的企业加快创造、加快发明、加快变革，这样企业才能活下来。现在以美国、欧洲为代表的国家和地区以及日本，都在积极强链补链，同时出台了一系列的限制政策，我们一些传统的出口产品到了欧洲口岸，比如光伏板的碳足迹涉及火电能源，就要交碳税。储能也是如此，欧洲出台相关政策，要求电池谁生产的谁去处理。所以对于企业来说，要经历一个系统性的变革。过去我们认为科技发明能使企业起死回生，现在这样想就不对。不仅如此，还要关注行业的变革和迭代，同时在企业管理上，也要像宋总一直讲的，要创新。另外还要加大力度推动数字化，这十年来我们借助数字化转型得特别快。

何伊凡：刚刚您提到了一个特别有意思的点，很多人认为找到新的增长极是为了活得好，但现在不一定是这样，找到新的增长极是为了先活下来，这是一个非常重要的判断。那么也请宋总谈一下，您看了这么多公司，何为新的增长极？

宋志平：其实我们的经济经历了高速增长的阶段，现在进入高质量发展的阶段，但眼前遇到了不少困难，尤其是三重压力——需求收缩、供给冲击和预期转弱。怎么能够把预期提上来？靠普通的增长是不行的，所以就要打造新的增长极。新的增长极，首先是新的，而所谓增长极就是带领式的。

第一个新的增长极是新的地区。过去我们是靠北京、上海、深圳这些地方优先发展，现在像苏州——咱们现在就在苏州，这里上市公司很多，各项创新发展都很快，就是新的增长极；合肥、成都也是。今天不少城市能够带动全国的发展，已经成为新的增长极。

第二个新的增长极是新的行业。像我过去做水泥，20年前水泥、钢铁等是增长极，今天来看，新能源、数字化、电动汽车、半导体、生物制药等，这些产业就是新的增长极。当然这些新的增长极里又得有带头企业，像协鑫，就是新能源这个新的增长极里的引领者。

第三个新的增长极是新的技术。像ChatGPT这类科技，能够极大地提升我们的预期，振奋我们的精神。新的增长极，一方面是业务本身很重要，同时更能带动全社会的预期，这个非常重要。当年深圳的国贸大厦上挂了一个标语叫“时间就是金钱，效率就是生命”，就这么一句口号，感召了很多人。新的增长极其实就是感召大家积极地去创造，我们的区域发展、行业发展、科技发展需要多一点像朱总这样的人，一马当先，克服重重困难，带动新的增长极的成长。

活跃资本市场

何伊凡：宋总实际上把新的增长极进行了一个拆分，从区域到行业，然后到企业，再到科技创新，拆分得很系统。当我们探讨新的增长极的时候，也会探讨到一个重要的晴雨表，就是资本市场。现在中央提出要活跃资本市场，提振信心，宋总对上市公司、资本市场非常了解，所以请您先破个题。

宋志平：中共中央政治局会议最近提出，要活跃资本市场，提振投资者信心。资本市场在中国发展只有33年，但支持了国企改革、民企发展、科创事业，现在又在支持专精特新中小企业的发展，确确实实为中国经济发展、为中国企业发展立了大功。大家希望中国的资本市场能够更加活跃，能够快速成长。活跃资本市场，我觉得有四个方面很关键。

一是经济基本面要好。我国经济的基本面是稳中向好的，2023年上半年GDP同比增长5.5%，尽管有压力，但是基本面是不错的。

二是监管政策要到位。这几年监管政策一直强调市场化、法治化、国际化，讲建制度、不干预、零容忍，这些政策对中国资本市场健康发展都非常重要，包括我们现在做注册制，还有常态化退市、加大直接融资比重等工作都非常重要。

三是从微观层面看，上市公司质量要好。上市公司质量是资本市场的基本面，证监会正在推动提高上市公司质量三年行动。

四是投资生态要好。我们的投资生态与西方国家有所不同，他们主要是机构投资者，我们在这方面还要加强，把各种资金积极引导到资本市场，同时也给中小投资者创造更多回报，提升投资水平。

活跃资本市场、提振投资者信心需要综合的政策，而且各项政策还都得能够落地。现在来看，我们的资本市场基础是很好的，有5200多家A股上市公司，2022年分红2.17万亿元，远远超过当期IPO融资。大家也要看到我们资本市场的一些优势、一些长处，提振信心，这个很重要。

何伊凡：刚刚宋总从四个角度谈了如何活跃资本市场，也谈到了切实的问题。朱总对资本市场也非常了解，协鑫下面有四家上市公司，而且上市公司的形态也比较全，请朱总从协鑫实践的角度来谈一谈。

朱共山：协鑫是比较有代表性的，在港股、A股都有上市公司，因此我对这两边的情况都很清楚。港股有港股的优点，A股有A股的好处。香港的资本市场以基金投资为主，A股以中小投资者和投资机构为主。现在上市公司有两种价值：一个是公司价值；另一个是盈利价值。对于资本市场的选择也是很重要的。我们刚刚提到未来的新增长极，提到创新，如何对创新能力和创新水平估值也是应该考虑的。另外，说到如何活跃资本市场，说穿了还是要聚焦企业，要看企业的基本面。

我们前几年把硅料、发电、下游三块业务放在三家公司，现在发现这个分拆不是最好的选择，尤其是分割在港股、A股两个资本市场上市。你看宁德做了万亿元，比亚迪做了万亿元，我们四家上市公司，如果合起来可能力量更大。尤其是团队，现在新能源行业发展这么快，人才是最宝贵的。协鑫33年来培养出来的这些精英人才，现在没能形成合力，企业是需要反思的，现在协鑫也在加速调整。对于如何支持大型龙头企业，大家可以进行探讨，因为头部企业做大了，与之配套的小微企业、零部件公司就好了。头部企业没钱，水不多，下游企业水从哪里来？中小投资者又如何活跃？这都是有关联性的。

而作为企业和企业家，就是要认真去把企业做好、管好。如果现在政策上有支持，我们就可以进一步通过吸收合并做强企业，减少银行借款，加大上市公司对股民的分红。协鑫一路走过来也遇到过一些问题，所以看到现在很多制造业企业通过银行借款负债经营，我认为这是风险极大的。我们过去遵循“三七理论”，即30%资本金、70%贷款，但现在凡是制造业企业，股市融资和自身盈利资本没有占45%~55%的，我们绝对不会去投，会有巨大的风险——这就是很重要的企业基本面。

何伊凡：朱总从基本面的角度出发，说了几个特别具体的难题，以及自己的经验和教训，比如从产业链上来说，公司各个业务是需要连通的，但因为早期的一些设置，在资本市场它们是分割的，这就会带来一些麻烦。我替朱总追问宋总一个问题，这些难题目前有解吗？

宋志平：其实这些问题属于企业业务的垂直整合。协鑫有四家上市公司，业务分散在不同的上市公司里边，现在想整合，希望获得支持，但涉及H股、A股，这样的整合就和普通的非上市公司的整合不一样。但是从大的方向上来讲，无论是从政策部门还是社会各方面，相信都会理解的。

说到整合和分拆，实际上有两种情况。一方面是过去我们做整体上市，把很多综合性的业务打包在一起，现在看并没有达到预期效果。因为过去的资本市场实际上主要是利润的资本市场，有利润的进来，没利润的剥离出去，很多公司是这样做的，但是在资本市场估值系统中，每一个行业的估值逻辑不同，现在资本市场会更偏好细分领域的头部企业，往往给这些企业的估值更高。朱总讲的是另一个方面的问题，就是把业务过度分拆了，其实这也不利于企业。综合这两方面的利弊，说穿了就是要围绕主业，打造一个主业突出的上市公司。把大包分拆和把零散的业务整体化是不同的问题，得用不同的方法，最终的目的就是让上市公司更好去创造价值，提升价值创造能力。

朱共山：对，把一个产业链上的业务合并起来，减少关联交易。另外，可以通过一体化创造更大的价值，这是非常正确的。我们也正在这方面努力。

何伊凡：这是一个纵横的问题。刚刚两位讲的有很多共通之处，朱总谈到了回归基本面，宋总讲要回归主业，垂直整合。这就涉及我们下一个话题，当前资本市场鼓励的方向其实也是有一些变化的，过去鼓励工业型企业，现在更多的是向价值创新型企业倾斜。俗话说鼓励什么就会得到什么，资本市场对创新、价值创造的这种鼓励，目前效果怎么样？朱总在实践当中有怎样的感受？

朱共山：我现在对新能源领域充满信心。一是光伏产业，我们之前做硅材料，过去3年赚了很多钱，今年硅价降下来了，我们的太阳能组件市场又开始爆发性增长。二是储能，由不可能变成可能，就是由于材料革命、制造革命推动了应用革命。现在的储能领域，一年不到的时间成本下降了40%，那是不得了的。我们和华为联合推广的充换电模式也有了很大的突破。技术革命推动产业各环节快速迭代，未来这一领域的高质量发展需要资本市场给予合理估值。

宋志平：刚才您讲到资本市场这几十年其实也有很大的变化，最早的时候更多的是传统的工业项目，北新建材是在那个时候开始融资的，估值也是可以的。但这几年资本市场创新含量越来越高，最重要的功能是支持创新产业，这就回到了资本市场的本源——支持创新、支持企业提升、支持社会进步，等等。比如，科创板中很多企业开始并不一定有很多利润，但是资本市场给了合理的估值，企业用募集资金加快技术创新和产品升级。

去年在IPO和定增方面，中国资本市场融资额约有1.5万亿元，其中80%的资金投向了科创企业——科创板或者主板的科创型企业。也就是说，今天我们的资本市场是支持创新的。这也提醒大家，一方面不是只要赚钱的公司就能上市，因为有一些产业眼前赚钱，未来不一定有成长性，资本市场不一定认可。企业的创新能力和未来的成长性是目前资本市场更关注的要素。另一方面，传统的上市公司也应该看到资本市场的变化，要增加科技含量，寻求技术进步。传统行业通过创新和技术进步，也可以转变成创新型行业。这些应该引起上市公司的高度关注。

企业如何获得持续的成长

何伊凡：刚刚宋总谈到了成长性问题，其实这是一个特别大的难题。很多上市公司发展了很多年，死不了，也长不大，市值一直处于较低的状态，我们叫这类公司“小老树”；还有一些公司特别注重当期利润，但是长期发展就会有各种各样的挑战，或者说波动比较大。获得持续性的成长，才是对股东最负责任的做法，所以我也想就这个问题请教二位。朱总从实践角度是如何理解的？

朱共山：我们光伏行业一样存在这个问题，当行业周期处于风口上的时候，大家都进来了。2018年至2020年这3年，我们协鑫科技财报出现了3年连续亏损。为什么？因为我们把传统西门子法装备资产全部剥离，不到3年从表内剥掉了247亿元。传统西门子法的一些企业确实这几年赚了很多钱，但我当时就决定要面向30年的发展而不是3年。我们从2009年就开始研发FBR法（制备颗粒硅的技术方法），到2018年实现了产能的扩张。到今年，我们在徐州的传统生产线全部关掉了，今年行业硅料价格降到6万元的时候，60%的硅料企业不能正常经营，因为这些企业已经失去竞争力了。

但对我们协鑫来讲，成本已经实现了量级的下降，比如，我们的电耗只有其他企业的1/4，产品出口到欧洲，碳税就能大幅下降，这些能力都事关未来30年的竞争和发展。所以协鑫活过来并不是因为一个机会，而是因为在赚钱的时候把传统的淘汰了。

一个企业没有几十年的底蕴和文化沉淀、团队的合力和企业的战斗力，是不可能胜利的。像我们这种老一代企业家走过来真的是不容易的，企业不管走到任何周期，还是自身要强大，任何人都帮不了你。科技、科研、团队合力是非常重要的。我们小时候就知道，“家人一条心，黄土变成金”。合力是最重要的，大家要一条心，信心比什么都重要。

领军型人物是最重要的。企业家要有使命、担当，尤其是在创新层面，碰到任何情况，都要坚韧、坚持、坚守、坚信，这是非常重要的。在新能源行业中，将超分子技术应用在新能源新材料研发，协鑫是其中之一，我们正在利用超分子技术开发锂电材料、光伏新材料。我们2018年、2019年亏损，但即便在这种情况下，研发依然投入了37亿元。真正优秀的企业，一定要注重研发投入。我们正在学华为，把企业研发科技人员的占比增加到45%~50%，甚至更高。协鑫现在提出科技协鑫、数字协鑫、绿色协鑫。企业如何高质量发展？就是要不断转型。我认为未来3年光伏行业会大洗牌，现在看起来经营比较好的企业，可能很快要退出这个舞台，人才、资本、市场等资源更向头部集中，中小型企业一定要当心。

宋总一直讲的企业管理也很重要，一定要把企业从经理人制度迅速向合伙人制度转型。这是我的亲身体验，企业管理光靠分钱是不行的，一是要企业文化深得人心，协鑫提出“家文化”，但是要有绩效文化的支撑；二是企业要认真地把愿景做出来；三是要关爱、引导年轻人；四是共享成果，合伙制的企业都发展得不错，我们也正在尝试这个管理方法，有“事业合伙、科技合伙、优秀人才合伙、团队合伙”四种合伙，这方面我亲自在抓，所以我们现在战斗力很强。

何伊凡：我听了很感动，很多人说要做时间的朋友，但是大多数人会活成时间的敌人，实际上朱总是践行了怎么样和时间做朋友。刚才说到内部分配机制，宋总有一本书叫《共享机制》，专门谈这方面。所以宋总对成长性这个话题怎么看？沿着这个话题，你对上市公司高质量发展又有怎样的建议？

宋志平：朱总的故事很有代入感，他一直能够带领企业持续成长，度过那么多的周期性困难，实际上又回到了咱们讲的：成长的核心竞争力是什么？企业竞争归根结底还是优势的竞争，在协鑫的故事里可以看到它的核心竞争力不见得是某一个专长，可能是几个专长的叠加。

一方面，创新是它非常强的核心竞争力。无论当年做新改良西门子法，还是后来做颗粒料，或者是现在做钙钛矿，都属于在行业里最先进行了选择，而且选择之后全力以赴去做。另一方面就是他的企业家精神，也是协鑫的核心竞争力。企业家精神、创新和坚守很重要。核心竞争力其实不只是技术专长，还有其他很多方面，包括刚才讲的人才、齐心协力的家文化、分享机制，也都是企业的核心竞争力。

我们现在做的重要工作就是推动提高上市公司质量，这里面有几件事非常重要：一是提高公司治理水平；二是提高企业核心竞争力，突出主业，不盲目扩张；三是提高创新能力，协鑫的故事就是不断创新的故事；四是防范风险，企业不能只想发展，有的时候也得学会转变。因为企业的发展有周期性，会面临各种困难。像朱总过去做西门子法的时候其实赚了很多钱，但他果断转变。虽然有些业务眼前看起来赚钱，但未来可能会有风险。风险意识是企业家非常重要的意识。企业家的本能应该是创新并规避风险，最大限度地去防范风险。

提高上市公司质量，最后还得回到为股东创造价值。我们大部分公司是从产品市场转变到资本市场的，做产品市场时都很好，说起产品能如数家珍，但进入资本市场却不重视回报股东，不重视资本市场的客户。宁德时代、比亚迪、茅台这些公司，他们都是在资本市场比较受追捧的公司，因为它们的回报做得好。所以就回到了本源：企业上市到底为了什么？企业上市前会比较多地关注融资，上市以后融了资，最重要的目的是创造价值。

我和很多上市公司讲，要重视两件事：融资和价值创造。从资本市场表现来看，质量高的公司估值就高，质量低的公司估值就低。所以我们要研究资本市场、适应资本市场，研究那些优秀的上市公司是怎么做的，很好地进行比较分析。上市公司质量的提高不是抽象的，而是具体的，就像我刚才讲的五种能力：治理能力、核心竞争能力、创新能力、防风险能力、回报能力，这五种能力到底哪个是长板，哪个是短板，怎么去增长板、补短板，我们每家上市公司都要思考。

选择和坚持

何伊凡：刚刚宋总说的这段话含金量很高，如果上市公司的朋友把二位刚刚说的听进去的话，我相信会少走很多弯路。接下来的一个问题，看起来有一点虚无，但其实很关键，特别是对很多创业者来说，可能会面临很多诱惑，产业方面的、机会方面的，那么要如何选择自己事业的起点？两位企业家都年过60，但我发现两位都是眼里有光的，这种光芒来自哪里呢？我相信跟你们最初的选择是有关系的，你热爱这件事，选择了这件事，所以生命当中一直有光，这种光延续到现在。

宋志平：因为我做国企，其实也没有太多的选择，每一步选择更多的是因为责任。我当年大学毕业后分配到国企，到工厂当技术员，我其实是没想到的，也曾经苦闷过。后来工厂产品卖不出去，我又自告奋勇去做销售员，因为早些年在沃尔沃公司学习的时候，我看到他们的销售员很多是硕士。当时工厂产品卖不出去，我就主动申请去做销售员，那个时候的销售员是被人看不起的，但后来一直做下来，做了销售科长、处长、副厂长，再到厂长。当时工厂发不出工资，选择我做厂长的原因很简单，领导觉得几个副厂长里面，小宋一天到晚笑嘻嘻的，当了厂长，不会有人找麻烦。因为那个时候，国企的一把手是个苦差事。无知者无畏，我当时就挑起这个担子来了，也没想到后来企业能上市，就是今天的北新建材。

后来领导又让我去中国建材，当时公司资不抵债、规模很小。包括后来到国药集团，领导问我意见，我说这么多年，一切都是组织安排的。但我内心深处有一样东西，就是责任，无论让我做什么，我一定搞清楚自己的职责是什么，千方百计尽到责任。我平时的爱好是读书，其他时间就是一根筋地工作，很少记得休息日。有人说，宋总真厉害，一个人做两个人的工作。我说，其实我一点也不厉害，我只是比别人多用了时间，因为这个世界上有些事情总要有人多做。

朱共山：我们是民营企业，我是有选择的。古人云，“男怕入错行，女怕嫁错郎”，男人在事业当中一定要重视选择：我是谁、我在做什么、我能做成什么，三句话很重要。我学的是电力，一辈子干能源，离不开电。我也尝试过干其他的，跟主业没什么关联的，比如投一些矿，结果投不成。我还有一个选择，就是这辈子没做过房地产。对于一个企业来说，企业家的定力很重要。找准自己能做什么，不断地钻进、不断地深挖，永远在做一件事。

何伊凡：刚刚二位都提到“坚持”，对产业方向的坚持、心理状态的坚持。最后还有一个问题，二位是老朋友，请评价一下彼此，你眼中的对方是怎么样的？

朱共山：我和宋总是老朋友，我们都60多岁了，在企业一辈子，他是央企的代表，我是民企的代表。宋总是我最尊敬的企业家，他也是我学习的榜样。

宋志平：我和朱总认识很长时间了，8年前我在中国建材的时候就跟协鑫合作过光伏玻璃。他说度过最困难的时光，我当时也替他捏把汗。其实企业哪有没有困难的，经济有周期，行业也有周期。所以企业在发展过程中会不断遇到困难，企业家本身就是为解决困难而生的。我对朱总的印象是执着乐观。他真的非常执着，这么多年我每次见到他，他都津津乐道他的故事，讲未来。他也很乐观，没有过什么牢骚、埋怨，这个值得我们大家学习，尤其是在今天这样一个困难的阶段。

十几年前我写过一本书，叫《我的企业观》。我在书中写了几句话，定义我所认知的企业家精神。第一句是"企业家是对成功充满渴望的人"，第二句是"企业家是在困难中百折不挠的人"，第三句是"企业家是那种有家国情怀的人"，最后一句话是"企业家是那种永远面向正前方的人"。朱总身上就有这些企业家精神。我们年轻一代的企业家，也要振奋精神，始终相信没有越不过的火焰山，一切都能挺过去。

何伊凡：刚刚宋总像诗一样的语言，不仅是对朱总的描述，也是对企业家群体的描述。悲观者可能正确，但乐观者永远直面前行。把执着乐观这四个字也送给大家，这是一份最好的礼物。

08 新世界需要怎样的认识论与方法论
——与华润啤酒董事会主席侯孝海对话

对话人： 侯孝海，华润啤酒董事会主席

主持人： 何伊凡，《中国企业家》杂志社副总编辑

时　间： 2024 年 6 月 3 日

地　点： 北京

新世界需要新战略

何伊凡： 今天要探讨的话题是在商业新世界当中，需要怎样的管理思维。新旧世界的概念我们讨论过很多次，我们认为新世界和旧世界并非泾渭分明，而是判断问题的一个重要维度。在新世界中，我们不能依赖旧的思维逻辑和思维模式来解决问题。所以宋会长，您认为商业世界有“新旧”之分吗？

宋志平： 当然有。商业世界看起来是连续的，但每个阶段都有各自的特点。特别是当前，我们所处的环境与过去相比发生了巨大的变化，包括新技术的涌现、新经济的发展，以及客户群体和我们的认知等都发生了变化。这自然对企业的经营和管理产生影响，包括企业如何确立新的战略，以及管理、销售、市场、服务等各个方面如何调整。新世界是存在的。第一，观念和以前不一样了；第二，新的技术层出不穷；第三，新的商业模式变化也很大。所以作为企业，就需要适应这些变化，而不是让这些变化来适应我们。这个话题提得非常好，能够激发做企业的同志们进行深度思考。

何伊凡： 当我们谈论新世界时，可能需要新的战略。宋总最近出版了一

◎ 参加“举杯新世界”对话

本新书《经营30条》，当中把战略放在了一个非常重要的位置。近几年华润啤酒也做了很多战略层面的调整，我相信侯总对此有深刻的体会。您是否认同宋总强调的战略对企业的重要性？

侯孝海： 非常认同。企业的战略选择和规划实际上决定了企业未来走什么路、怎么走、走去哪。华润啤酒在发展过程中经历了多次转型，每个阶段面对的环境和产业发展模式都有所不同，因此，每个阶段的战略都进行了相应的调整。可以说，一家企业的成功，首先是战略的成功。如果战略错误，那么企业越是快速发展，风险反而越大。相反，即使发展速度较慢，只要战略正确，企业就能够稳步前进，最终接近成功。因此，我特别认同，战略是企业最重要的事项之一。

战略是一种取舍

何伊凡： 宋会长，您在书中提到“战略是一种取舍”，取舍对企业来说是很难的，有时候是一个终极判断，您为什么强调这一点？

宋志平：战略说白一点是研究“做什么”的学问——做什么，同时不做什么。我们说“取舍”，“取”相对容易，但“舍”不太容易。这是确定战略时的一个难题，因为环境变化要求我们有取有舍，要求我们放弃一些东西，而且放弃的往往是过去比较熟悉或很留恋的东西。但有时候企业的发展要求我们学会放弃。我在做企业面临放弃一些业务的时候，有干部就找我，说宋总你不要我们了，我说其实不是，可能你们在别人的公司里，做的是主业，但在这个公司里，就只能做辅业，得不到很大的支持，反而不利于业务长期的发展。

有一年我在法国与当时同为世界500强的圣戈班董事长交流，我问他做了20多年董事长，主要做了什么。他说，主要是收购了约700家企业，卖掉了约700家企业。这让我触动很大。以中国建材而言，过去公司做了大规模的水泥企业重组，但其实也放弃了不少的企业。这种“收”和“放”都是沿着战略方向的。战略是一种取舍，有时候最难的，不是做什么，而是不做什么。

何伊凡：刚刚说到取舍的时候，相信侯总肯定心有同感，当时您也做了大量的减法。

侯孝海：对我们这种传统产业，特别是发展了很长时间的公司来说，说实话，“舍”什么更重要。一般情况下，大家都不舍得放弃，因为熟悉，企业有这方面的基因，就会不懂为什么非要舍弃，往往会认为做不好只是暂时的。所以舍去一个方向或者业务，内部的争议会比较大，这挑战企业家的魄力、担当以及团队说服能力。

华润雪花啤酒经过30年发展，已经连续十几年全国销量第一，2008年就成了全球单品销量第一的啤酒品牌。然而，2012—2014年，我们面临一个重大决策：是继续取规模，还是放弃主流啤酒，取价值和档次更高的啤酒？当时，因为消费升级，整个产业的经济型啤酒市场正在萎缩，中高端啤酒市场迅速增长。而华润啤酒过去是以收并购企业、规模化发展为主，经济型啤酒做成了全国第一。当时取什么、舍什么，对我们来说，考验非常大。经过团队认真研究，我们决定取中高端酒，它是未来和发展趋势。远方的目标才是战略，如果我们继续固守规模，那不是战略，只是守势而已。

还有一个取舍，是关于舍去落后产能的。过去我们收并购很多企业，最多时有98家啤酒厂，但随着经济从规模化到质量化的发展，生产作业的方式跟以前不同了，需要集约化、大工厂生产，也就是说，一些产能富余、装备落后的工厂需要关闭。这个压力更大——中高端酒的发展方向，大家很容易达成共识，觉得这是未来，是消费升级的趋势，但是把我们苦心经营二三十年的工厂关掉，阻力很大。员工不理解，当地政府很难说服，股东会觉得是公司经营出问题。我们从2017年开始规划，2018年启动，5年的时间关掉了40家工厂，关闭了500多万吨低效产能。这使整个公司的生产效率得到了快速提升。所以“舍”也是当时很艰难的一个战略，产能优化战略是怎么来的？就是一种战略取舍的成功。我们清楚地了解到需要舍掉，坚决地舍掉，才有今天华润啤酒这么好的产能发挥率。

何伊凡：谈到取舍这个问题，它既是认识，实际上也是方法。

宋志平：是的，首先是认知问题。过去，我们依靠规模扩张和成本领先，也就是靠大规模、低成本、低价格来占领市场。然而，随着经济发展，基于大家对中高端产品的需求，企业要转型。华润啤酒关闭了40家工厂，在水泥行业，也经历了类似的转型过程。我对大家说，过去我们开工厂是发展生产力，现在关工厂还是发展生产力。不关不可能提高企业的产能利用率，也不可能集约化、智能化生产。这样的“舍”看似是在退，实际上是在进。但这只是认识到这一点，方法并不简单。比如关掉一个工厂，员工怎么安置、债权债务怎么处理，过程中会涉及各种利益矛盾等一系列复杂问题，还需要一套可行的方法。

何伊凡：在电影中，我们经常看到“拆炸弹”的过程，要么剪蓝线，要么剪红线，很简单，但现实的商业世界要复杂得多。

认识论和方法论的“知与行”

何伊凡：我看了宋会长的两本书《三精管理》和《经营30条》，前者似乎侧重于方法论，而后者侧重于认识论。

宋志平：是的。这两本书是写给企业管理者，尤其是年轻一代的。《经营30条》主要围绕认识论展开，探讨如何看待战略、创新、经营、管理、改革和文化等理念问题。《三精管理》则介绍了三个“精”——组织精健化、管理精细化、经营精益化，并进一步细化为12个方面的48种具体方法，这是一套具体的方法论。日本管理中常讲的“工法”就是方法，我们学习管理也不能只学理论，更要能落地。

例如，日本提出的“5S管理工法”——整理、整顿、清扫、清洁、素养，就是归纳了一套具体的方法，让每个人都知道如何操作。因此，企业管理既需要解决认识论问题，也需要具体的方法论。写这两本书是基于我多年的经验和观察。我认为，中国的企业界，特别是年轻一代，需要理一理思路。因为这些年我们读了很多外国的管理书籍，但中国改革开放40多年了，有了一批世界一流的中国企业，所以应该总结我们自己的经验，包括教训。这是我写作的根本原因，看到这些书籍逐渐发挥作用，我感到非常高兴。

何伊凡：侯总，您怎么看待认识论和方法论？

侯孝海：宋会长的两本书涵盖了“知与行”，不仅知其所以然，还要知道怎么落地，打通了知行合一的路径。现在做企业面临两个主要问题：一是很多人对战略、组织、文化这些核心问题理解不清，缺乏理念指引，很容易迷路；二是即便有一整套的愿景和理念，但在实际操作中不会做。有一点我很认同，中国的企业和商业需要有自己的“知与行”，有自己的认识论和方法论。

何伊凡：在探讨新世界话题时，我有一个感受，往往大家对新世界的认识很到位，都知道要以新世界为基本的思考逻辑，但有时候对方法论的认知不到位，好比虽然知道西天在哪，但取经路上还有九九八十一难。不知道侯总有没有这种感受？

侯孝海：确实，大家都意识到世界正在变化，需要调整以适应新的发展趋势。问题在于，大家不知道如何去做才能顺应世界发展，企业战略和组织怎么去制定，商业模式到底应该怎么变。在一个新世界里，战略、组织和文化，可能都需要重塑。但对于许多中小企业来说，由于缺乏经验，他们面对商业的变化，很慌张和无助。因此，我认为目前缺乏的是更多的方法论。

何伊凡：宋会长怎么看？您接触了这么多企业，觉得大家在哪方面更欠缺？其实从管理哲学角度来说，方法论和认识论有时候是阴阳两面。

宋志平：面对一个新世界，虽然大家都意识到了环境变化的存在，但对于变化的本质是什么、哪些变了、哪些没变等深层次问题，还需要更深入的分析。当认识问题弄清楚后，据此研究出相对应的方法论。我们今天探讨的认识论和方法论，是一个非常关键的议题。正如过去我们学习矛盾论和实践论，任正非等企业家都很推崇。其实矛盾论就是认识论，实践论是方法论。它们指导我们如何认识新世界、适应新世界，认识到了之后如何做得更好。将认识论和方法论结合起来，对于企业在新世界中的发展至关重要。

何伊凡：除了看宋会长的书之外，企业该如何打开认识论和方法论？

宋志平：过去我做了40年的企业，作为中国上市公司协会会长也有4年多时间，其间走访了200多家上市公司，还去了一些大型央国企、民营企业，所以我写的不仅是过去的经验，也包括最近几年对企业的观察。比如，不久前我受邀去佛山参加瓷砖行业的会议，瓷砖也是一个内卷的行业，但一些企业却表现出色。像简一公司，他们专注于高品质大理石瓷砖，不以低价竞争，而是通过品牌、设计和质量赢得市场。新明珠集团通过不断地创新，推出新产品，实现差异化竞争。鹰牌集团则结合整个住宅产业化，拓展了“瓷砖+”的业务模式。环境确实变了，如果按照原有的思路，无非是打价格战、内卷，但如果改变一下，通过创新和战略调整，企业也能开拓新的成长路径。

大部分企业失败的教训就在于他们总是用过去成功的经验，这个经验20年前让你成功了，但今天你再沿用就有可能是失败者。方法的真正来源是企业的实践。华润啤酒的案例也是如此，首先认识到现在和二三十年前的环境、客户群体、需求都不一样了，还按照20年前卖啤酒的方法不行了，认识到这些之后，通过战略调整，适应了新变化。华润啤酒的问题，也是在新世界里很多企业面对的共性问题。

我们以前总讨论如何从红海到蓝海，红海是你死我活的价格竞争、内卷的海。蓝海是有了新的战略，做差异化、细分市场、创新等，走到了一个远离了内卷的新世界的海。华润的做法就是在创造一个新的蓝海，不是简单和中低端的啤酒厂竞争，而是自己迈向了中高端，靠品牌、质量、品种、文化等构建一个新世界。

何伊凡：从红海的零和博弈过渡到蓝海的正和博弈是一个过程。啤酒行业的内卷现象可能比瓷砖行业更为严重，侯总，您是如何走出一条破除内卷之路的？

侯孝海：内卷的产生源于同质化——同质化的产品、同质化的商业模式和同质化的战略。过去啤酒行业同质化非常严重，不同品牌的啤酒在原料、工艺上差异不大，导致激烈的价格战。如何突破内卷和同质化？我们首先分析了产业发展的趋势和消费者个性化需求的变化。我们发现，消费升级后，年轻人对啤酒的颜值、品质、文化属性、精神属性有了更高的追求。他们不仅需要适合夜生活场合的啤酒，也需要适合大排档等大众化的啤酒。基于这些认识，我们研究消费者个性化需求，探索新的发展路径。

我们认为，中高档酒的发展和产品品质升级是一个重要的方向；品牌化和品牌年轻化更适应未来，随着国潮的兴起，中国品牌会有更强品牌力和竞争力。所以我们通过转型突破了内卷，构建新的理念和认识，然后不断去实践，去做战略转型，与喜力啤酒合资推出了年轻的品牌，这些都是我们在实践中的尝试。我们认为，认识论和方法论的结合，即理论和实践的结合，是突破内卷的关键。理论来源于实践，而实践又是对理论的验证、补充和完善。华润啤酒有一个核心理念，即“从业务中来，到业务中去”，这是我们一个特别的文化。只要能够正确地认识问题，并通过实践不断修正自己的理论，我们能更快摆脱内卷，找到新的发展机会。

从“剪彩”到“剪枝”

何伊凡：我们发现有些认识论实际上是商业常识，但理解这些常识并不简单。例如宋会长在书中多次提到“剪枝”，这个词许多人难以理解，因为它涉及一些挑战——大家都喜欢浇水和施肥，因为这很快乐，但剪枝很痛苦。这不仅涉及认识，也是方法问题。

侯孝海：剪枝比种树难得多。华润啤酒在战略转型中面临了关闭工厂的难题。我们过去擅长买厂或者说整合工厂，对建设工厂的流程非常熟悉，从选址到投资，再到设计、施工、试运行，直至生产，这些建设工厂所需的能力很强。但当这个工厂正冒着烟、啤酒哗哗往外出，有两三百个工人在忙活，我们说明天就要把它关掉，进行“剪枝”，这很困难。每个“枝”都不愿意被“剪”，到底“剪”谁，需要整体的战略规划、数据分析来支撑。另外，怎么“剪”？把厂门一锁，肯定不行，我们需要考虑的问题更复杂：如何与员工沟通？如何制定优化或安置政策？如何处理资产和债务？如何与政府沟通？这些问题都需要具体的解决方案。

我们在关闭工厂的过程中制定了一本《关厂手册》，这本手册很具体，包括员工福利、政策、资产处置、政府谈判策略、土地处理方法等一系列内容。这就是我们的实践过程。通过从关一家、十家、二十家工厂的实践中学习，逐步形成一整套具体的操作指南，促使我们更有效地进行“剪枝”，从而推动公司的战略转型。

何伊凡：宋会长在水泥行业也进行了大量的“剪枝”工作，应该有很多感触吧。

宋志平：我在插队的时候做过农业技术员，对剪枝比较熟悉。企业的成长逻辑是分阶段成长，但不能盲目地成长，不然它会像树一样长疯了，树的枝叶很茂盛，但就是不结果实。所以一方面要让树成长，另一方面还得让它按照正确的方向成长，于是出现了剪枝。像苹果树、桃树，在冬天来临之前都要剪枝，第二年才能硕果累累，如果不剪枝，就会出现很多分杈。剪枝的一个原则是保留主枝干，企业也是如此，我们取舍的时候，也得研究哪些业务代表企业的战略方向，哪些业务形成了今天的出血点，从而进行“剪枝”。剪枝不是简单的有“枝”就“剪”，而是按照战略来进行调整，围绕主责主业、企业所需。

剪树枝比较容易，“剪”企业的“枝”不容易，像刚才侯总讲的，涉及很多员工、社会各种各样的利益相关者。这是一个挺重要的话题，因为当前我国不少行业面临供大于求的问题，大家都舍不得“剪枝”，认为“好死不如赖活着”，但其实该退出的时候要退出。尤其是一些落后产能，大企业应该带头退出，这是我们今天无法回避的。我们需要认识到，企业在发展过程中，有时候关闭工厂并不意味着经营失败，而是一种战略调整。

何伊凡：现在处于从“剪彩”到“剪枝”的“双剪时代”，原来“剪彩”很重要，现在“剪枝”也很重要。

战略和组织的关系

何伊凡：当认识论和方法论能够合一的时候，会充分激发一个组织的活力。如果其中有任何一个不到位，都会出现问题。侯总，华润啤酒是否出现过业务跑在了组织前面，存在脱节的情况？

侯孝海：在我们公司的发展过程中，两种情况都出现过，尤其是新兴业务，如现在的O2O到家服务，会出现业务在前、组织在后的情况。这些业务的发展速度非常快，有时组织结构难以跟上。但这种情况问题不大，我们有充分的市场敏感度，能够迅速调整组织结构来支持业务的发展，甚至更长远的，通过组织重塑来超前布局。我们最担心的其实是，组织形成了很长时间，组织结构变得僵化，它的整个管理模式、管理流程制度和管理习惯已经成形，而市场形势发生了很大变化，需要我们进行战略调整时，组织却无法跟进，这是最大的问题。有新兴的业务不怕，业务有带动性，能带动组织发展。

但是战略带动组织发展对企业来讲难度就很大，因为战略要转型了，一般来讲组织都跟不上：因为第一不认同；第二不愿意转变；第三即便改变了，能力却跟不上，这些都是很大的考验。所以华润啤酒在战略转型当中，面临的最大挑战就是组织的不适应、跟不上。宁高宁总在华润时定了“战略—组织—文化”这么一个循环，他很早就对华润的经理人说，战略决定组织，组织决定文化，文化反过来支持战略。如果战略发生变化，必须通过组织的重塑来实现。因此，华润啤酒在新战略实施之初，就已经对组织进行了两次转型。战略是最重要的，组织是第二重要的，实践当中我们是这么认知的。

何伊凡：如果战略和业务到了新世界，而组织能力还停留在旧世界，这种脱节很危险。宋会长，您如何看待战略和组织之间的关系？如何确保战略和组织之间不会脱节，形成两个正向飞轮？

宋志平：大的企业管理，系统来讲，实际上包括三件事：战略、组织和过程管理。战略放在第一位，即选择做什么和不做什么。当战略发生变化时，组织变革必须跟上，否则就会出现问题。帕卡德定律讲，如果人才成长的速度跟不上企业成长的速度，企业可能就会衰败，这个“人才”就是组织。刚才说的，业务发生了转变，组织不能够重塑以适应这种转变，就会出问题。这就是我们为什么把战略放在第一位，紧接着是组织，组织要跟着战略调整。也有人讲，21世纪的竞争是组织质量的竞争。

刚才提到组织如何适应战略的变化，我认为领导者在这一过程中扮演着关键角色。领导者本身是战略决策者，还要给大家布道，确保团队理解并执行这些战略。有人曾问我，做了18年央企领导，主要工作是什么。我说就三件事：一是制定战略；二是选人用人，要找有执行力、能够理解战略的人，就是组织建设；三是文化建设，也就是刚才讲的布道。我做企业这么多年，很少拍桌子瞪眼睛，基本上是循循善诱，给大家把道理讲清楚，让大家理解战略的意图，才能步调一致。解决组织问题的关键是领导，领导的关键工作是做思想工作。

企业的文化逻辑是底层逻辑

何伊凡：当领导者说服执行者之后，就不需要盯着他，组织会产生自驱力。这引出了我们下一个话题：文化。文化通常被视为企业的核心，但往往被物化为墙上的标语或口号，当然这些动作需要有，但这并不是文化的精髓。文化当中的认识论和方法论是什么？怎么结合到一起？

宋志平：在《经营30条》最后一篇中，我详细讨论了文化，其中提到“文化定江山”。一个企业，表面看起来有厂房、土地、设备、产品、现金，但实际上最底层的是文化，企业的文化逻辑是企业的底层逻辑。

文化是什么？我常常去想这个问题，文化是涌动在员工心里的精神原则和集体记忆，到底我们这一群人信奉什么、反对什么，这是最底层的文化。而组织的领导者，恰恰是文化的缔造者。我做企业这么多年，大家有时候问我觉得企业里最重要的是什么，我回答，最重要的是人心。在我领导中国建材和国药集团时，我管理了超过40万人。企业小的时候，领导者可以靠言传身教，但成了一家大企业，几十万人可能一年见不到你一次，你靠什么去领导他们？就是靠文化。建立起一个能够把这么多人聚集在一起的文化，非常重要。

1993年，当我成为北新建材厂长时，我面对的是国企的困境和员工的冷漠。我问员工如何激发他们的热情，他们告诉我，已经很多年没有涨工资或分到房子了。为了激发员工的热情，我在工厂里挂起了两个气球条幅，上面分别写着“工资年年涨”和“房子年年盖”。我希望通过这些行动点燃员工心中的火。我是那家工厂的第8任厂长，尽管工厂拥有先进的设备，但产能连一半都发挥不了。然而，在我担任厂长的第二年，产能就超过了目标。我也问自己，与前任厂长们有什么不同，当时我的学历、资历都不如他们，后来我意识到我的优势可能在于更加能洞察人心。

文化紧紧围绕着人，文化的核心就是以人为本。有了强大的文化，企业就会有健康的发展；如果企业文化不好，它一定会倒下。

何伊凡：宋总刚才对文化进行了非常具体和生动的描述，侯总，您在文化建设当中遇到过哪些具体问题？

侯孝海：我非常认同宋总的观点，企业的核心是人心，企业文化实际上是人心的集合。在华润啤酒的转型期，我们经常说的一句话是“我们在一起”。无论是管理者还是一线员工，我们的心要团结在一起。我们还认为，文化应该发掘员工的价值，我们推崇什么、反对什么，要描述出来。文化是企业的一个选择，它决定了我们选择什么样的人，放弃什么样的人。此外，文化是扎根在企业发展中的重要因素，是企业的灵魂。例如，华润啤酒在过去发展中有一个重要的特点是深入一线市场，背着包走市场，这种精神和记忆成为我们文化的一部分。我们关注企业文化，希望通过文化建设，让员工和企业有精神向导，明确对错，识别哪些行为能够带来成功，哪些可能导致失败。

我们希望文化能够引导管理者和团队，而不是被个人的独特性所左右。因为中国企业的历史毕竟比较短，经常受到一把手的影响，企业文化的传承面临着挑战，因为不同的管理者可能对文化有不同的理解。因此，文化的持续和稳定传承是一个重大的挑战。很多企业的失败实际上是文化的失败，而文化的失败最重要的原因是管理者的更替，特别是对目前还不具有全球核心竞争力的企业来说，企业常常会被管理者的性格、作风、对产业的理解，以及个人的胸怀、情怀和品质所摧毁。企业文化最重要的塑造者和坚守者是一把手，企业文化的最大敌人也是一把手。

何伊凡：这个总结很精要，宋会长认同这一点吗？

宋志平：侯总刚才谈到的一个核心问题是企业文化的延续和传承，而文化在传承过程中有可能遇到风险。正如杰克·韦尔奇先生所说，选择继任者是企业家面临的终极拷问。这就说明选继任者有多么艰难。所以企业的传承，对于国企和民企来说，都是一个重大挑战。有人问我，给中国建材和国药集团留下的最重要的是什么？我的回答是以人为中心的文化，这是我教给他们最重要的东西。企业应该继承并发展这些优秀的文化。当然，文化也在不停地发展，不能说继任者就可以不创新，一定要继承和发展。

与投资者沟通是上市公司发展中的重要工作

何伊凡：文化的形成是一个从固化到优化的过程。

华润作为上市公司，对资本市场有深刻的理解，宋总是中国上市公司协会的会长，侯总对于如何发挥资本在上市公司中的协同或促进作用，有没有什么问题想和宋会长交流？

侯孝海：作为上市公司，我们对融资功能的需求不大，毕竟我们是一家现金流和利润比较好的公司，但整个市场监管的规范和公众利益的关切，对我们影响较大。资本市场波动很大，投资者对公司有许多期望，有时可能跟企业的出发点不一样，如何处理上市公司与投资者之间的关系？如何应对市场的波动？

宋志平：上市公司与非上市公司的最大区别在于上市公司是公众公司，更加透明。投资者是股东，我们必须意识到这一点。我们鼓励上市公司更多地举办业绩说明会，进行路演和反路演，多与股东进行沟通。确实在企业发生重大变革时，股东们的利益关切不见得一致，这恰恰是经营者要做的工作。过去我在中国建材，每年会去参加两次路演，给投资者讲清楚公司的故事，投资者既然买了我们的股票，对公司有严格要求，他们的意见和建议也可以帮助我们改进工作。这些年我感觉，和投资者沟通是上市公司发展中非常重要的事情，我们要树立以投资者为本的理念。

中国资本市场至今虽然只有30多年的历史，但它支持了中国经济的发展，也支持了中国企业的发展。去年，我国5300多家上市公司的营业收入占中国GDP的近60%，所以我们要看到资本市场对我国经济做出的巨大贡献。

如何解决中国资本市场面临的问题？如何构建一个健康的资本市场？上市公司作为资本市场的基石，在其中扮演着至关重要的角色。我们5000多家上市公司需要共同努力，提升上市公司质量，通过良好的质量来回报投资者，活跃资本市场，提振投资者的信心。这是每一家上市公司责无旁贷的任务。

09 企业出海要防范风险
——与德龙钢铁董事长丁立国对话

对话人： 丁立国，德龙钢铁董事长
主持人： 何伊凡，《中国企业家》杂志社副总编辑
时　间： 2024年10月15日
地　点： 北京

出海要“走出去”，更要“走进去”

何伊凡： 丁总，您最初是怎么决定要出海的？

丁立国： 出海热潮从去年起就备受关注。2013年“一带一路”倡议提出，到2023年刚好10年。我们国际化的定位叫“走进世界，奔向未来”。“走进”，就像和一个人交往，一定要走进内心，采取多种举措，实现双向融合。“未来”，就是去海外。但去海外，很多因素是不确定的，这就要求我们得带着好奇心和敢于挑战的决心。市场有起伏、有周期，奔向未来是终极目标，过程中我们得有心理准备。

2013年，我们踏上了国际化之路，恰逢“一带一路”倡议提出，我们算是很早去践行这一理念的企业。我本人每年都会出去调研，对全球市场看得比较多。2024年以来，我有半年时间是在国外度过的。我给自己的要求是，半年在国外，半年在国内。经过调研，2014年我们决定在东南亚建厂。为什么选在那里？一是东南亚有10个国家，人口有6亿多，钢的需求大概1亿吨，但他们自己只能生产3000万吨，剩下的7000万吨要靠进口。

做生意要做增量，同时研究这个国家或区域发生的变化，去抓住机会。机会不是撞来的，得有预判、有站位，这是基础。我们在泰国建厂，在泰国芭堤

雅边上的泰中罗勇工业园，离曼谷车程不到2小时。很多外资企业都在那儿。我们在马来西亚将矿石、煤焦炼钢炼出来，产出钢铁拉到泰国，因为泰国市场好。马来西亚其实没有太大市场，当地政府也不允许我们在当地销售太多。泰国公司在2015年如期投产，2016年整个钢铁形势好起来了。但泰国公司当时遇到一些问题，之后我给学员讲课时主题就叫“深夜疗伤，清晨赶路”。在后来的“疗伤”过程中，我们在河北保定的钢厂关掉了，产能卖给了别的公司。

那段时间，我一直在反思，为什么会犯错误，问题出在哪儿。2017年5月，我决定到印度尼西亚去看看。刚到苏拉威西岛时，那里是大片的荒郊野岭、原始森林，而现在大概有十几万人，码头、发电厂基础设施齐备。我们前后投了两三千亿元（30.5亿美元），建成苏拉威西岛的德信钢铁。将近50家企业驻扎在莫罗瓦利工业园（又称印尼青山园区），那里已经变成中国和印度尼西亚之间最大的投资园区。

我们2017年决定开始干，2018年4月德信钢铁项目正式启动，一期单线于2020年3月投产，2020年10月破土动工。我们一直在持续建设，一开始年产能定为350万吨，目前，项目粗钢年产能达到700万吨，并规划了2000万吨钢、1000万吨焦炭的发展目标。这座钢厂是东南亚规模最大的单体钢铁联合企业。我们遇到最大的困难就是地震问题，工厂所在地特别容易地震。我们30%的市场销售在国内，70%在海外，所以我提出“买全球，卖全球”。

何伊凡：出海后有什么印象深刻的感受？

丁立国：我现在深切地感受到，越出国，越爱国。我们去海外投资，第一点就是要考虑风险。我们今天出海是为了求发展，带着资金、人才、品牌，肩负着国家和企业的发展使命。有一位东南亚当地的官员说：“现在是我们离不开中国人，我们深刻感受到中国人投资的欲望和制造能力。”我认为这是中国的优势，也是中国民营企业决策和执行力的优势。逢山开路，遇水搭桥。我们感恩国家，因为没有国家，没有40多年的改革开放，我们没有今天。所以出海这10年多，虽然我们中间有过失败，但从没想过放弃。我坚持创业32年，就搞钢铁，一件事做一辈子，聚焦行业、聚焦区域、聚焦产品。

◎ 印度尼西亚德信钢铁项目

何伊凡：宋总，您对出海一直有研究，也曾经是操盘者，您是怎么看待这轮出海潮的？

宋志平：第一，从大背景来看，中国企业“走出去”是历史必然。过去经常听到中国是“世界工厂”，也不光是产品要走出去，更重要的是，我们的技术、装备、企业，也要“走出去”。100年前我们不少中国人出去是做劳工的，后来是开饭馆、洗衣房，再到后来，我们做贸易两头在外，现在中国企业带着资本、技术、装备、品牌、管理、人才出去，性质完全不同。所以，这一轮“走出去”，是建立在中国改革开放40多年来巨大成功的基础上，中国企业开始在全球崭露头角。过去是“中国造”，现在的中国企业是“全球造，卖全球”。

第二，国家政策层面特别重视“走出去”。2013年提出“一带一路”倡议，尤其沿线国家受益很深。中国企业也是沿着“一带一路”总体布局，纵深发展。我们很多企业“走出去”做基础建设，因为共建“一带一路”国家搞工业化、城市化，首先必须把基础建设做好。所以央企其实是第一轮中国企业大规模出海的，它们在国内承担着基础建设的任务，在国外也是这样。

现在看来，第二轮开始了。这一轮有一个特征，就是中国民营企业和制造业进一步加大了“走出去”步伐。从“双循环”政策角度讲，就是既要做好国内的市场供应，也要做好出口。中国每年外汇储备保持在3.3万亿美元左右，就是制造业的支持。一方面，中国制造迈向全球；另一方面，我们在全球制造不光创造GDP，还要创造GNP。在这种大背景下，企业“走出去”越走越深，而且以制造业为主的民企也在行动起来。

第三，还有一个特殊背景，就是有些国家的贸易保护主义，国内有的行业内卷比较严重，很多制造业企业在想出路。这也是一个非常特别的机会，“倒逼”中国企业出海。虽然是倒逼，但如果放在历史长河里看，今天这种“倒逼”可能也加速了中国企业的国际化进程，从而促使一大批跨国公司形成。

怎样才能破解难题？出海顺应时代要求，但绝对不是一条繁花似锦的道路，这条路充满了荆棘。每一个出海的故事一定有很多血泪，很多艰辛。2015年，我提出中国建材要实现“六个1”：第一个“1”，要在全世界建10个建材工业园；第二个“1”，要建10个海外仓；中国建材在迪拜的海外仓现在是一个“打卡点”，很多中国公司去参观交流，这个海外仓占地20多万平方米，现在国内的物资到海湾国家，首先会考虑运到迪拜的海外仓；第三个“1”，建10个大型的国际区域实验室，把中国的标准、中国的信用，比如检验认证等这些服务带出去；第四个“1”，管理100个工厂；第五个“1”，要做100个EPC项目；第六个“1”，要在发展中国家开设100个建材分销中心。

“走出去”是一把手工程，比如丁总，就是一年时间里半年都在海外。另外，“走出去”还得让当地人欢迎，这点非常重要，如果企业打价格战，把当地行业价格打乱了，就会被当地市场排挤。记得在2015年，我们在土耳其建设一个水泥厂，就把建设交给了当地的基建公司，装备也适当采购了一些跨国公司产品，这样能让大家都有活路。当时在竣工演讲上，我讲了一段话，现在都还记得。我说，我们中国企业“走出去”有三点原则：第一，要给当地经济做贡献；第二，与当地企业合作；第三，为当地人民做好事。

后来我到赞比亚，当时的总统问中资企业想来赞比亚干什么，我就重复了这三点。他说：“我对你的第二点最感兴趣，我们现在非常欢迎中资企业来，但是我们非常担心，有的企业来了，我们当地企业被打垮了怎么办？但您刚才讲到与当地企业合作，我就特别高兴。”我们在埃及建设了6条6000吨的水泥线，建这些生产线的时候，找了8家埃及当地公司做基建，最多的时候现场有1.2万人，其中1万人是埃及人，2000人是中资公司的。这些让我们和当地的合作比较融洽，人力成本也大幅节约。

所以，“走出去”和“走进去”还是不一样的。秉持“真实亲诚”理念，出海也得站在道德高地上去做，不然“走出去”之后，还会被打回来。中国企业要想长期作战，需要与当地人民友好相处，与当地企业和睦相处。

何伊凡：出海需要“走出去”，更要“走进去”，那印度尼西亚德信项目是怎么“走进去”的？

丁立国：第一，大背景仍是“一带一路”，越出国，越爱国。

第二，系统来看，我认为民营经济“走出去”应该抱团取暖。我们在印度尼西亚成功了，但在马来西亚和泰国都没成功。

日韩公司跟我们不一样，他们本土市场小，一成立就得国际化。所以我把他们请过来，当公司的股东，他们一边做贸易一边分销我们的产品。德信跟青山是园区合作的关系，又是股东关系。也就是说，依托基础设施，把大物流、高耗能、大进大出的重化工产业都聚集到了一起，这样就形成了相互依存、相互支撑的关系，大家通过产业链的资本，还有相互的对公共设施的增量使用，降低成本，形成优势。

第三，就是“三个有利于”。我们要给当地经济和企业做贡献，因为我们，印度尼西亚成为东南亚最大的钢铁制造国，这就是很典型的产业优势。

我之前在欧洲待了1个月，跑了11个国家，见了很多客户，每到一个国家，我都问三个问题：欧洲碳税怎么收？欧洲钢铁未来的发展趋势是什么？咱们怎么合作？我去荷兰，遇见一个做焊网的企业家，他问我们这么多钢都卖给谁了。欧洲有2亿吨产能，我们公司在国内的产能是8000万吨，相当于欧洲40%的产能，但我们不挣钱。后来我总结一句话：我们得跟当地的企业共生，形成真正的生态化产业链。只是“走出去”，我认为是国际化，还不是全球化。全球化要“买全球，卖全球”，产品都从国内出去肯定不行。

第四，我们提出，要把自己变成当地企业，不能有距离感。

第五，要谦卑，不要摆出一副世界500强的姿态。我告诫管理层，不管是当高管还是一把手，你光有霸气、勇气还不行，你得有正气、雅气，还得大气。我也告诫每一位员工，不要怕跟当地员工相处，要融合式交往，用真心换真心。我跟当地员工说，不要以为你代表的只有你自己，每个员工都代表公司和国家的形象。

中国企业“走出去”要抱团取暖

何伊凡：抱团是一个美好的愿望，但内卷是一个残酷的现实。怎么破局？

宋志平：中国企业“走出去”要抱团，以更宏观的视角来看，大企业和小企业，国企和民企，主机厂和零部件厂等，其实都应该组成“中国军团”。因为抱团有好处，大家互相帮助，能降低综合成本，同时一些社会关系也可以综合使用。再者，抱团也相对安全，中国人自己可以直接、快捷互通信息，遇到困难互相帮助。所以，一方面，我们中国企业要抱团，减少风险。另一方面，我们也和当地的企业合作，深入地融入当地企业。企业要想“走进去”，就得本土化，光在那儿建企业，永远是空中楼阁，扎不下根。

新能源汽车现在“走出去”的比较多。最近，我了解到两个关于“内卷”的故事。有一家中国公司在迪拜做了一个当地品牌，然后国内一家汽车供应商给公司供应各种中间品零件，拿到迪拜组装，做得挺好。但后来这家中国的汽车企业也去了迪拜，在当地卖同样的汽车，价格低15%，结果弄得这家公司和当地的工厂都快做不下去了，当年有30%多的毛利，现在打不过自己的供应商。另一个故事是，有一个汽车厂出去打价格战。当地人买了他们的汽车后，第二个月车子就降价了，当地的消费者不满意。

我们有时得注意，如果企业“走出去”挤垮当地的工厂，影响他们的就业，会有问题。内卷其实也是损人不利己的事。做企业还是要有利润，有了利润才能更好地发展。价格一地鸡毛，最后谁都不赚钱，这不是做企业的真理。行业利益高于企业利益，因为覆巢之下无完卵。如果把行业都给打败

◎ 参观 iMile，与创业者就中国企业“走出去”的机遇与挑战进行交流

了，企业在里面能成功吗？这个逻辑是不对的。

有时候，在处理销量、成本和价格这三个方面的关系时，中国很多的企业家对价格的概念不是很清楚，他们知道降成本、扩销量、抢份额，却不大思考价格问题，但实际上，价格是非常重要的。价格对利润的影响约为10倍数关系，成本对利润的影响约为6倍数关系，销量对利润的影响约为4倍数关系。我们中国的企业在这方面还应该多研究。

国外很多大企业产能过剩后会减产，减产是利好。而我们有的大企业，则是宣告降价，然后抢市场份额，正好反过来了。我们要好好研究竞争理念、竞争心态。西方100年前的竞争是丛林法则，弱肉强食，目前已经越过了这一阶段。竞争也分好坏，良性竞争是好东西，恶性竞争就是坏东西。现实来看，企业要学会有序、良性竞争，“走出去”以后，我们的企业要特别重视这一点。

中国企业迈向国际，不光是去发展中国家，也去一些发达国家，像中国巨石在埃及、美国建了工厂，在美国销售产品。企业“走出去”会改变竞争心态，要适应国际的法则和不同国家的规则。

何伊凡：出海必然有风险。

丁立国：当然，最大风险是国别风险，背后的风险需要进行深入的调研。今天企业“走出去”，进行全球化布局，不能把利益看得太重，高收益背后，可能是高风险。企业要遵守当地的法律法规，一定要合规合法，融入当地。我们跟当地的小学合作，给他们建学校，打水井，买救护车，而非利益至上。日久见人心，人类的文化是相通的，你尊重人家，谦虚低调，这也会形成一种共通文化。

我刚才所讲的抱团是生态型的，产品链互补。而内卷是因为有相同产品、相同市场，企业打价格战，不研究技术，不研究成本，不研究品牌，不关注当地企业的感受。什么是生态？比如，搞钢铁的就去开矿，去做耐火材料、水闸、下游的深加工、焊网，这叫产业链生态，也叫抱团。还有一种，比如一家企业卖家具，最好把家具产业链带过来，再形成价值。第一，企业“走出去”不能骄傲，不能把当地企业打死。第二，要跟当地合作融合，大家共同进步，占领增量市场。生态布局还是要围绕主业展开，不能为了扩张而收购。

宋志平：中国企业“走出去”这么多年，确实历经了很多风险。现在的出海热值得鼓励，但企业也要知道其中的风险。企业出海要重点关注五大风险，分别是政治风险、政策风险、法律风险、汇率风险和人身安全风险。要把人身安全放在第一位，有些钱可以不挣，但一定要确保员工安全。出门在外要多留几个心眼，多长几双眼睛，既要挣到钱，人还得能安全回来。我们的企业家在大出海的过程中，不光要高歌猛进，还要注意到风险无处不在，无时不在，如影随形。

何伊凡：企业家精神在出海中起到什么作用？

宋志平：2020年7月21日，习近平总书记主持召开企业家座谈会并发表重要讲话，强调要弘扬企业家精神，并对企业家提出五点希望。第一，希望大家增强爱国情怀。企业营销无国界，企业家有祖国，优秀企业家必须对国家、对民族怀有崇高使命感和强烈责任感。第二，希望大家勇于创新。创新是引领发展的第一动力。第三，希望大家诚信守法。企业家要做诚信守法的表率，带动全社会道德素质和文明程度提升。第四，希望大家承担社会责任，企业既有经济责任、法律责任，也有社会责任、道德责任，任何企业存在于社会之中，都是社会的企业。第五，希望大家拓展国际视野，企业家要立足中国，放眼世界。

无论是“双循环”还是“走出去”，我国企业面临新的机遇和挑战。其实无论走到哪里都一样，企业家精神依旧是底座。企业里一定要有一个好的带头人，核心是要有企业家精神。作为企业家，最重要的是有一个好心态，不管遇到什么情况，都能自己说服自己，同时，最大限度地理解别人，就是我们常讲的要利他。

何伊凡：从2013年布局海外以来，您个人在精神状态、视野眼界上有什么变化？

丁立国：我认为，企业家要始终保持心理年轻，有一种好奇心，对新生事物不排斥，敢于去探讨，敢于去尝试，敢于去实践。另外从现实出发，要苦中作乐，以苦为乐。有没有接班人，赚多赚少，亏多亏少，都不要太在意，因为过程很丰富。

我认为世界很大，我们都应该去看一看。去年春节，我朗诵了一段汪国真的诗《我喜欢出发》。很多人没出过家门，因为在家里待着舒服。我这人一句英文也不会讲，但从来没停止走向世界、奔向未来的脚步。马斯克的母亲曾说：“我儿子心中装着地球，老想改变人类。”所以，自知之明对一个人很重要，知道自己是谁，想成为什么样的人。

人生苦短，我们赶上了好时代，要自信、自强。只有靠自我成长去认知世界，才是企业家精神。要去践行，不能活在心灵鸡汤里。很多人总是认知狭隘，以为自己就是整个世界。社会是多元的，在人类面前，在世界面前，无论你多么成功，都是一粒尘埃。所以，自知比知人更为关键。

有时候你一定要想，你想成为什么样的人，这会激励你，在顺境中清醒，在逆境坚守。很多人评价我是“面若平湖，胸有奔雷”，人的生命当然还可以更绚丽一点、更丰富一点，但骨子里要云淡风轻；要认识到差距，在经历中不断反思。

10 国际化并购要做好文化融合
——与海信集团董事长贾少谦对话

对话人： 贾少谦，海信集团董事长

主持人： 何伊凡，《中国企业家》杂志社副总编辑

时　间： 2024 年 11 月 26 日

地　点： 青岛，海信集团总部

这次对话主要是围绕海信国际化的实践经验，对中国企业在海外并购及国际化发展过程中的诸多关键和痛点问题进行深入探讨。从中可以了解到，海信的跨国并购为什么能“做一家，成一家”，海信的文化融合基因来自哪里，海信在海外并购中是如何收人心的，海信的国际化探索能给中国企业出海带来哪些参考。

企业国际化的关键是文化融合和品牌战略

何伊凡： 宋会长，在您看来，海信的国际化做得怎么样？

宋志平： 海信的国际化程度非常高，目前约 50% 的营业收入来自境外。通常，境外收入占 30% 以上，国际化指数就已经很高。海信有 50% 左右的收入来自境外，这非常不容易。关键是，这么多年来，海信走的是海外并购的道路。并购被认为是经营中最高的艺术，也是最难的一件事，可喜的是，海信的海外并购几乎是做一家、成一家。众所周知，并购往往是在对方处于极端困难的情况下进行的，因为这个时候容易抄底，但海信所做的并购无一例外都翻了盘，这引起了业界极大的关注。

海外并购失败的案例有很多，失败的一个重要原因是没有很好地文化融

合。海信的海外并购有几点不同：一是保留了原品牌。我认为这很有智慧，因为出海如果完全靠自有品牌，要费大量时间，投入巨大。事实上，并购不只是买一家企业，重要的还有品牌。二是海信沿用本土的“一把手”，向外派出“二把手”。三是文化融合做得好，将中华文化与世界各地文化融合得很好。当然，这与中国文化的包容性有关，但也并不是每家企业的并购都能做好，即使国内并购，有时候也会在文化融合上出现问题。

何伊凡：贾总，海信国际化的起点是什么时候？分为哪些阶段？

贾少谦：2004年以前，海信进行的是出口贸易，就是把我们的产品卖到海外去。卖产品分为两个阶段：第一阶段是贴牌，赚加工费。我们给很多企业做过贴牌电视机，我们当然贴牌的都是中低端电视机，我们那时候还没有强大的能力进入高端市场。第二阶段是把自己的品牌输出到海外，这个过程很艰难。

2015年，我们加速了海外并购的步伐。当年，夏普出现经营困难，我们收购了夏普在墨西哥的一个工厂。收购后，我们获得了夏普在北美地区5年的品牌授权，用夏普和海信的品牌一起打美国市场，把这个最难的市场啃了下来。后来，我们又收购了欧洲的Gorenje、日本东芝映像、日本三电等企业，逐步建立起海外品牌、研发中心、生产基地、营销机构，形成研产销服一体化模式。

收购了这些企业后，我们保留了原品牌和原管理团队，通过调整体制、提高效率，逐渐让企业起死回生，实现盈利，再扩大生产，引入新产业和新产品线。最后当地人发现，海信不是来“打酱油”的，而是要真正进入本土发展。

另外，重点是做品牌。从“大头在海外”成为公司战略开始，我们就尝试将自己的品牌做起来。2004年，海信自主品牌营收只占10%，因为打海信品牌，人家不认。一开始，无论是欧洲，还是美国的主流渠道，如Costco、百思买等，都不让我们进去。在他们眼中，中国品牌低端、低价格、低质量。我们只能尝试着从边缘的小角落一点一点往中心拱。

后来，我们一边在产品、技术上大量投入，一边打出自己的品牌。2010

◎ 海信南非工业园

年以后，我们赞助了很多体育赛事，2016年开始赞助足球赛事，为我们带来了巨大影响力——足球是一种世界通用的语言，是全世界人民都喜欢的一项体育运动，无论发达国家，还是发展中国家。当一个品牌与足球形成关联的时候，能让渠道喜欢，当地政府喜欢，社区喜欢，员工也喜欢。2024年，海信自主品牌收入占比已经接近90%。

何伊凡：听贾总讲述海信国际化的经历，很有画面感。现在外界看到海信国际化，似乎是鲜花铺满道路，但看不到鲜花背后的艰难。宋会长，您有什么感想？

宋志平：刚才贾总说的几点，我认为很深刻。

第一，海信收购海外企业后，向海外企业引入一些机制。很有意思的是，过去我们总认为中外合资企业或外资企业的机制是好的，但实际上并购西方企业、日本企业后，发现它们的机制并不一定都比我们的好。

第二，品牌需要长期投入。作为一家坚持长期主义的企业，我认为没有必要把当期利润做得很高，可以拿出一部分资金去投入研发、市场、广告，这对企业的长期发展更有利。既不投广告，也不投研发，只投当期的利润，这是在挤当年的水，水会越挤越少。

第三，海信收购国外企业，沿用了他们的品牌，这是一种很聪明的做法。海信收购的，往往都是过去比较著名的企业，因经营不善出现问题。其实它们最重要的是品牌价值，拥有很多忠诚的客户，海信将这一点用起来了。今天全球贸易保护主义有所抬头，从某种意义上来讲，如果企业收购一些世界名牌，并打出它们的品牌，可以减少进入海外市场的壁垒。

从长期战略出发，既做海信的品牌，也做收购而来的世界知名品牌，形成多品牌战略，可以适应不同市场的需求。这是我认为海信保留被并购对象品牌的原因。

贾少谦：二十世纪八九十年代，中国有很多好品牌都被外国企业收购了，当时外国企业收购中国企业，目的是排除竞争。但我们并购，没有想过要干掉对方，出手的时候就想一定要用好它的品牌，因为品牌是最有价值的。

何伊凡：收购并不是简单的财务报表的合并，事实上，交易完成才是收购真正的开始。在这个过程中，海信一定做过很多尝试，也踩过坑。贾总，能不能分享一下这方面的经历和体会？

贾少谦：20世纪90年代末到2000年年初，海信在全国各地收购了一些电视机厂、空调厂、冰箱厂，这些都比较成功。海信真正的市场化收购是从2005—2006年收购科龙开始的，那是海信收购史上最艰难的一次。我们从2005年9月开始入驻，到真正完成收购，用了15个月。为什么那么难？那时候，海信自身规模不大，仅200多亿元。而科龙在深圳和香港两地上市，在广东乃至整个南方地区影响力都特别大，旗下的容声冰箱在中国市场连续11年占据销量第一的位置。我们的老董事长后来回顾这段历史的时候，曾经说过一句话："当时要知道收购这么难，就不收它了。"

最终海信成功收购了科龙。收是收了，但科龙内部盘根错节，极其复杂。当时，科龙年收入仅80多亿元，负债高达70亿元。报表出来后，所有人都傻眼了。我们整合又花了三四年的时间，才让企业盈利，走向健康发展。现在科龙年收入达850余亿元，是当时的10倍；利润从当时亏损几十亿元，到现在每年30多亿元。

那次收购给我们带来的启发是，收购一家企业非常艰难，而整合比收购更难。那时候，我们几乎每天都认为要失败了。我们做了一个最差预判：假定收购失败，海信会不会因为这次失败被拖垮？算了算账后，我们发现不至于。既然不会拖垮海信，那就接着往下干。当然，那次对于干部队伍也是一次历练，使队伍能力实现质的提升。后来，海信在收购的时候就更加成熟了，预判也更加全面、细致，才有了后面这些成功的收购整合。跨国收购中有一个"七七定律"，70%的收购会失败，而失败的原因中，70%出在文化融合上。

收购欧洲的企业，我们派去的人和当时的管理层，几乎天天在大车间里轮流给员工开会。企业经营情况如何，这个时候为什么不能加薪，把这些问题一条一条地向员工讲清楚，获得他们的理解。这种方式是行之有效的，人心都一样，谁都希望企业好、品牌好，都希望在企业工作有获得感、价值感。我们要从法律、习俗、文化、道德价值观、机制、获得感、成就感等各个方面进行系统分析，让员工真正感受到，海信不是来攫取财富的，而是来救企业的，目的是发展、壮大它，让品牌更响亮，让员工更有获得感、价值感和尊严。

宋志平：如何进行文化融合，这是企业的核心竞争力之一。过去，我经营中国建材、国药集团的时候，也整合过很多企业，我也认为，收企业实际上是收人心。早期，并购的成功率仅25%。即使在今天，从全世界的并购来看，成功率仍然只有50%。相对于收购，整合更难。整合包括业务整合、机构整合、管理整合、市场整合，重要的是文化整合。正如贾总所提到的"七七定律"，算下来并购中有很大一部分是因为文化整合而失败的。

我们观察海信会发现，海信的跨国并购能做得如此成功，是因为它有并购基因。海信当年在国内并购各地家电工厂，后来又并购了科龙，在并购科龙时吃尽了苦头，但同时也形成了它的并购基因，这个基因的核心是文化融合。海信后来走到世界各地，这种基因就深深藏在它的血液里。并购者往往容易被认为是“拯救者”，同时又是“侵略者”“征服者”。如何化解这种心理上的不安？如何让他们确认中国企业并不是简单地来攫取利润，而是要把企业做好，为员工和社会创造福祉？如果他们能确认这一点，就会接纳中国企业。

中国企业要“走出去”，更要真正地“走进去”。如何“走进去”？我们需要高举道德的旗帜。从海信的经验中，我们会发现，海外并购最重要的是态度：当我们进入一个国家，我们如何看待这个国家？是不是尊重当地企业和员工？

中国建材曾经在埃及建了一家工厂，当时埃及军方要做6条大型水泥生产线，由中国建材承建。我们用了1.2万名员工，其中当地人1万名，中资人员仅2000名，与当地8家公司合作。我们与他们融合得很好。2002年，我们去巴布亚新几内亚开公司，经常做公益，后来中国建材在当地的公司成为民间大使。当地发生骚乱的时候，当地人都来保护我们的公司。所以，人心都是一样的。如果你想做好，首先自己的态度要好。

何伊凡：两位提到文化整合，要抵达对方的心。心是最近的地方，也是最远的地方。抵达对方的心，需要几步？

贾少谦：坦率地讲，没有绝招，日久见人心。我们去欧洲，有时候需要裁员。在欧洲，裁员是天大的事情，不得了的事情。怎么办？类似的事情在海外并购中大量存在，只有讲清道理，言而有信，通过经营管理让他们看到好结果，用结果来证明战略的正确，再反哺当地发展。

宋志平：从全世界来看，并购一家困难企业后，压缩机构、裁员是常规操作。但裁员要讲究艺术性，因为裁员过程中可能会出现恶性事件，必须处理好。一方面向员工讲清楚；另一方面在经济、待遇上给予一定补偿，让他们接受。

我在北新建材也裁过员，那时候要求裁550人，我非常为难，这与我的价值观强烈冲突。但其实我算过账，工厂当时有2200人，事实上800人就足够了。每个员工背后都是一个家庭，我看着长长的下岗名单，晚上睡不着觉。所以当时我没有直接让他们下岗，而是让他们转岗，发放基本工资，让他们学习，等工厂扩大规模，再将他们招回来。后来，工厂确实扩大了规模，我又将这些转岗工人招回来了。

海外并购的原则和要点

何伊凡： 贾总，海信第一批国际化并购的人才是怎么培养出来的？

贾少谦： 并没有真正的并购专业出来的学生，全是在实践中打出来的、碰壁碰出来的。在消费品行业，攻克客户非常艰难。每一次面对客户，都是一场仗，这场仗你必须打胜，而且不能用打仗的方式，必须用和平的方式取得胜利的结果，因为我们的目的不是战胜，而是合作。

何伊凡： 在建立国际化团队方面，宋会长，您有没有类似的经历或感受？

宋志平： 中国建材在全球水泥EPC行业市场占有率达70%，为什么能够占到70%，其实就是训练了一支海外团队，他们几十年来打起背包就出发。在海外很辛苦，在中东地区建水泥厂，环境极其恶劣。中午最热的时候气温达到55℃，工人要上铁架子，脚下必须垫着小棉垫，否则会被烫伤，焊接工要把湿毛巾蒙上头才能工作。建成一支顽强拼搏的海外团队非常重要，没有这样的团队，国际化很难。

何伊凡： 海外并购中，怎样判断标的物的价值？

贾少谦： 从商业角度来讲，有三点是最重要的。第一，产业协同性，它与海信在产业方向、技术底座上要能够协同。第二，品牌价值。收购实际上并不是收产能，中国企业出国建厂并不难，但无形的品牌价值非常重要。第三，渠道技术。能不能既让它原来的渠道起死回生，又有助于海信其他产品和产业的渠道发展。

何伊凡：收购企业后，怎样让它快速实现盈利？东芝映像和Gorenje分别在被海信收购15个月、18个月后就扭亏为盈，是怎么做到的？

贾少谦：坦率地讲，也没有太多高招。同一个行业，你观察一段时间，再看看报表，大致就能判断出企业的病根。企业一蹶不振是病状，就像医生治病，看病状，分析病因，再开药或动手术。当然，动刀、给药的过程非常难，药剂量大了，可能会出问题，剂量小了没有效果，病人配不配合还不一定，医生自身医术高不高也是一个问题。

何伊凡：并购如治病。宋会长，您怎么看这个问题？收购了资产，如何让它释放出价值？

宋志平：过去这么多年，我推动中国建材在国内收购了上千家企业。我们收购的原则，一是服从战略，不为大而大，也不为多而多；二是能赚钱；三是要有协同效应；四是风险可控可承担。

在收购中，有两件事非常重要。第一，有价值。要考虑这笔收购要花多少钱，最后能赚多少钱。我常常用“母鸡下蛋”来解释这个问题，如果鸡下蛋，我可以多给两个月的鸡蛋钱。归根结底，收购的企业要有盈利模式。第二，能协同。其实我认为，中资企业在海外并购有个非常重要的考量因素，就是能不能用上中国要素。

我们曾在德国收购一些新项目，考虑的中国要素是中国市场。收购了它，就拥有了它的技术，再进入中国市场，我们就能够在中国市场捷足先登。如果我们在海外生产，就要考虑能不能用上国内生产的零部件，这样能够节约成本。当年，我们是这样思考的，但现在情况发生了变化。今天的收购比当年更难。所以今天，我们要深入研究自身的优势到底是什么、如何取得优势。

刚才讲到东芝，我曾多次去过东芝，由此我还想到一个问题——企业的生命周期。其实企业是有生命周期的，基业长青很难，有些百年老店活到一定阶段，就衰落了。但如果有一个处在生命周期中上升阶段的新兴企业将它收购，这就相当于嫁接，能够将百年老店的资源盘活。生命周期很重要，企业状态与生命周期有密切关系。老牌企业老化了，转不动了，心态崩塌。而新兴的企业将它收购后，可以注入年轻的、新鲜的血液。

贾少谦：宋会长所讲的，我非常赞同，海信收购的东芝是百年企业，收购的瑞典品牌ASKO有100多年历史，收购的日本三电株式会社也有80多年历史了，而海信自己今年才55岁。那些老品牌都是我们曾经仰望、羡慕的对象，它们基础好，技术、人才、产品、渠道、市场都很好，只是在某些情况下由于机制不灵活，或一些特殊原因，出现了老龄化状态。而我们像一个青年，看它们，全是宝藏，迫切希望挖掘出来。我们将活力注入其中。其实机制本身就是最好的活力。我们收购日本企业后，在企业内推行虚拟股权，年底给员工分红。日本企业论资排辈、平均主义严重，所以一些员工拿到分红后，排着队去总经理办公室鞠躬。

企业的优势是动态优势

何伊凡：您提到，海信曾学中国企业、日本企业、韩国企业、美国企业，随着海信的海外并购越来越多，您是否发现会逐渐进入一个“无人区”，遇到的很多问题是全新的，可学习的地方越来越少？

贾少谦：海信还没有发展到那个阶段，目前海信仍处在通过学习来进步的阶段。这与行业有关，我们属于电子信息行业，这一行业的鼻祖不是中国企业。行业高地最早在美国，后来到欧洲，然后是日本、韩国，这个过程经历了上百年。我们是“小学生”，一步步向他们学习才走到今天。

今天，别人虽然舍弃了传统家电，但某种程度上我认为他们是战略性放弃，而不是因为干不下去了，因为这是低端制造业，是回报率较低、劳动密集型行业。从这个角度来讲，今天的电子信息行业也必须快速转型升级。所以，海信除消费电子，还形成了产业集群，包括半导体产业集群、汽车电子产业集群、智慧能源产业集群等。只有将这些产业真正发展起来，海信才能算是一家优秀的企业。

在家电领域，在一个别人已经放弃的产业领域，我们即使做到了中国第一，甚至世界第一，也谈不上伟大。即使我们现在在这个产业做得很好，也不代表这个产业未来有新的希望，甚至再过20年、30年，我们也可能会战略性放弃。我们要为20年、30年以后做准备。

不管什么时候，企业的发展都不会是一马平川的。当你感觉到一马平川的时候，恰恰是做小、做窄了的时候。越把眼睛往外放，就越会发现自己的不足和差距。特别是在人工智能时代，瞬息万变，做好和做差往往就在一念之间。你可能在短时间内就能成为卓越、伟大的企业，也可能三五个月后滑落至二流甚至三流企业。

宋志平：今天，家电制造越来越成为普通制造业，未来可能成为低端制造业。所以，一方面，在家电持续性创新方面，要继续巩固，以产生更大利润；另一方面，在颠覆性创新方面，我们必须未雨绸缪。

从更广阔的视野来看，企业要永远面向正前方，不能停下脚步。过去，我们的优势往往是静态优势。什么是静态优势？柯达靠黑白胶卷赚了50年的钱，靠彩色胶卷又赚了50年的钱。但今天没有这么幸运的行业了。今天企业的优势是瞬时优势，我称之为动态优势。像海信、宁德时代，尽管在自己行业中拥有优势，却丝毫不敢懈怠，时刻处在高度紧张状态中。

企业之所以能够生存，是靠不停地创新。企业失败，或是因为不创新，或是因为在创新的时候做出了错误判断。所以对于企业家而言，创新是艰难的选择——要不要创新？怎么创新？怎样正确创新？在什么时机创新？先走半步是英雄，先走三步是烈士，三步和半步之间怎么掌握？在这个过程中，有时候还需要企业领导者的灵感、直觉。

第二部分　PART 2

专家学者面对面

商海问道

01 谁最有可能做出颠覆性创新
——与张维迎、刘科对话

对话人：张维迎，著名经济学家，北京大学国家发展研究院教授
刘　科，南方科技大学创新创业学院院长，澳大利亚技术科学与工程院外籍院士
活　动：凤凰网财经“创新圆桌对话”
时　间：2021 年 2 月 9 日
地　点：北京

如何理解创新

刘科：最近一段时间，“创新”成了社会热词。党的十九届五中全会将“创新”提升到前所未有的高度，《人民日报》也专门就创新发了社论，经济学界很多人都在谈论创新。宋会长一年多前出了《问道创新》这本书，我也读了，里边有谈到很多关于创新的事。维迎最近就“创新”发表过很多文章。我也在关注这个课题，作为南方科技大学创新创业学院的院长，肯定得研究创新。我认真地读了两位讲的内容，我认为在这个话题上，两位的研究是全面的。今天我们就一起来谈谈创新的事情。

宋志平：20年前，大家谈创新，可能那个时候还大概知道创新是什么。现在虽然谈论得多，但不少人对创新的定义并不是很清晰。我写《问道创新》这本书也是想厘清一些思路。我个人认为，对于企业而言，创新不是一两个人的灵光乍现，也不是单凭兴趣就能做成的事情。创新是一个有目的的活动，创新是有一定模式可循的。我在企业做了很多年，很多人都曾经问过我一个问题：中国建材集团和国药集团是怎么从当初名不见经传的小企业发

展成为世界500强企业的？其实关键在于两点：第一，得益于国企改革；第二，得益于创新。我讲的创新包含制度的创新、商业模式的创新和技术的创新，其中技术创新是核心。这里我们就要思考一个问题：创新有时会很盲目，当然也存在一定风险。如何才能引导大家进行正确的创新？让创新更加有目的性、更加有效，或者提高创新的质量，进行高质量创新，真正为企业创造效益，是我现在比较关心的事情。我有时候跟企业家讲，其实能赚钱的创新就是好创新，能赚钱的技术就是好技术。因为企业是受利润硬约束的组织，再好的创新、再好的技术，如果没有经济效益，企业很难做下去。

刘科：非常好。为什么突然之间创新变得这么热，我的理解是这关乎一个国家的竞争力。企业竞争力无非看两点：第一，我们生产出的东西比其他企业的便宜，性价比更高；第二，我们能干其他企业不能干的事，这就是创新。现在北上广深这些城市，电价、土地价格、人力成本等都很高，所以企业不可能靠第一种竞争力。中国改革开放前40年，企业有低成本竞争优势，而现在成本高了，要靠什么竞争？就靠创新，干其他企业不能干的事。

维迎，你一直研究企业家精神，也一直研究创新，所以我想听听你的看法。

◎ 就创新、资本、企业家精神等交流各自观点

张维迎：经济学家熊彼特认为，企业家本身就等同于创新。我把企业家分为两类：一类叫套利型企业家，另一类叫创新型企业家。当然这两类企业家在现实中无法绝对地分开。中国从改革开放初期到10多年前，企业家主要还是以套利型为主。甚至现在，套利型企业家也不少。套利就是我找到赚钱的机会，因为市场上缺的东西太多，我们有廉价的劳动力、便宜的土地等，组织它就可以赚钱。但是随着经济的发展，现在套利的空间尽管还有，但是收缩得非常快。我们以劳动力为例，2005年美国制造业劳动成本是中国的22倍，2010年变成10倍，到2015年只有5倍了，这个差距大幅缩小。这就使中国下一步的经济发展很大程度依赖于我们是不是能够做出别人还没做出的东西。对单个企业来讲，这不是一个口号。如果成本起来了，你不能比别人好，不能与别人有所不同的话，你就很难生存。

所以接下来中国企业的发展，很大程度要靠创新型企业家，但是创新型企业家本身面临的挑战很大。简单来讲，套利可以短平快，一开始就赚钱。宋会长刚才讲得对，任何成功的创新，一定意味着企业能赚钱。但这有个时间差，创新在相当长一段时间内是不赚钱的，只有过了一个点，才会开始赚钱。这就需要企业家看得很长远。如果只考虑眼前的事，谁会去创新？所以要营造良好的宏观环境，让大家愿意看得远。现实当中有些人，即使是在很容易赚钱的时候也愿意做那些很难的事，这是了不起的人。但是对大部分企业家来讲，他们总是找最容易赚钱的方法。现在的创新，无论对单个企业的生存，还是对整个国家的经济发展，已经变成一个不能说说就行，而要真的行动起来的事情。但这个行动的结果会怎样，我们也不知道，这就是创新的不确定性。

刘科：刚才宋会长也讲了，创新包含商业模式创新、管理模式创新、技术创新。中国前些年的创新很多是商业模式上的，因为商业模式的创新相对来讲门槛比较低，未来可能进入一个高技术或者叫硬技术领域的创新，这时就像刚才你讲的，需要有远见的企业家。

张维迎：是的，我再强调一下，能推动人类真正进步的东西，最终还是要落实在技术层面。商业模式再怎么创新，带来的效果也是非常有限的。不要干什么都打着创新的旗号，不是只要跟别人有点不一样就叫创新。

如何提高创新能力

刘科：南科大的口号是“创知、创新、创业”，我对这三个词做了一个限定，我说大家在讨论创新的问题，我们先把定义搞清楚。什么叫创知？创知的英文是create knowledge，产生知识，把这个过程写成文章。创新的英文是innovation，刚才讲的广义上今天和昨天做得不一样就是创新，狭义上是在高技术领域的创新。我对创新的定义是把知识转化为技术的过程（turning knowledge to technology）。创业就是把技术转化成产品和财富的过程。人类赚了钱以后再投入创知、创新，而人类社会就是在创知、创新、创业三个方面循环发展。所以我非常同意你的观点，我觉得在全世界找不到任何一个群体比中国的企业家更勤奋，除了睡觉以外的时间都在工作。按道理，全世界1/4的创新应该是由我们做出来的，但为什么我们并没有做出来呢？至少目前的几次工业革命都不是我们引领的。就像刚才维迎讲的，马车再创新还是没法儿跟汽车比，汽车的出现是一个革命性的新发明，把马养得再好，马车搞得再漂亮也没用。

问对问题是成功的一半，那怎么才能把知识转化为技术，怎么才能提高创新能力呢？我想听听宋会长的观点。

宋志平：熊彼特1912年出版了一本《经济发展理论》，其中就讲到刚才你说的，一辆马车到一万辆马车，它其实是“增长”，只有马车变成蒸汽机车才能叫“发展”。所以创新的本质其实就是发展。我们确实是一个很聪明和勤奋的民族，我有时候给大家讲，凡是能写神话故事的民族，一定很聪明。我们是一个非常富有想象力的民族，那为什么我们的创新在某些方面反而落后了？我也常常在想这个问题。我认为这和我们的教育有一定关系。

中国家长对孩子的要求缺了一个东西，就是提问。我们会问孩子他们在班上排第几名，而有的国家的家长会问孩子最近在学什么新的东西，给老师提了几个问题、有没有难倒老师。就是向孩子提问这么一件小事，反映出思考问题出发点的差异。我觉得要想有创新，文化上就得有这种平等、开放、让孩子们能够提问题的氛围。爱因斯坦曾经说过："其实我和别人没有不同，我只是更有好奇心而已。"创新是一种改变，是无中生有，从零到一。它需要我们去质疑，去提问。为什么是这样？为什么不是那样？但如果我们从小就不让孩子提问，不让他们去胡思乱想，只知道让他好好读书，把书背透，反复巩固已知的东西，而不是突发奇想、思考一些天方夜谭的东西，我觉得就妨碍了创新的文化和意识。费尔普斯写的《大繁荣》这本书里说过，创新其实和制度没什么关系，他认为创新主要来源于价值观。中华民族很优秀，学习能力很强，我们培养出的是有创新意识的人，还是循规蹈矩的人？这一点应该特别重视。

传统企业如何创新

刘科：有种理论说创新能力实际上是积累的知识乘以好奇心。过去我们的教育是，知识永远是随着教育的增长递增的，但好奇心可能是前期递增，到后期就被限制住了。确实，我们的应试教育可能无形中抑制了孩子的好奇心和创造力，这方面需要改进。

我最近也在思考高科技、中科技、低科技的问题。我们现在大力发展高科技，一提传统产业就没人愿意去干，不少地方政府都在推人工智能、新医药、大数据。那怎么用这些高科技去改造传统产业呢？用高科技改造过的传统产业还能叫传统产业吗？我觉得这可能也是我们要去关注的问题。现在大家一谈创新，可能只谈那几样东西，这样可能会造成误导。

张维迎：其实又回到企业家这个问题。创新和发明不一样，发明只要做出原来没有的东西，而创新最终一定要落实到商业化上，产生商业上的价值。从历史看，中国过去长期以来是重农抑商的。如果没有一个企业家群体在那折腾，就不可能有创新。创新是从下到上做出来的。企业家创新可能纯粹出于商业目的，有些人可能完全出于好奇心。

创新是互相创造机会。举一个古老的例子，冶金行业有3500年的历史，但是在传统上，冶金的技术发展很慢。铁都很宝贵，更别说钢了，所以我们平时说砸锅卖铁，意思是卖掉我唯一剩下的宝贵的东西，或者说好钢要用在刀刃上。但是到英国工业革命之后，开始以焦炭炼铁代替了原来的木炭炼铁，钢的产量大大增加。产能增加之后能干什么？不能总造刀具，造镰刀，那就得有人去想这些问题。英国企业家约翰·威尔金森说，我们用铁来造桥，这是个新的建筑材料。我们再来看，第二次世界大战之后发明了晶体管，晶体管是干什么的？有人说我们可以用晶体管做计算机；大的台式收音机，如果把电子管换成晶体管，能揣在兜里；还有助听器，用电子管噪声很大，质量不好，可以用晶体管来替代。这样市场就出现了。

创新最后的受益者都是消费者，只有让普通人感受到创新带来的价值，才是成功的创新。我举一个中国的例子，公元1041年至1048年，毕昇发明了活字印刷术。这个技术一直被写在书本上，没有被广泛应用。但是400年后，一个德国人约翰内斯·古腾堡发明了西方活字印刷术，50年内这项印刷技术传播到欧洲各大城市。但是同样一个东西，到了伊斯兰世界就不行，又过了

◎ 宇树科技专注于技术创新，引领行业潮流

将近400年，伊斯兰世界才第一次开始使用印刷术。

每一种创新在给消费者带来好处的同时，也会给被它替代的企业、职业带来伤害，经济学家熊彼特称之为创造性破坏。好处被大部分人享受，破坏性由少数人承担。不仅是中国，全世界都有这个规律。科学史学家西里尔·史密斯讲过，每一个创新都身在很不友好的环境当中，朋友很少，敌人很多。朋友其实不少，但分布非常分散，没人愿意去发声。而敌人都是雄赳赳气昂昂要决一死战的，好多创新在这当中都会被毁灭掉。

我们常问：为什么工业革命发生在西方，而不是在东方？还可以问一个问题：为什么发生在英国，而不是在法国？因为英国当时给企业家提供了更好的环境。不论你信仰什么，只要你在生意上能够成功，别人都尊重你。而法国完全不一样。法国人为什么有创造力？因为发明出新东西政府会给予奖励。但企业没法做生意，因为对企业有诸多限制。所以从这个意义上来讲，创新是个人才能，但这种个人才能的发挥需要一个环境，这个环境使有雄心、想赚钱或者想做成什么事的人可以自由地去做。

创新与企业家精神

刘科：我们不缺创新的动力，也不缺创新的资金，但是我们目前可能缺创新的意志，缺创新的人才。宋会长的书里也提到，创新精神就是企业家精神。我们现在是不是缺乏对企业家精神的弘扬？您作为企业家中的思想家，我想听听您的观点。

宋志平：刚才维迎老师讲到创新和企业家精神之间的关系，企业家精神里，首先就是创新精神。熊彼特认为，“企业家精神＝创新精神＋冒险精神”。德鲁克又提出，企业家精神是创新，创新创造了财富。我们不说熊彼特和德鲁克谁对谁错，因为他们处于不同的时代。1912年，工业革命早期，机会比较多，你只要敢冒险就可能成功。但到了1985年德鲁克写《创新与企业家精神》这本书的时候，工业已经发展得很成熟了，这个时候创新的成本已经很高了，如果你盲目冒险就可能失败。今天我们也是这样，改革开放初期机会遍地，企业家敢冒险就能够赚钱，但到了今天，如果企业家再把冒险放在第一位，就可能会失败。企业家精神是一步一步随着时代而变，所以我们今天一再提倡，要让大家进行有目的、理性、高质量的创新。我很赞成德鲁克先生的观点，他说其实冒险不是企业家的必然选项，企业家的创新是一种有意识地选择机遇的行为，而且企业家的一大特征就是要规避风险。

我在企业里做了40年，企业发展一要靠改革，二要靠创新。举个例子，碳纤维是“卡脖子”的技术，它是可以用在航空航天领域的新材料，既轻又耐高温，强度高，我们称它为材料里的一颗明珠。这种材料过去只有日本和美国能做，但是现在，中国建材自主研制出了T700碳纤维、T800碳纤维和T1000碳纤维，并应用到了中国的航空航天领域。这其实就是一个巨大的创新。但就像维迎老师讲的，碳纤维到现在已经做了12年，前10年都是不赚钱的，这两年才开始赚钱。但是我们看得很长远，我们知道做碳纤维虽然短期不赚钱，但从长远来讲，它会产生效益，因为它填补了国家的一个技术空白。所以我们前期的高投入并不是无目的地烧钱，而是有目的地创新。我们原来刚做碳纤维的时候，也没想到这个产品能够创造这么多的需求。现在碳纤维做出来之后，我们发现它能应用到很多领域。

比如我们还有一个产品，叫微光夜视仪，黑夜里有一点点光人是看不到的，但微光夜视仪可以把光放大。现在这种功能还可以用于手机识别指纹等。所以，创新确实能产生很多商业财富。2020年，中国建材仅新材料业务就产生了100多亿元的利润。

一提到建材，大家容易想到水泥、玻璃。我老讲水泥是好东西，它可以造水坝、隧道、油井、页岩气管道等。比如港珠澳大桥，如果不用水泥，是很难用其他材料建造的。中国的水泥产量占全球总产量的60%。20年前大家对水泥印象不好，水泥厂冒烟、有粉尘等污染物。但是通过20年的发展，水泥工业在工艺、装备方面不断创新。现在的水泥厂可以做到无人工厂，而且水泥生产过程中脱硫脱硝、双收尘，水泥工厂里边可以做到一尘不染，变成花园中的工厂、森林中的工厂、草原上的工厂。这些进步可能并不是高科技，也可能不是颠覆性的创新，但我们在不断地做持续性的创新，使产品越来越好，让企业产生好的经济效益。

◎ 中复神鹰以碳纤维为纽带，为复合材料高质量发展注入新动能

技术创新也不见得都是高科技，中科技、低科技其实也可以创新。过去，在美国，高科技创新对国民经济总产值的贡献只有1/4，3/4的社会贡献来源于中科技、低科技的创新。高科技创新一般都需要高投入，需要很长的时间。我做过5年国药集团的董事长，一个新药的研发大概需要10亿美元的投入和10年的研发时间。最近国药集团的同志告诉我，10亿美元现在已经不够了，平均研发成本已经到26亿美元了。这么高的研发成本，是一般企业承担不起的，只有像国家研究院、高校机构，以及一些大企业的重要研究院才能承担得起，比如华为，2020年的科研投入约1400亿元。我们要认真思考，是不是只有高科技才是创新，中科技和低科技就不是创新了吗？大家一股脑地去搞高科技真的好吗？

我前几年到法国去，当时世界第一大水泥制造商拉法基的一把手跟我交流时问了我一个问题："你认为水泥在未来50年内会不会被颠覆？"我想了想说"不会"。他说："为什么？"我说："因为水泥是性价比很高的产品，很难找到一种材料短时间内把它颠覆。"他说："我也是这么想。"企业家最害怕的就是他所做的这个行业有一天会被颠覆。当年液晶电视把彩色显像管颠覆了，现在轮到了汽车行业。原来我以为汽油车被颠覆还需要很长时间，最近我去了比亚迪、北汽、一汽等公司，看了新能源汽车，感觉到颠覆的速度正在加快。能让企业发展的是创新，但是埋葬、颠覆企业的可能还是创新。企业如果不重视持续性创新，就赚不到钱；如果不重视颠覆性创新，就可能会被颠覆。所以企业家真的不容易。

刘科：其实我们可以说，创新者都是“偏执狂”。为什么有些文化适宜创新？因为这些文化鼓励个人主义。有时候我在想，传统产业要是遇到问题了，只要给它足够的资金总能救活。但创新企业，一旦它的路看错了，最好的办法就是及时止损。规划性的创新实际上是很危险的，因为很可能砸进去多少到最后都会打水漂。

张维迎：不偏执的人，某种意义上就不可能真正去创新，随大流的就不是企业家。我研究的所有例子都是这样，无一例外。大部分创新的人，一开始追求创新时，都被人说成是“疯子”。

刘科：很多人都认为中国建材是一个非常传统的企业，但事实上中国建材做了很多创新。中国建材重组水泥企业，变革了水泥产业，这是传统产业变革发展很好的案例。另外，像超薄玻璃、碳纤维等，很多中国的新材料都是中国建材研发出来的。宋会长，您执掌中国建材这么多年，怎么看？

宋志平：过去我刚接手中国建材的时候，公司只有20亿元的收入。后来我推动公司进入水泥业务领域，包括在水泥领域进行大规模的联合重组时，当时确实有人说“中国建材是不是疯了”。当一个新事物出现时，很多人一开始并不一定能认识到这个新事物是好是坏，但当你认识到的时候这个时机可能就过去了。

今天中国水泥行业通过重组已经形成新的局面，我当年在中国建材推动重组的时候，行业只有6%的集中度，现在是70%的集中度。刚才刘老师讲到了玻璃，中国建材过去做建筑玻璃，现在还在做玻璃新材料。比如，我们现在做手机屏上的玻璃，包括电视机上的玻璃，TFT-LCD 玻璃基板是一种很薄的玻璃，同时又耐高温，还要结实。我们手机上这块玻璃的模组由多片玻璃组成，有两片液晶面板的玻璃，中间加上液晶，还有一块触控玻璃，再加表面这一块金刚玻璃，就是非常结实的。过去手机掉在地上，屏比较容易碎，现在情况好多了。最近中国建材还在做柔性玻璃。

围绕企业创新，确实有很多不同的看法。有的觉得企业创新要靠草根企业、民间创新，觉得大企业不创新。费尔普斯在《大繁荣》这本书里提到的就是这个观点，认为创新主要是底层推动的，并不是大企业的创新活动推动的。当年汽车时代来临的时候，美国的铁路公司都去造汽车，但真正造出汽车的是福特家族。航空时代来临的时候，汽车工业都去造飞机，但真正造出飞机的是波音和麦道。大众创业、万众创新，实际上也是想激活民间的创新力量。但是作为大企业来讲，在创新面前，究竟应该是主动的还是被动的呢？这也是给我们提出的问题。

企业必须创新，不创新那只有死路一条。说到创新的模式，我们现在基本讲的是自主创新、集成创新和模仿创新，应该说后发国家基本的创新模式是从模仿创新开始，因为它投入少，成果来得比较快，是学习型的。但是光靠模仿不行，因为靠模仿只能做到二流、三流。所以这个时候，就要往上升，就要有自主创新。

刘科：我认为现在真正创新比较好的地区，有两方面做得比较好，一方面是知识产权保护，另一方面是反垄断。我其实一直坚信如果把这两方面抓好了，我们中国人的创新能力会更好地发挥出来。但是模仿创新和知识产权保护之间的界限是很模糊的。

宋志平：模仿创新不见得要侵犯知识产权。比如半导体，其实半导体最早是贝尔实验室发明的，后来日本索尼的盛田昭夫跑到美国，花了几万美元把半导体的晶体管技术买了去，然后在日本开始做半导体收音机，没想到从此半导体在日本开始大规模地应用，掀起一场革命。所以模仿创新也有规矩，我们可以按照规矩来，这样可以保护知识产权。其实后发国家能从0到1发明一个东西，是比较难的事情。这需要很多的基础科学研究，很多的配套设施，不是一个人靠想象就能做出来的。

包括我们过去说的“缺芯少屏”，现在屏的问题我们解决了。中国京东方经过集成创新，收购了韩国现代电子的三条4.5代TFT-LCD液晶面板生产线，在这个基础之上，再加上自主创新，在国内建设一条5代线，能生产出全世界最大的屏。实际上做出一项高科技成果，不可能只靠一个企业，还需要基础科学研究和大规模的配套，需要非常复杂的体系才能创造出来，它是一个积累。

张维迎：集成创新当然很重要，而且中国不少企业靠集成创新发展起来，但如果大家都搞集成创新的话，那集成谁？我认为创新一定是分散化的，八仙过海，各显神通，我最近不断重复这句话，只有八仙过海，各显神通的体制，这才是创新的体制。最具有创新精神的人，一旦把某个人作为标杆，都按这个人的方式去做，那就不叫创新了。创新就是跟大部分人做得不一样。这就是为什么最后大企业基本会死掉，因为它不可能从事颠覆性创新，因为它的体制和思维都会局限在那里，后来者一定会从另外一个角度去颠覆它，而它自己颠覆不了自己。我根本不担心垄断，只要有企业家精神，就不会存在垄断，因为企业家精神就是不被人替代。所以从这个意义上说，打破垄断的最好方式是创新，所以让人们有一种自由发挥才能的创新体制，这才是最好的体制，而不是我们脑子里事先规定好，能做什么，不能做什么。

资本与创新

刘科：谈起创新型社会的建立，资本对创新肯定是有影响的。我想听听二位对于资本对创新的影响怎么看。

张维迎：创新是长期的，可能要亏损很长时间，谁去垫这个钱？资本就很重要了。但现在不少PE、风投这些投资者越来越急功近利，就是特别想投进去一年两年就上市套现，这其实对创新不好，因为它会给企业家带来短期压力。我觉得投资者并不总是对的。一个企业家要创新，要找不是为了获得短期回报的投资者。

宋志平： 资本是企业家用于创新的杠杆，是支撑创新的基础。从现在来看，中国这几年的创新，也得益于资本市场的支持，尤其是科创板。2021年科创板募集的资金约占新募集资金的50%，资本极大地支持了创新事业。中国有超过15万亿元规模的股权基金支持企业创新，现在又用资本市场支持创新。虽然资本市场的逐利性会给创新、创业带来很大压力，但是从主流来看，资本市场对创新是非常重要的助推器。

刘科： 我的一个观察是，任何一个创新的组织文化，首先必须容忍失败。如果不允许大家出错，这个组织就无法创新。如果组织里没有人愿意去试错，最后都是四平八稳的人上升，不断创新、不断试错的人反而受到惩罚，创新能力就释放不出来。宋会长，您在央企工作这么多年，您觉得应该怎样培养创新的文化？

宋志平： 从两方面来说，一是要有容错机制。但从微观来讲，大家尽量少出错，而不是因为容错了就可以出错，所以做企业实际上要战战兢兢、如履薄冰、如临深渊。创新也是如此，企业还是要提高创新水平，要减少盲目的创新。二是要接受创新的指导，总结创新的一般性规律，让创新者汲取经验教训，这些也至关重要。创新是个试错的过程，要给大家一定的宽容度，但是任何企业，本能地要减少创新失败的概率，要让创新利益最大化。

刘科： 我记得乔布斯曾经说过的一句话："我现在花钱，雇了你们这么多聪明的人，是让你们告诉我怎么做，不是我告诉你们怎么做。"但在中国，很多企业家的态度恰恰相反。很多企业的老板很厉害，基本就是我告诉你，你去做就行了。那到底该怎么去平衡创新企业领导和创新团队的关系？

张维迎：多数人的智慧不如少数人的智慧，从创新来讲是这样的，未来仍然会是这样。

刘科：感谢二位。中国现在最需要的是两批人：一批是具有企业家精神的科学家，另一批是具有一定科学素养的企业家。企业家是创新创业的核心，科学家是创知的核心。我们最终要培养企业家，企业家好了，这个社会就好了。

02 三精管理的效用
——与王石、何志毅对话

对话人： 王　石，万科集团创始人，万科公益基金会理事长
何志毅，清华大学全球产业研究院首席专家，北京大学光华管理学院教授

时　间： 2022 年 5 月 28 日

地　点： 北京

何志毅： 宋志平会长写了20多本书，《三精管理》是其中很独特的一本，是宋志平会长对此前出版书籍内容进行的系统性总结和提升精炼。写作这本书的初衷和背景是什么？

宋志平： 尽管我过去写了一些书，但一直想写一本比较简单明了、综合实用的管理类的书，同时还有时代背景的因素，因为我国经济发展进入新时代，由高速增长阶段转向高质量发展阶段，从过去重视规模和速度，到现在重视质量和效益。转型过程中，很多企业很迷茫，不知道该怎么做、如何转型，甚至是否要转行。我觉得做企业还是要回归本源，要把产品做好，按照常理做企业，没有什么特别的方法。所以还是回到我们最初的一招一式，把它总结好，所以我就总结了“三精管理”。

我也觉得“三精管理”是企业家在工作中实际需要的。改革开放以来，我们经历了管理热潮，学习了不少欧美、日本的管理书籍，促进了企业管理水平的提升。但是坦率来讲，我们更需要结合中国企业实际，能为中国企业家提供方法论的管理书籍，这是我一直想做的事情。所以我希望通过写书，系统地给大家讲讲做企业的管理之道。

何志毅：我也觉得这本书不是仅仅写出来，而是先做出来，然后讲出来，最后它写出来的。我想问问王石先生，您读这本书的第一感觉是什么？

王石：过去我们的管理理论一直以借鉴、跟随为主，更多的是看别人的案例总结，自己的案例总结不多。但是改革开放40多年过去了，中国有巨大的市场，有自己的文化特色，我们必须把这些结合起来，形成自己的特点。从企业管理经验、企业经营经验、企业发展理念来看，《三精管理》这本书都是教科书式的。"三精"本身是提纲挈领的总结，非常清楚。我觉得这本书比较容易读，但是可以感受到下的功夫是非常大的，把实践的体会做总结、梳理成理论，再通过备课、讲课的过程成文。受《三精管理》这本书的启发，我自己也很想写一本书。

何志毅：这本书确实是教科书式的，按照我的理解，既有哲理的高度，又有视野的宽度，还有操作的细度，很有颗粒度。我想请宋总简要介绍一下"三精十二化四十八法"。

组织精健化

宋志平："三精管理"指组织精健化、管理精细化和经营精益化。

组织精健化重要性何在？一个企业在成长的过程中，如果不去干预它，它会疯长，甚至得"大企业病"，效率会降低，最后轰然倒下。一方面，企业的逻辑是成长的逻辑，必须让它长大；另一方面，在成长的过程中，管理者要对企业进行"剪枝"，像果树剪枝一样。

组织精健化中包含"四化"：治理规范化、职能层级化、平台专业化、机构精干化。好的公司一定是治理规范的，这个特别重要。企业做大后，每个层级要有不同职能，要有决策高手、市场能手、成本杀手，很多企业层级不明，就会导致行权乱、投资乱。同时每个企业都要有专业的业务平台，长期专业从事某项业务，坚持长期主义、专业主义、务实主义，才能成为行业内的"单打冠军"。机构精干化就是要不停地"剪枝"，要控制层级，要控制机构数量，还要控制人员数量。

管理精细化

宋志平：“精”者质量，“细”者成本，这是管理精细化的精髓。不管有多么高超的新技术，企业如果忘记了质量和成本这两个最基本的要素都可能会失败，因为东西做不好，成本降不下来。管理是企业的基本功。管理精细化，主要体现为管理工法化、成本对标化、质量贯标化、财务稳健化。

何为管理工法化？日本人更注重方法论，比如“5S管理”、零库存、适时生产。现在越来越多的中国企业也在企业管理上摸索出了自己的工法。我在宁德时代调研发现，公司的产品做得好，就是因为他们使用了一套工法“极限制造”。摩托罗拉创造了六西格玛，之后被GE引用，就是将缺陷率控制在百万分之一以内；而宁德时代的极限制造要将缺陷率控制在十亿分之一以内，这可以说是宁德时代的核心竞争力。宁德时代的创始人曾毓群等人早年都经历过日本产业管理的训练。此前，我管理北新建材、中国建材等公司也用了不少工法，包括“三五整合”“八大工法”“格子化管控”“六星企业”，以及现在的“三精管理”。我总结出一套方法，让大家一看就知道怎么做，这是管理工法化的重要性所在。

关于成本对标化，降低成本比较简单的方法就是对标，这其实是数量对比的一种管理方法。

怎么理解质量贯标化？如果等检验员把废品检出来，那时已经造成巨大浪费，因此要进行全过程、全员管理。过去我们常用的TQC，之后逐渐形成ISO9000管理方法，再往后就是现在用的卓越绩效评价方法PEM。在我看来，质量管理不是严和宽的问题，是有没有方法的问题，要让企业对这套国际标准的执行连贯起来，所以提出质量贯标化。

财务稳健化很重要，现金流量表里最重要的是经营活动的现金流净额，就是经营活动里有没有现金流净额，企业赚到钱没有。企业出问题最后一般是出在现金流上，资金链断了，企业才最终死亡，如果资金链没断，即使有这个或那个问题，还不至于倒闭。

组织精健了，管理也精细了，是不是企业就一定好呢？是不是一定能活下去呢？不见得。即使成本等于零，也不见得能在竞争中获胜。问题出在哪里？因为我们今天所处的环境具有不确定性，在不停地变化。有了精健的组织、精细的管理还远远不够，企业要学会从管理到经营，要在经营上做出正确的选择。在不确定性中做出正确的选择，这是一个经营问题，不是一个管理问题。

经营精益化

宋志平：经营精益化主要包括业务归核化、创新有效化、市场细分化、价值最优化。业务归核化，就是企业必须构造自己的核心业务，非核心业务不赚钱的应立即减掉，不要让它有“出血点”。讲到创新有效化，创新是企业经营的核心，能够增加企业竞争力和活力。但是，创新是极具风险的一件事。所以，在创新上很重要的就是，要有效、有目的和有质量地创新，不要脑子一热就进行创新。

现在很多企业产品过剩了，企业家考虑要不要转行。其实企业更多应考虑转型，而不是转行，除非这个行业彻底消失了。转型的路径之一是进行市场细分、产品细分。中国建材当时做水泥如何进行市场细分？中国建材做了45个核心利润区，在这些地级市有定价实力、话语权，而不是在全国各地都有话语权，这就是市场细分。北新建材过去卖石膏板，如何能卖到全国市场占有率达到60%？因为进行了品牌细分，高端市场靠龙牌，中低端市场有泰山牌，这个打法很好地发挥了产品细分的功效。再比如福耀玻璃，其实玻璃行业有建筑玻璃、汽车玻璃、光伏玻璃、电子玻璃、光学玻璃等很多细分领域，福耀只做汽车玻璃，全球市场占有率达到33%，中国市场占有率超过60%。所以企业要做细分，用什么细分？一定是用技术创新、转型升级去细分，打造出细分领域的头部企业。

另外，合理的定价至关重要。企业要主动掌握定价权，不能被动地去适应定价，如果被动地适应，就会像在大海里的一条小船，无法掌握自己的命运。我们提出了“价本利”，就是要稳定价格，降低成本，取得利润，能保量就保量，保不了量适当减量都行。在我看来，一家公司上市不仅是为了募集资金，更重要的是提高上市公司的价值，为股东创造价值。上市公司为什么能够实现千亿级的高市值？经过长期观察我发现，他们往往是行业细分领域的头部企业，是成长性和盈利空间大的企业，也是规范治理的企业。

◎ 名创优品向全球用户提供有创意的产品

国企、民企都符合企业的一般性规律

王石： 宋总管理的是中央企业，但我觉得他的管理方法也适合民营企业。国内一批大型央企的管理方法非常值得借鉴，大型国有企业的管理中蕴藏着中国文化。

无论是国有企业，还是民营企业，它们发展到一定规模之后，都很难找到发展的突破口。即便是世界500强的跨国企业，发展到一定规模也容易出现“大企业病”，容易产生路径依赖，缺乏创新。管理水平高低与否，关键还要看企业的实际经营绩效。例如，丰田汽车在全球盈利效率第一，这背后离不开其一直求变的管理原则。广汽丰田允许合资公司出现自己的品牌，进行完全独立的创新，这是非常令人惊讶的。

宋志平：不管是民企还是国企，它们都是企业，都符合企业的一般性规律。这本书探索的是企业的规律，这些规律不是国企特有的，而是国企和民企共有的。过去的3年我做中国上市公司协会会长，A股4782家上市公司中，有2/3是民企，1/3是国企。我去了上百家公司进行调研，大部分是民企。所以这本书不单适用于国企，也适用于民企。

刚才王石董事长讲到了民企和国企做大了都可能得大企业病。其实我老讲，企业小时是自己的，可以独善其身，企业做大了就是社会的。在这个问题上，国企可能缺少一些自主权，但多了监管机制。对于大企业来讲，可能监管更有意义。同时，国企是有不同层级的，越是基层越接近市场，其实在经营管理、市场竞争、企业创新上和民营企业没有太大的区别。其实这本书中的大部分是写给基层二三级、三四级企业的干部的。

商学院结合企业案例“开门办学”

何志毅：我们走过了改革开放，企业从无到有、从弱到强、从落后到先进的过程，到了现在这个时候，在原来向别人学习的基础之上，我们应该总结一些东西留给后人。回到工商管理教育的问题上，我觉得这本书是很好的MBA教材。宋会长、王石董事长都很关心中国的工商管理教育，宋会长曾担任三届全国MBA教指委委员，十几年前王石董事长就在北大光华管理学院讲课，我非常希望看到这样有管理企业实践经验、具备“一身武功”的人到商学院来。你们有没有兴趣和想法更多地参与或影响商学院的管理教育？

王石：实际上我2014年就在剑桥办了一个班，实际上以运动为抓手，做企业经商管理的教育。实际上我想写书，不一定是个关于企业管理的书，而是关于如何管理自己。比如，怎么管理自己的睡觉、吃饭、锻炼，实际上我们要先能管理好自己，才能管理好别人。

宋志平：工商管理教育对企业来讲非常重要。尤其是近几年，我看到民营企业家们的学习热情特别高，这远远超出我的预料。大家为什么愿意投资学习？我觉得就是大家在实践中发现只靠一个人的孤军作战、靠经验，做不好企业，所以必须学习。

对于商学院来说，我们应该看到工商管理是个实践科目，所以既要教理论，又要教实践，所以我主张商学院开门办学，应该结合着企业的案例，应该让一些企业家到商学院的讲台上进行一些介绍。我们以后要培养更多的企业家，让大家学会总结、讲课，同时我们也希望老师们更多地接触企业，到企业里做独董等。

管理从来不是无师自通的，所以我说，书中自有500强。其实我能做两个世界500强和我读书有关。我一直鼓励加大工商管理培训的力度，同时我也希望中国的工商管理教育更加贴近实际、更加接地气，能解决企业在现实中遇到的难点、痛点，真正为企业创造价值，为企业家创造价值。

何志毅：中国管理要出自己的经验，不仅要培训现在的工商管理人员，而且要代表中国管理思想走向世界，我们也希望越来越多的企业家、企业思想家，在身经百战后，对中国管理的本土实践进行总结提炼，上升到理论教科书的层次，让更多的未来的企业领导者受益。

03 深度领导力如何炼成
——与哈佛商学院巴达拉克对话

对话人：小约瑟夫 · 巴达拉克，哈佛商学院教授
主持人：曹雨欣，《决策之道》主编
活　动：正和岛系列直播“十日谈：看法与办法”
时　间：2022 年 6 月 11 日
地　点：北京

企业领导者的特质

曹雨欣：关于领导力，巴达拉克教授写了《沉静领导》，宋会长也在《经营制胜》中提出做有效的经营者。请两位嘉宾分别谈一下，作为一名企业领导者应该有怎样的特质？

宋志平：我们常讲做好企业有三件大事：战略、组织和领导力。管理层的领导力对企业来说非常关键。关于领导力，从我自己这么多年的体会来看，有三点特别重要：一是决策力。作为领导，战略的制定和一些重大问题的决策是没有办法让别人代替的。领导首要的责任就是把好方向，定好战略，做好决策。二是用人所长。一个组织由很多人组成，如何选人、把人用好，如何能够发挥每一位管理者的长处，也是领导非常重要的职责。三是勇于负责。领导其实是一个为企业负责的角色，所以要勇于负责。有责任自己扛，有成绩给部下，这样以身作则，企业才能够有凝聚力和向心力。

巴达拉克：我觉得您刚才说的勇于负责非常重要，是领导者的第一个特质。勇于负责不仅意味着一定要在做决策的时候考虑周全，而且需要有战略和

胆识——“我必须对此负责，我们必须把这件事做对”，这是一种非常强的信念，有这种信念才能帮助大家走出困境。第二个特质，我叫它灰度决策能力。在组织里，如果出现一个简单的问题，可能其他人就可以处理。但是在非常复杂的情况下，问题不是非黑即白的，也没有先例可以参考，留在领导者桌上的往往是这种问题。要解决这种问题，领导者必须对他人的看法非常敏感，理解非常深刻，尽力从别人身上学习到更多信息。此外，遇到灰度问题的时候勇于承担责任是非常重要的。领导者勇于承担责任，才能带动大家共同投入。

宋志平：我在这么多年的实践中，也发现遇到的往往是这种复杂问题，也是在处理这些复杂问题时才能够展现领导的才能和作用。刚才讲到勇于负责，我们在做企业的过程中不可能一直成功，实际上我们经常会失败，领导力的关键就是如何面对失败，领导者应该把责任承担过来。

如何培养领导力

曹雨欣：那么领导者到底是天生的，还是后天可以锻炼的呢？

宋志平：其实二者皆有。一方面，我们相信领导力确实有天生的成分，比如这个人天生喜欢进行管理，勇于负责等。但另一方面，一个人即使有这些领导特质，也只有通过学习、锻炼才可以做得更出色。

巴达拉克：我完全同意，有些人可能天生就具备这些领导者的特质，但这只是第一步，要成为卓越的领导者可能还有10步要走。而有些人可能看起来不是天生有这些特质，但是如果把他们放在合适的环境中，给他们支持和帮助、榜样、建设性的反馈等，也可能会发现他们有卓越领导者的潜力。所以，高级领导者需要把年轻人放到合适的环境中，给他们引导和鼓励，让他们能够把潜力充分释放出来，使他们也能成为很好的领导者。

曹雨欣：两位嘉宾都提到领导力需要学习和锻炼。对于大多数普通人来说，应该如何通过后天的锻炼培养领导力呢？

宋志平：我觉得对普通人来说，想提高领导力有几点特别重要：一是勇于负责，并且不仅仅是对自己分内的事负责。如果一个人只是把自己的事情做好，分外的事情一点也不做，不可能成为一个领导者。做事情时有全局观，可能慢慢就会凸显出领导的才能。二是多思考。巴达拉克先生也强调了反思的重要性。干活之外多思考，比如多想一些全局的问题，也是非常重要的锻炼。三是理解上级的整体意图也非常重要。过去我发现，有的人不光做自己的事，其他的事也都愿意负责。实际上这些愿意多负责任的人可能会有更多的发展机会。从另一个角度来讲，能够理解领导的意图，能够为整个集体全面着想，对于普通人成长为领导者来讲是非常重要的。

巴达拉克：我完全同意，我们要找的领导者就是这种有成长性思维的人，如果遇到挑战，他们会很愿意去尝试。对普通人来说，清楚自己的优势非常重要。有的人想象力丰富，可以做营销；有的人善于说服别人，可以做销售；有的人分析能力强，可以去做生产、控制等。所以，要先了解自己的长处在哪里，然后再看自己喜欢做什么，这样才能走得长远。

还有一点，就是要能够自我教育。在组织中找一些同事作为自己的榜样，从他们身上学习。从别人身上学习不是要完全复制他人的做法，也不是学习一个榜样的所有方面。比如开会时，看到某个同事擅长言简意赅地表达想法，你就可以去学习他是怎么做到的，然后自己去练习，从别人身上学到一些长处。重点在于你要知道自己的优势是什么，同时诚实地面对自己的劣势，找到自己可以学习的榜样，努力扬长补短，才能成长为好的领导者。

宋志平：如果想做一个领导者，我们还得有一个包容的心态。打个比方，如果我们能够包容几个人，可以当班长；如果能够包容十几个人，可以当排长；如果能包容一百多个人，可以当连长……能包容的人越多，能组织的人也就越多。领导者要能够照顾大家、理解大家，让大家都在你这儿感到温暖，组织才有向心力。

巴达拉克：确实如此。所有人都有缺点，有的人可能让你非常头疼、讨厌，但是领导者必须学会和不同的人打交道、看到每个人的长处。所谓“人才”，就是他的技能能够跟任务匹配。所以，“发现人才”就是把正确的人放在正确的职位上。组织当然会遇到很多困难，但是把组织成员放在正确的环境中，可以帮助他们去展现自己的才能，对于组织发展也非常重要。

怎样做到“沉静领导”

曹雨欣：两位嘉宾刚才谈论了很多关于领导力的特质：勇于负责、有全局观、学会反思、理解上级的意图，还要有一颗包容的心。除此之外，巴达拉克教授提出过一个耳目一新的观点，叫“沉静领导”，包含三种沉静型的美德：克制、谦逊和执着。其实在很多人眼中，宋会长就是如此。我记得有一篇文章写过，宋会长从来没有骂过人，也没有跟别人红过脸。其实企业里面会遇到非常多棘手的问题，我想知道您是怎么做到的？

宋志平：我认真地读过巴达拉克先生的《沉静领导》，非常欣赏他的观点。其实我们中国先贤也讲，遇到问题以后如何能够平静下来，以平常心处理问题。解决棘手的问题可能不是靠英雄气概，而是靠扎扎实实的行动。我特别欣赏他讲的克制、谦逊、执着等品质，这些都是领导者比较好的特质。刚才你讲到我没有发过脾气，其实人的心也是“撑”大的，我们都是学着如何克制自己、理解别人，站在别人的立场上去想问题，探究问题的根本原因。过去我们都觉得领导很威严，实际上巴达拉克先生的《沉静领导》给中国的企业管理者提供了领导的另一种模式。

曹雨欣：巴达拉克教授是领导力研究的专家，想必也遇到过不少强势的领导。在您看来有沉静特质的领导力有哪些优势或者劣势？

巴达拉克：在任何一个好的组织里，如果你问大家到底谁在把企业变得更好，那绝对是沉静的领导者。很多企业里，忙前忙后的不是那些英雄式的领导者，而是沉静型领导者，他们乐于和其他人合作，把事情做好。沉静型领导者虽然像其他人一样也想得到晋升，得到更多的工资，但是他们不自负，很谦逊。因此，沉静型领导者可能不够引人注意，不能拿到很多的奖励。领导层应该给予沉静型领导者更多的奖励，甚至拍拍他的肩说“做得好”。

克制和谦逊的特质非常重要。比如在会议上，展现出克制和谦逊可以为他人创造空间，让他们说出自己的想法。如果你身边有很多聪慧的人，他们有你所不具备的专业知识，那么你需要聆听他们的想法，这就需要克制。但是有时候，你会发现别人说出的话是错误的，没有经过深思熟虑。这时候，克制意味着你不会当场批评他，可以在私下自由地表达自己的意见，同时得到其他人的反馈。

所以，对于企业高层来说，非常重要的一点就是找到沉静型领导者，因为他们会默默把事情做好，而不是站在聚光灯下享受追捧。我在哈佛商学院担任MBA项目的老师时，师生一共有约200人，如果真的想把某件非常复杂的事情做得更好，我可能只会选真正值得信赖的30~40个人。他们通常比较沉静、高效，你需要在组织里找到这些人，即使他们只是整个企业里的一小部分。

宋志平：沉静型领导者能集思广益，做企业也要群策群力，多听取大家的意见，理解那些意见，最后形成一些重要决策，所以沉静型领导者有汇集大家好的意见的能力。反之，如果领导者飞扬跋扈，大家有意见不敢说，就很难知道大家的想法。

企业家的深度思考与灰度决策

曹雨欣：刚刚提到了反思，这是巴达拉克教授《学会反思》里的一个核心观点，宋会长的书里面也提到要进行深度思考，二位的观点不谋而合。为什么对于企业家来说思考这么重要？企业家每天那么忙，您对他们如何做好反思有没有实践方面的建议呢？

宋志平：《学会反思》里面讲了多种反思的方式，我也有一篇文章专门讲深度思考，与之有很多相似之处。可能企业领导者和其他人最大的区别之一就是思考的习惯。做企业这么多年我一直特别爱思考，每天早晨都思考要做的事情。我们中国人下棋要“复盘”，就是在完成一件事情之后，还要反思。有时候虽然我们赢了，但如果是因为对方走了一步错棋而赢，并不是我们有多高明。所以，反思是非常重要的。这么多年我在企业做的决策基本是正确的，其实我不是有特别高的智商或者情商的人，这些都得益于喜欢思考。

巴达拉克：我们同意反思对每个人都很重要，但它对企业家尤为重要，因为企业家像在传送带上工作，各种问题来得非常快，决策必须是正确的，否则会酿成大祸。如果遇到复杂事件，要花些时间退后一步，思考一个问题的不同方面。需要领导者解决的往往是灰度问题，所以，听不同的观点、从不同角度考虑非常重要。我在写这本书的时候发现了一个问题，每个人的生活都非常忙碌，很少有人会退后一步反思。大家需要找到一点碎片时间，想象自己做出的决策是否能够达到自己的标准及别人的期望。有些人可能是在开车回家的路上进行反思，有些人可能是在跑步机上进行反思，每个人有不同的方法，但是非常重要的是要找到碎片化的时间去进行反思。

曹雨欣：刚刚提到了“灰度决策”，巴达拉克先生强调大多数问题处在灰色地带，一个人在生活和工作中背负的责任越大，面临的灰度问题也就越多。宋会长也出过《企业迷思》这本书，那么企业领导者到底如何在不确定性和两难处境中做出抉择?

巴达拉克：做决策的前提是需要非常清楚地知道组织要做什么。这种清晰的思维要自己去创造，自己去决定什么是正确的事情，然后做一个有效的计划，从无数种可能性中选择实现一种可能性。历史上，遇到这种情况的人是如何做决定的?在没有先例可循时，他们首先分析什么是最重要的，按照自己的判断做出决策。

曹雨欣：宋会长做过很多决策，也经历过很多“灰度决策”，您最终是如何做的呢？

宋志平：“灰度决策”这个提法非常好，因为咱们现实中做决策的时候，很多事情并不是非黑即白。有的时候年轻人也问我怎么能够把企业做得更卓越，我说我很难教会你，但是我可以教你一些思考问题的方法。2015—2017年我在北京大学光华管理学院讲课，我讲的题目叫“穿越迷思做企业”，内容就是如何透过复杂的条件厘清思绪做决策。比如，企业在选择战略的时候，到底是多元化还是专业化？多元化有做好的，但是少之又少，大部分企业要做专业化。其实不少企业虽然选择专业化战略，也还是会做相关的其他业务，处于多元化和专业化之间的灰色地带，就是有限的多元化。再比如，有时候企业家需要处理集权和分权的关系，大企业一般需要分权，小企业需要集权，但是绝大多数企业是处在大和小之间的，那么怎么去处理呢？

很多这种在灰色地带的问题，没有人能告诉我们应该怎么做，我们只能依靠自己感受周围的环境，以我们的直觉、价值观、经验对信息进行分析，而且要进行深度的反思和思考，做出一个决策。其实做决策是个非常辛苦的工作，因为没有人能教你。有的时候决策已经做了，但是又出现新的信息，或者环境发生了变化，那么只能改变决策，不能死要面子活受罪，否则会带来巨大的损失。因此，作为领导者需要反反复复地思考。我做任何一个决策都不是思考八次、十次就决定了，而是会思考成百上千次，进行否定之否定，自己把自己推翻，再去论证。

人才是企业的核心

曹雨欣：这些年，我观察到商业进入一个转型期，企业变得越来越重视人的作用。宋会长曾带领两家央企成为世界500强，把多年的心得提炼出来，凝结成《三精管理》这本书，强调了必须在人方面下功夫。巴达拉克教授也提出要注重人文主义。请二位再展开做一个分享。

宋志平：我觉得企业管理中最核心的有三点：一是组织精健化，即把组织做到精健，让组织能够成长，不要得大企业病轰然倒下；二是管理精细化。不管企业的技术多先进，商业模式多好，如果东西做得不好，肯定是不行的；三是经营精益化，企业的组织精健、管理精细，是不是一定赢了？不见得。因为我们面对不确定性，如何经营，如何选择产品、创新模式、市场价格体系、客户等，这些是非常重要的。其中的核心是什么？不管哪一点都要通过人来实现，所以，《三精管理》这本书里贯穿的思想就是以人为中心。做企业40年，我觉得人才是企业的核心，领导者不能只看到厂房、设备、现金，最重要的应该是看到活生生的人。

我主张企业以人为本，就是企业是人，企业靠人，企业为人，企业爱人。第一，我们很多先进的思想必须被人所掌握，才能够发挥巨大的作用。我是赞成人文主义的。第二，企业是人格化的。我们想到苹果就想到乔布斯，想到华为就想到任正非……企业要想做好工作，最终还是要靠人。第三，企业归根结底是为了人，为了利益相关者。我在北新建材的时候提出，对企业来说，没有比员工对企业有信心更重要的事，没有比客户对企业有信心更重要的事；后来北新建材上市了，我提出没有比投资者对企业有信心更重要的事；现在我们又提出，利益相关者也很重要，包括环境、社区等。企业实际上是为人的，企业的目的其实是为了使社会更美好。第四，企业还要爱人，有人文关怀，热爱员工、热爱社会大众等。

现在有的企业压力比较大，采取了裁减人员的做法，有的企业主张降薪不减人，大家在讨论这两种不同的做法，这个问题也属于灰度决策。有人问我主张什么，我还是主张减薪，尽量不要裁减人员，除非万不得已。因为困难总会过去，这么多年一起做企业的员工，我们不能在最困难的时候把他们放下，而是要共同前行。也有人说，如果企业撑不下去了，都倒闭了，所有人都没饭吃了，该怎么办呢？所以，这又回到了灰度决策的难题上，没有一个标准答案，只能说根据自己企业的情况来做决定。只是如果要以人为中心去思考，我觉得可能我会选择后者，最大限度地爱护和保护我们的员工。

巴达拉克：我完全赞同宋会长的观点。美国过去二三十年里，“辞退潮”

是非常平常的。如果经济萧条，或者一个公司遇到了麻烦，高层最常使用的工具就是"辞退"。我觉得这是一个非常深层的错误，特别是以人文主义的观点看，雇员们都想要更高的工资，想要有安全感，需要自己是有价值的。人文主义的做法可以向大家传递这样一个信息：企业了解、理解雇员，理解他们需要工资去养家糊口。我们说管理是社会科学，不是一种技术性的工作，这就意味着管理层需要理解雇员的担忧和需求，才会做出更好的决策。可能在非常困难的时刻，确实需要辞退一些人才能保住公司，但是决策者需要人文主义精神给他们提供一个方向。

面对困难要客观和达观

曹雨欣：刚刚两位又有非常多的共鸣。近些年来，企业遇到非常多新的挑战，根据二位多年的实践观察，有哪些需要企业和商界注意的变化？

宋志平：现在确实处在百年未有之大变局的时代，企业遇到了一些暂时的困难。但同时，也要看到我们的经济基础，看到企业经过这些年的发展后具有的实力。比如近年来在数字化、新经济等方面我们取得巨大的进展。如果只看到困难的一面，而看不到潜在的能力，我们可能就容易悲观失望；如果仅看到能力，看不到困难，我们可能会盲目乐观。有人问我说：不能悲观，也不能乐观，那应该怎么样呢？我找到一个词，叫"达观"，也就是说看待事情客观一些，既看到困难，也看到成绩，看得开，也看得远，要有一个良好的心态。总之，商业环境确实在发生巨大变化，但是很多商业规律还在，比如企业发展的逻辑没变。

巴达拉克：宋会长提到要客观地去看待事物，作为领导者，我认为要客观看待自己的组织、竞争对手、竞争环境等。30年前，英特尔公司创始人安迪·格鲁夫来到哈佛商学院，那时候英特尔公司还是一家不起眼的小公司，在硅谷制造芯片。我们十个教授和他一起开会时，安迪·格鲁夫就断言，芯片有巨大的未来，英特尔可以成为一个伟大的公司，可是他们在错误的国家，因此，英特尔就不再做芯片，而是改做CPU，最后成为今天的英特尔。所以，当时创始人客观地看待自己的技术、所处的环境，造就了一家伟大的企业。安迪·格鲁夫写过一个自传，他是在匈牙利长大的，后来来到美国。他的自传里没有写到英特尔的诞生，但可以从他的经历理解他如何看待世界、如何形成了非常客观的思维方式。看清现实，是发展事业的基础。

曹雨欣： 两位嘉宾都提到了要客观地看待事物。宋会长视野非常开阔，早期就推动企业向日本、德国学习。巴达拉克教授也在日本待了很长时间。现在企业面对诸多挑战，不仅需要中美企业的合作，全球企业都应该互相学习，共渡难关。不过也有不少企业家很难重建信心，二位对于中国企业家和中国企业有没有一些建议？

宋志平： 其实我们回过头来想这40多年的改革开放，也是一个中国企业和西方企业互相交流学习的过程，无论是在技术上，还是在管理上。现在中国进入自主创新的时代，企业间相互学习依然很重要。2019年我去哈佛商学院做过一场演讲，讲中国企业是如何发展的。哈佛商学院的学生很感兴趣，大家交流得很热烈。我觉得中美两国的企业还是要多交流、多沟通，可以实现互补，做企业往往需要高度的合作来进行优势互补。

谈到现在的困难，一些人遇到困难后说要"躺平"。我觉得有两个词比较消极，一个是"内卷"，另一个是"躺平"。"内卷"就是内部竞争过度，"躺平"就是无所作为，对一切无所谓。其实这两种状态都是不对的。大家应该互相帮助，取长补短，团结一致，共克时艰。有人问我这么多年遇到过困难没有，我说，这么多年我经常遇到困难，每年几个小困难，几年一个大困难，我们企业家就是为了解决困难而来的，如果没有困难要我们干什么？我这么多年来做的虽然是央企，但无论是中国建材还是国药集团，都是处于充分竞争行业的企业，而且都是由小做到大的，这个过程中经历了一轮又一轮的困难。我觉得困难是客观的，做企业永远面临数不尽的困难——今天有今天的困难，明天还有什么困难呢？我们不确定。但可以确定的是，明天还有困难。

作为企业家，一个重要使命就是带领团队渡过难关，所以我非常不赞成“躺平”。目前各种困难交织在一起，我们企业家更应该勇敢地站出来，更应该百折不挠，带领大家渡过难关。第一，困难客观存在，我们不得不承认确实很难。第二，困难不可能是永久的，每个困难都有其阶段性。最困难的时刻往往也是困难快过去的时刻。第三，要积极面对困难，“躺平”解决不了问题。同时我们也可以发现，每一次困难时期也是一些伟大企业崛起的时期。困难难倒了一些企业，而很多优秀的企业也是在困难时期展现了自己顽强的生命力，快速地成长起来。所以，不管是中国企业家，还是美国企业家、全球的企业家，在遇到困难的时候，都要采取积极进取的态度。

巴达拉克：我以前没有听过“躺平”这个说法，但是我觉得不少美国人目前是“躺平”的状态。现在美国的企业家整体上还是比较有活力的，各个地方都有很多活跃的企业家，比如硅谷。但是很多普通人没有什么太大的动力。我也非常希望中美企业加强合作，让大家的技术互通有无，这将会带来巨大的影响，全世界的人民都会受益。

曹雨欣：感谢二位非常深刻的观点，带来这场中西方的对话，也是思想高峰的交汇和碰撞。回归到我们这场讨论的话题，深度领导力到底是如何炼成的？我写了几个关键词：第一，学会反思，学会深度思考。第二，要勇敢地做出决策，尤其是做棘手的、复杂的灰度决策。第三，在困难的环境下，尤其作为企业的领导者、一把手，要学会承担责任，以人为本，具备人文主义精神。

我确实感受到中西不同管理思想的美美与共的状态。期待有一天巴达拉克教授能够来到中国，也期待宋会长的书能够翻译成英文版和更多语言的版本走出中国。

04 碳中和引发的“文明的交替”
——与北大刘俏对话

对话人： 刘　俏，北京大学光华管理学院院长
主持人： 武　辰，凤凰网财经《知行》记者
时　间： 2022年8月18日
地　点： 北京

武辰： 当前，外部环境严峻加上疫情的反复，受影响最大的就是服务业和制造业。宋会长，您认为制造业目前最大的困难是什么呢？

宋志平： 我觉得制造业现在有两点困难。一是从市场上来看，因为制造业是靠消费来拉动的，这方面是有些压力的。二是原材料价格的上涨对制造业影响也很大。但是从2022年上半年的经济数据来看，中国制造业出口还是不错的，像上半年机电产品出口比2021年同期增加了8.6%，远远超出了人们的预期。其实从制造业本身来讲，还是要提高质量、降低成本，来进行竞争。最近我去了几家汽车厂，看完以后我觉得挺有信心的，像新能源、光伏制造业等方面，还是有不少的亮点。我们老讲中国经济有很强的韧性，其实中国制造业也有很强的韧性，它可以顶住一些压力。此外对制造业来说，强化自身的管理、创新等，也是非常重要的。

武辰： 所以您认为当前最重要的并不是防范供应链的外溢，降本增效可能是更重要的？

宋志平： 我认为从长远来看，制造业存在两个挑战：一是欧洲和美国的通胀带来的一些衰退，会对需求产生影响，对制造业出口产生影响；二是大

◎ 共同探讨企业的绿色低碳发展

宗原材料价格的上涨，会提高制造业的成本。企业要做好统筹疫情防控和经济社会发展两方面工作。一家企业如果不生产，可能会影响整个产业链。比如，我到一家企业看到，很多发往欧洲的汽车都堆在库里，就是因为有一个零件的工厂受疫情影响没有生产，所以汽车就没法发货。所以一家企业出了问题，不光是自己停了下来，还要影响很多企业，这是产业链上的问题。

"双碳"目标下企业新的增长点

武辰：中央经济工作会议一直在强调"稳"字。那在这个"稳"字下面，是不是可以抓住一些机遇？比如，在"双碳"目标下，有没有一些新的增长点？

刘俏：我觉得这几年或者比较长的一段时间里，可能有两个比较大的动能会发生变化：一个是大家讲得比较多的数字化转型，这个背后其实对应着大量的投资机会，以及大量的企业成长、新行业崛起的可能性。另一个主要的力量就是碳中和。它可能有点像是两个文明在交替，就是传统工业文明和新型的文明的交替。其中最关键的特征在于能源结构的变化，以及人与人之间互动方式的变化。按照《巴黎协定》的约定，在2050年实现世界范围内的碳中和，我们简单测算的话，我国在这30年里的投资可能在255万亿～300

万亿元，将其转换成GDP比例，一年可能要有7%～8%，甚至9%的GDP用于投资，所以我觉得在这个过程中还是有很多让人期待和兴奋的机会。

武辰：如果从行业来说，您觉得哪些行业是最能受益的？

刘俏：我觉得对能源行业冲击是比较大的，冲击大就意味着它有技术变革的可能性。除此之外，因为碳中和本身还涉及对二氧化碳等温室气体的利用、捕捉、固存，所以这一领域的变化会非常大。我觉得可能会有一些新的模式崛起，这些行业或许现在还没有，但是未来可能会俨然成型。此外，像核准二氧化碳、温室气体的减排量的中间服务、为企业提供碳中和方面的战略规划及路径安排的服务等服务行业可能会有发展的机会。

武辰：您刚提到“文明的交替”这样一个观点，在交替过程中可能会付出的代价是什么？

刘俏：从经济学角度，生产要素包括资本和劳动力。但现在我们发现，二氧化碳的排放权变成了生产要素。整个生产函数发生变化，对传统行业在技术、生产方式、管理理念上会带来系统性的冲击，所以企业压力会比较大。至于如何回应冲击，就完全看企业自身的战略高度以及他们愿意付出的努力。

武辰：宋会长走访过这么多企业，您觉得他们在绿色转型的过程中有没有一些顾虑？

宋志平：我觉得在绿色转型上有几个关键点。其中一个是从现有的生产入手，做到节能减排，因为节约能源其实就等于生产能源。比如像智能化，其实智能化不光是减少了人工成本，最重要的是它使操作更加精准，这样就节约了很多的原材料，同时也减少了二氧化碳的排放。从建材领域来讲，建筑物约48%的热量是通过窗户和门散发出去的。假如把现在窗户用的普通建筑玻璃都换成Low-E（低辐射）玻璃，三层真空，那就可以使现有的能耗减少70%。同时我们还要推动大量的能源替代。我们生产的薄膜太阳能电池，又叫发电玻璃，转化率会超过现有的晶体硅电池。在风力发电叶片的制造上，中国是全球最大的供应商，这些新能源给企业开辟了很多的机会。所以我觉得企业得跟上步伐，由被动变主动，主动去做就会发展得比较好，也会有更多机遇。如果企业很被动，可能就适应不了变革。

武辰：碳交易市场和碳定价，其实可以理解为让企业把这部分节省下来的碳转化成成本的降低？

刘俏：碳价概念出现后，企业家需要把二氧化碳排放所带来的伤害内化到企业决策中，变成企业决策中要考虑的一个因素。比如，中国现在一年大概排放100亿吨二氧化碳，如果按照全国碳排放权交易系统的碳定价（约50元/吨），意味着有5000亿元的成本需要从企业的损益表里反映出来，这就会给企业带来很大的压力和动力。所以，碳价的意义就在于将企业带给社会的伤害反映到企业的决策中，反映到个人或者家庭的决策中，形成准确碳价就变得非常关键。

武辰：您在碳定价这方面有什么建议吗？50元/吨的定价主要是基于什么样的标准？

刘俏：现在主要就是基于参与碳交易企业的买卖行为。除此之外，我觉得可能把资本市场引入进来会比较好，因为资本市场相对来说是对信息反应最敏感的市场。在这种情况下，根据碳风险本身是否影响上市公司的定价来评估如何进行碳定价，把碳价格倒推出来，其实这些工作是可以做的。我认为，要真正实现ESG转型，企业得意识到它的必要性。目前来看，我觉得投资者的反应是比较快的。可以看到，在中国A股市场上，那些ESG得分比较高的企业的估值也会相对高一些。这就说明碳风险现在已经是一个定价因子了，如果二氧化碳排放得多，企业的股票市值是会受到影响的。这种方式能给企业提供一个动力：企业需要关注碳排放这件事，或者关注“E”这个因素，否则可能会被投资者诟病，或者会受到某方面的惩罚。我觉得这可能是一个有效的方法。此外，也可以通过市场机制去助推企业实现ESG转型。

企业 ESG 转型

武辰：其实ESG在全球已经提出快20年了，宋会长觉得ESG和“双碳”是什么样的关系？

宋志平：“E”是环境，就含有“双碳”；“S”是社会责任；“G”是公司治理。实际上在欧美一些发达国家，对于上市公司ESG的披露是强制性的，在我国香港地区也是这样。2020年，我们大概有1112家公司披露了ESG相关报告。2021年，大概有1408家披露了ESG相关报告，增加了26.6%，其实这是挺大的一个变化。上市公司在和股东、投资者沟通时，要包括ESG的内容。今后上市公司有两个报告：一个是财务报告，另一个是ESG报告。一些比较规范的、知名的投资者会把ESG报告作为重要的选择标准，这个企业要是绿色化的、低碳的，治理是规范的，而且要承担社会责任。现在我们也提出公司成立ESG委员会。对于ESG委员会的构成，希望企业的董事长或总经理兼任ESG委员会的主任。也就是说，不光要有这种要求，组织还得落实，不能把ESG当成一个简单的口号，当作企业的宣传工具。

武辰：刘院长，您觉得ESG的标准是不是可以全球统一？有这个必要吗？

刘俏：我觉得从公司治理和社会责任的角度来讲，西方国家的标准跟中国的标准还是不太一样的。毕竟从治理上讲，我们的股权结构跟西方就很不一样。中国的很多上市公司都有控股股东，有大股东，而美国等国家的企业的股权会相对分散一点，相对应的治理机制等方面可能会有不一样的地方。那么在这种情况下，我觉得在“S”和“G”方面找到全世界通用的标准会非常困难。但在“E”这个方面，因为碳最终可以归结为数量，所以比较容易找到一个标准。比如这个国家或者这个企业，它在这个年度排放了多少温室气体，有没有减少或改善，它在供应链、产业链里面的合作伙伴在碳排放上是什么情况，这些都可以得到一个具体的数字，所以我觉得在这方面是比较容易找到一个基本标准的。

武辰：如果企业想打造一个完整的ESG战略，在公司治理上有没有一个可以参照的方法论？

宋志平：其实ESG中的公司治理和一般我们讲的公司治理有些不同。一方面，ESG中的公司治理有一些合规性的要求，比如反商业贿赂、劳动制度等，它包含的领域更广一些。另一方面，在公司治理中，尤其是上市公司，相关情况更应该透明、公开、合规，放到ESG中，可能更强调企业的社会性，所以对企业家来说，就有一个“诚信”的要求。我们老讲市场经济是信用经济，所以要加强企业的诚信度、合规度，企业在承担社会责任的同时要处理好利益相关者的关系。

武辰：您说资本市场的反馈很重要，企业和资本市场也可以形成一个良性的循环。最明显的可能还是汽车行业，比如，一些新能源车企的股价是比较高的。您认为当我们中国大部分的，甚至是所有的车企都转向新能源的时候，对整个中国经济向绿色转型能够起到多大的作用？

刘俏：这是特别好的一个问题。因为汽车行业本身确实是我们国家的一个支柱行业。我国家庭在消费中产生的碳排放，不论是从生产端，还是从消费端看，都占碳排放总量的50%左右。在这其中，汽车的碳排放又占家庭碳排放的20%，也就是汽车一年产生的碳排放约为10亿吨。如果能在新能源汽车领域实现碳中和，那中国的碳中和任务就完成了10%。从这个角度讲，我觉得这是意义非常大的一件事。

武辰：现在有很多车企都制定了电气化的战略，像沃尔沃在2018年提出要在2025年实现纯电汽车占公司总销量的50%。宋会长之前也参观过沃尔沃的工厂，您对它印象如何？

宋志平：我是40年前去过瑞典的沃尔沃，当时我印象比较深的就是自动化水平，在那个时候已经实现电脑控制了，还有立体库，等等，我当时看到很惊讶。今天的沃尔沃进入新能源汽车的时代，尤其最近这几年，发展也非常迅速。此外，沃尔沃是一个有文化、有思想的企业。最近从汽车制造业，我们获得了一些信心。像我国的新能源汽车去年生产350万辆，今年有可能达到550万～600万辆。汽车行业是令人振奋的一个行业，关键是我们的新能源汽车，无论在电池、电机还是电控方面，都走在前边。

武辰：像沃尔沃这样的车企，想要把ESG做得更好，在其他方向还可以做点什么？

宋志平：车企在轻量化上的发展很重要。我印象比较深的是，比较早的时候，沃尔沃的车就是轻量化的。今后我们在这方面还可以更进一步，比如，在材料上，我们能够用碳纤维等复合材料来实现轻量化。碳纤维在强度上是钢的7倍以上，重量却是钢的1/4，所以将来的汽车、高铁，都可以用这些材料来减轻自重，同时也能够减少耗能。我曾问《创业的国度》的作者索尔·辛格，下一步最重要的变革和创新是什么，他说，就是城市交通。这一领域给汽车行业带来了很大的创新机会。

武辰：除了在技术上的创新，刘院长您认为车企还能从哪些方面创新，才能更贴近ESG？

刘俏：其实我觉得还有一个创新维度是产业链的重塑。如果做整车的汽车品牌，那么在整个供应链、产业链上，有非常大的溢价能力，它能撬动很多上下游的行业和企业。如果把它自身的ESG理念外溢到原材料的提供商，或者下游的一些机构、行业中，就会对全产业链起到带动作用。甚至从某种程度上讲，因为新能源汽车在发展上本身就会对汽车行业的产业链、供应链进行重塑，所以在这个过程中，我们把这种绿色的理念融入这些行业或企业中，让它带动一大批行业和企业朝这个方向努力。

武辰：宋会长您现在最关心的是什么问题?

宋志平：我现在关心企业的转型。不少人认为，目前产能过剩压力大、经济下行，是不是我们就转行不干了？我认为企业应该转型，而不是转行，除非所处的行业彻底萎缩了。那朝什么方面转呢？我想有四个方面：一是从中低端转向中高端。二是转向低碳化。三是转向智能化。刚才讲到，对大数据等的利用也可以减少企业的用工成本，提高作业的精准度，提高产品的质量，这些都非常重要。四是从制造业向制造服务业转化。不光是制造，企业本身还要和终端客户联系得更加紧密，这也会产生大量的就业机会。

武辰：不光企业要创新和转型，个人也要创新和转型。您认为现在最需要培养年轻人的个人能力是什么?

宋志平：第一，要保持学习能力。因为时代变化很快，一个不具备学习能力的年轻人，在今天这个社会里发展是很困难的。第二，要能够躬身入局，就是能够投入。现在我也比较担心年轻人有的时候想“躺平”，其实这些情绪化的东西是没有什么用处的，还是扎扎实实地做好一件事情比较重要。第三，我希望年轻人要有社会责任感。以前我们老讲“义利相兼，以义为先”，就是说要成为有社会责任感的一代。

武辰：刘院长，我最关心的是，想“躺平”的时候如何对抗这种情绪?

刘俏：我特别同意宋老师刚才讲的这三点。对于如何对抗这种情绪，我觉得就外部环境而言，不可能永远有一个很舒适的环境让你去“躺平”。我想年轻人应该要意识到这一点，还是要振作起来去面对压力。

05 周期、管理与科技
——与人大黄卫伟对话

对话人：黄卫伟，中国人民大学商学院教授，华为高级管理顾问

主持人：陈　为，正和岛副总裁、总编辑

活　动：正和岛“十日谈”

时　间：2022 年 8 月 29 日

地　点：北京

企业如何应对周期变化

陈为：有的大企业出了一些问题，主要原因有哪些呢？

宋志平：第一个问题：治理不规范。当企业规模小的时候，这是个管理问题。但随着企业规模变大，就成为治理问题。如果企业治理不规范，就很容易翻车。经营是要取得效益，而管理实际上是要降低成本，治理是要防范风险。

第二个问题：战略不清晰。一个企业如果战略不清晰，大家就会不知道“我们究竟要做什么”。企业做大了，就会什么都想做。小企业这样做可能损失不大，但大企业的损失就会很大。

第三个问题：偏离主业，盲目扩张。盲目扩张，就是得了“大企业病”。企业做大以后，有时会有形式主义、官僚主义，这会造成效率和能力的下降，一旦出现问题，就会轰然倒下。

陈为：企业如何应对周期变化呢？

宋志平： 其实经济是有周期的，不少行业也有周期。所以做企业，在周期上行的时候，我们可以步子适当快点，但是在周期下行的时候，我们要走得稳一些。我们得有一颗平常心，不能再用过去经济高速增长时的心态来过今天的日子。经济增速周期性变化其实是规律，大家要调整好心态和状态。我们过去重视规模和收入，现在要重视现金流和利润。做企业要认真地研究经济的周期，按照周期的变化来配置我们的资源，来决定我们的节奏。

陈为： 组织变革要成功，有什么关键要素呢？

宋志平： 企业会遇到不少的困难，做企业往往是在困难中前进的，顺利的时候可能进步并不大，反而在困难的时候企业的进步可能是最大的，包括人也是这样。《三精管理》这本书里面，第一“精”讲的是组织精健化，组织精健了以后消耗得少，面对困难可能能熬更长的时间。企业要在成长过程中进行剪枝，就像树不剪枝，就会疯长，剪了枝减少养分的消耗，才能多结果实，其实企业也一样。周期上行的时候，可能企业扩张的速度快一些，组织也会扩张得快一些；但是当周期下行的时候，就要收缩组织，使组织更精健。

领导者与管理者

陈为： 技术进步会对管理产生哪些冲击？

宋志平： 从我个人这么多年的体会来看，企业要把产品做到卓越，只靠技术和装备是不行的，还是要重视管理。把管理、工匠精神和先进的装备结合起来，才能真正把产品做好。1993年，我从北新建材的副厂长升为厂长。北新建材当时的装备是非常好的，因为在改革开放初期，从欧洲引进了一些先进的设备。但是企业当时出了一些问题，一是因为管理落后，二是因为习惯了旧体制的员工不适应市场，所以即使有好的装备，每年的产量依旧不达标。后来我利用管理机制调动了员工的积极性，产量就超过了额定的指标。

所以没有好的管理是不行的。我们想把产品做到极致，就需要好的管理、工匠精神，再加上技术，这三点都不可少。

黄卫伟：管理是从经济学中分离出来的。管理的本质是同别人一起，或通过别人有效地利用资源，实现组织目标的过程，最终的竞争优势是成本优势。如果技术出了问题，很大程度上与机制、人的管理有直接的关系。就像《三精管理》这本书中讲到的，对企业发展的节奏要把握好。一把手思考管理问题、经营问题、机会和风险的时候，就是要把握住节奏。当企业抓住机会发展了一段时间以后，管理者就要知道企业未来的短板在什么地方，可能出现什么问题，需要弥补的是什么。这样就把企业发展的重心转到提升实力、增强核心能力上。核心能力和干部的管理水平都提升了，就为企业的进一步发展创造了条件。这就是发展和管理的节奏。

陈为：企业应该多元化，还是专业化发展？

黄卫伟：通用电气（GE）前董事长兼CEO杰克·韦尔奇有一个战略原则，叫“数一数二原则”，就是企业要进入的领域，业务应当能做到行业的数一数二。不能进入领先行列的业务，应该从企业的业务组合中剥离出去。

企业在治理层面出现问题，一种可能是董事长一个人说了算，没有不同的声音，就容易在重大决策上出偏差；另一种可能是战略上出了问题。关于战略的问题，我很认同加迪斯的大战略思想。他认为，大战略实质上是能力和目标的平衡，企业的大战略就是宏伟目标和现实能力之间差距的平衡。那怎么平衡呢？就要聚焦，很分散的业务组合不但解决不了矛盾，反而会激化矛盾。特别是一些大企业，往往战略太分散，导致资源被分散了。如果大企业在每一个领域中都不能成为领先者，就会使它看起来规模很大，但其实能力和核心竞争力都很一般。

宋志平：在企业里面有管理者，有领导者，还有企业家。苏世民说，学习可以培养管理者，也可以培养领导者，但学习不能培养企业家。他把这三类人分开来讲。

现在我们从管理时代进入经营时代，因为不确定性越来越多了。对企业来讲，领导者很重要。领导者与负责人、管理者又不太一样，因为领导者最重要的就是能够制定战略，将一个清晰的目标传递给大家，让大家看到远方。其实在很多企业里面，是有管理者、负责人的，但缺少领导者。我过去在车间里当过技术员，也当过主任、厂长，一步一步走过来，就习惯于管理。但是后来我的身份变了，做到董事长后，我最重要的任务是做出正确的决策，在不确定性中做出正确的选择。虽然有董事会，也有战略委员会，但最后决策要在领导者的方寸之间做出。

在不确定性下，如何做出正确的选择？日常的管理，又要怎么做呢？此时，领导者得学会把管理下移，让部下把管理做好。因为其他人很难代替领导者在不确定性中做选择，但是在管理工作上，可以让部下多发挥能力。在一个企业里，既要有领导者，又要有管理者。领导者去把握方向，做出决策；管理者去正确地做事，提高效率、提高质量、降低成本等。

黄卫伟：我认为领导是管理的一个重要的职能。领导是做正确的事，管理是正确地做事。对领导和管理这两种职能，我不认为能够截然分开。华为在这方面是下了很大工夫的，所以任正非能够从具体的管理问题中超脱出来，去看未来，去看方向，去看风险。这是很不容易做到的。他投入在企业的时间和精力，绝非一般的企业家和经理人能比的。

宋志平：领导者和管理者关注的重点不同，本质上，领导者与管理者要做适当的分割。有的企业只有管理者，并没有领导者。企业发展起来了，还习惯于管理思维，而不能站在高处、为企业把握未来。也有的企业有领导者，但是缺少管理者，或者领导者和管理者是一个人，大权独揽，其实这样也不好。

陈为：如何保证企业里各种真实的声音都出现？

黄卫伟：有两点：一是红蓝军制度；二是做重大决策的时候，董事会做价值判断，经营层做事实判断。华为有红军和蓝军，蓝军专门挑红军的毛病，专门提出不同的意见。蓝军往往是有批判性的，这样会促使红军把产品做得更加完善，更加符合客户的需求，符合市场的需求。蓝军和红军之间，是可以交换角色的，这可以使他们不光具有扩张性的思维，也能够有批判性的思维。所谓批判性的思维，其实就是一种反思性的思维。

对未来的重大决策，如果从事实判断，很容易通过一些假设和预测把项目回报率说得天花乱坠，这时就需要价值判断。就像德鲁克所说的，我们是什么企业，我们将是什么企业，我们应该是什么企业，这就是价值判断，需要董事会把关。经营层基于事实做判断，不管业务是增长扩张的，还是收缩的；董事会因为已经脱离了直接的经营，所以基于价值的标准做判断，看决策是不是符合公司的定位和长期战略。通过价值判断，董事会和经营层能在思维方式上形成制衡，使价值判断和事实判断相互制约，防止重大决策失误，这是一个很重要的机制。在华为的治理中，任正非有否决权，虽然否决权几乎没有真正在哪个大事上用过，但是这种机制始终存在。

陈为：华为是怎样传承的呢？

黄卫伟：华为通过“传贤不传子”的接班人机制，来确保企业能够可持续地成长，能够延续核心价值观。华为的分享机制，是按价值创造的贡献来分享剩余价值。量化每个人的贡献大小是一件很困难的事，华为采取的办法叫“饱和配股”，就是对每一个级别设置一个配股的上限，达到上限了，就是有钱也不能买股，只能获得劳动的收入，不能获得资本的收入。为什么要实行这种制度？主要是为了将机制向那些新加入企业的优秀青年员工倾斜，因为他们年轻，知识结构新，进取精神强，学习能力强。任正非的持股比例下降到了0.75%，就是因为“饱和配股”。老员工或者持股比较高的员工的持股受到“饱和配股”的限制，这样就比较好地平衡了价值创造者的利益，也保证了新生力量的分享机制。

06 管理的本质
——与港中大马旭飞对话

对话人： 马旭飞，香港中文大学商学院副院长、教授
时　间： 2023年5月4日
地　点： 北京

管理是基本功

马旭飞： 现在都讲新形势，尤其是在与企业有关的科技创新的推动下，特别是以ChatGPT为代表的AI、人工智能兴起后，有一种声音说管理没有那么重要了，您怎么看这个问题呢？

宋志平： 现在环境的不确定性、ChatGPT等新科技带来的智能化等变化，引起了人们的讨论：管理是不是还有意义？是不是还重要？应该把管理放在什么位置？我个人的看法是，管理还是核心，因为技术进步是不能代替管理的。我们过去追求自动化，现在向智能化发展，但是无论是自动化还是智能化，都无法取代管理。

我过去有过这样的经验。我在北新建材当厂长时，北新建材引进的是德国、瑞典的设备，当时来看是非常先进的设备。我去当厂长的时候，北新建材是一个非常现代化的工厂，但做得并不好，工厂基本上揭不开锅了。当时我的认识就是，即使设备很现代化，但是管理不好，企业照样做不好。我上任以后就强化了管理，引入了一些市场化的机制，后来企业越做越好，上了市。

我不久前去宁德时代，大家都知道宁德时代的电池做得好，我到宁德时代看到它600多米长的一字排开的AI生产线，做了3600个控制点，用的是全

员生产维护（TPM）模式，属于极限制造，目的是把缺陷率控制在十亿分之一。宁德时代的电池的缺陷率非常低。宁德时代这样的企业，虽然AI发展得很好、创新也很好，但管理还是它的基本功。

在智能化时代，我们特别重视创新，但管理还是基本功，所以我老讲管理是硬道理，千万不能忽视管理，只是我们的管理要与时俱进，根据变化来提升管理水平，这是我们要做的工作。不是管理重要不重要，而是要让管理适应智能化和新经济时代，适应科技创新。

马旭飞： 我想到一句话："外行看热闹，内行看门道，企业思想家看管道。"听到您讲关于管理的重要性，又回到了跟人有关系的话题，您能不能分享一下您对以人为中心的管理思想的看法？

宋志平： 讲到管理的重要性，大家马上会想到管理的本质是什么？核心是什么呢？管什么呢？围绕着这个问题，这么多年来大家也有不少讨论。有人认为，管理是要提高效率，也有人认为，管理要提高组织的能力，这都没有错，但是我认为，管理的核心是人，管理的目标是人，但不是简单地管

◎ 与上市公司代表参观宁德时代宜宾的零碳工厂

人、人看着人。管理的真谛是要调动人的积极性，谁能把人的积极性调动起来，谁就掌握了管理的真谛。

我在北新建材当厂长时，北新建材有几千人，以前工厂做得不好，主要是职工没有积极性，很懈怠，每天上班迟到早退，出工不出力。因为一是缺少现代化的管理方法；二是缺少机制，缺少对人的关心。当时我问员工："你们怎么才能好好干呢？"他们说："我们有好多年没盖过新房子，好多年没涨过工资了。"我说："那咱们就涨工资、分房子，但是这些钱在什么地方呢？只要大家努力去做，工厂有了效益就可以做到。"后来我在工厂挂了两个气球条幅，一个写着"房子年年盖"，另一个写着"工资年年涨"，就这样调动了大家的积极性。我记得员工让我给热烟炉点火，我把火把扔到炉子里，跟他们说了一句话，我终生难忘："我最想点燃的是员工心中的火。"从那时开始，这个工厂就振兴了起来。

我当厂长是1993年，是建厂13年里的第8任厂长。和前任相比，我的资历和学历都不如他们好，但是我觉得我把工厂管得比他们好，核心的原因是我比他们更能洞察人心、理解人性，是以人为中心来管理工厂的。我做过7年销售厂长，做过10年厂长。做销售厂长的时候，我提了一个口号"没有比客户对企业有信心更重要的事"；我当厂长时提出"没有比员工对企业有信心更重要的事"；后来企业上了市，我又提出"没有比投资者对企业有信心更重要的事"。客户也好、员工也好、投资者也好，其实都是人，贯穿其中的是以人为中心做企业，以人为中心去搞管理。

前段时间秦朔先生问我，离开中国建材和国药集团这两家企业，留给他们最重要的是什么呢？我说，我只留给他们一个理念，就是做企业要以人为中心，企业是人，企业靠人，企业为人，企业爱人，企业不能只看到机器、厂房、土地、现金、产品这些东西，这些东西虽然很重要，但是企业最后的竞争是组织质量的竞争，是人的竞争。这么多年来，我贯彻的是以人为中心的管理思想，我始终觉得把人的作用发挥好，调动人的积极性，让人真正在企业里有归属感、真正幸福，把企业当成一个乐生的平台，而不是求生的平台，这个企业就会有很强的凝聚力、向心力，企业就能做好。

马旭飞：我想到您前几年出的一本书《三精管理》，能不能分享一下《三精管理》的内容和来源。

“三精管理”是一套方法论

宋志平：管理的基本内容是什么呢？大家常常讲三件事：一是战略，就是做什么；二是组织，让组织有效率；三是过程管理。我也是按照这三件事的总体思路去做的。

三精管理中，第一个“精”是组织精健化，着眼于人和组织。一方面，我们希望企业快速成长，另一方面，为避免企业在成长过程中疯长，要不停“剪枝”，压缩层级，减少冗员，让组织更加精健，就是要瘦身健体，提质增效。

第二个“精”是管理精细化。精者质量，细者成本，无论技术有多好，如果产品的质量做不好，成本降不下去，企业照样会失败。我到一些独角兽企业，甚至一些科创板企业，企业的技术很好，也走在创新前沿，但是管理的基本功不行，我替这样的企业担忧，不是有了技术或者有了新的商业模式就一定能发展好，还是要进行精细化管理。

第三个“精”是经营精益化。组织精健了，管理精细了，是不是一定会好呢？不见得，还得经营有方，做到精益，赚到钱。精益和精健、精细是有关系的，精健和精细是基础。当年诺基亚在管理上没有问题，技术上也没有问题，但它做了一个错误判断，当市场从按键手机转向智能手机的时候，诺基亚认为手机就是一个拨打电话的工具，用不着把电脑的功能放到手机上。其实这个技术本身摩托罗拉和诺基亚都有，只是这两家企业在经营选择、判断上出了问题。所以我觉得经营很重要。比如业务归核化，企业到底要做多少个业务？是多元化还是专业化？多元化该怎么做？专业化该怎么做？这些问题实际上都是经营范畴里的。

西方的管理是一个大管理的概念，既包含经营，也包含管理。在东方人的语境中，在中国、日本，经营和管理是分开的。说这家企业经营得不错，往往指的是会过日子，很会赚钱；说这家企业管理得非常好，往往指的是井井有条。我在这本书里讲“三精”——精健化、精细化、精益化，每一“精”中又包含“四化”，每一“化”包括四节，总结起来就是“三精十二化四十八法”。

在管理学里，我主张要有理论，但理论是从实践中抽象出来的，这些理论学好了再去落地实践，这是人类创造的方法，先归纳，学会了基本理论再往下放。但在理论之外还有方法，即复制已有的模式，像日本的“5S”、零库存、看板管理等，就不能上升为理论，是方法的复制，这更适合制造业，也就是工业企业。

“三精管理”其实并不是一个很高深的理论，而是方法论，是为中国企业界，尤其是制造业、实体经济企业提供一套方法，而这个方法是从我40年做企业的实践中，以及当年学习日本的管理方法，后来自己总结的管理方法中逐渐概括出来的。在2019年年底，“三精管理”还获得了全国企业管理现代化创新成果一等奖，得到了认可，现在很多大企业都在学，我也在北京大学、中国人民大学讲过相关的课程。我主张一方面要学习管理，学德鲁克、明茨伯格等的管理思想，另一方面还得创造一些方法，不见得让每一个班组长人手一本德鲁克的书，更多的是让他们懂得基本的方法，就像当年学的“5S”（整理、整顿、清扫、清洁、素养）管理，人人都能明白。

管理实际上是在两个层面进行的，一个层面是在管理理论上进行，另一个层面是在管理方法上进行，这二者之间也有交集，要有所侧重。我出《三精管理》这本书的目的有两个：一是想提醒大家管理的基本功非常重要；二是管理要创造一些方法，要有方法论。这些方法可以快速复制，学典型、学方法会比较快。

马旭飞：我也在讲战略管理的课程，是从偏学术或者偏课堂的角度。我也讲EMBA的课程，学生问我能不能推荐一些书，我之前推荐的书，他们说那些都是理论，有没有中国企业家自己的能够落地的方法论。我推荐了《三精管理》，他们都开始慢慢学习，反馈非常好。

宋志平：马老师您在讲战略的课，其实我最近也在讲战略的课，有一些企业家问我的哪一本书是讲战略的，我其实真没有一本书是专门讲战略的，但是我最近开了一门课叫“十大战略”。我觉得很多战略的书讲得比较深，内容也比较繁杂，让企业的干部去读会非常难。我首先告诉大家，战略并不神秘，实际上就是选择，给他们讲讲战略的重要意义；然后把战略分解，公司层面的战略可能有五个，业务层面的战略也有五个，每一个战略再举一些实例，方便大家理解，这样大家就记住了。战略要可落地、可操作，我也想把战略变成方法论。

现在大家也让我讲讲领导力，我说，领导力也得分解，每个都有一些案例，案例中包含我的个人体会。因为作为中国上市公司协会的会长，我也观察了很多企业，过去四年里去了几百家优秀的上市公司，跟董事长交流，关于我的问题、学员的问题，向他们提问，我觉得这些都是来自实践的，可以使案例、方法论更加完善。我认为要多给EMBA、CEO班的学员讲这些东西，更加有效。理论也得讲，但是我觉得学校不缺讲理论的老师，但缺讲方法论的老师，二者可以配合起来，相得益彰。

从“激励机制”到“共享机制”

马旭飞：您讲得非常对。您今年又出了一本书叫《共享机制》，能不能谈一下企业的目的以及如何实现？

宋志平：我一直在央国企，做了这么多年企业的改革，最后我认识到国企改革实际上是四个层面的改革：布局、体制、制度、机制。布局，就是国有企业究竟做什么，不适合什么都做，国有资本向关系国家安全、国民经济命脉的重要行业和关键领域集中，向关系国计民生的公共服务、应急能力、公益性领域集中，向前瞻性、战略性新兴产业集中。在一些领域，国有企业和民营企业所做的应有所区别，这样二者相得益彰。体制，就是处理好国有经济、国有资本、国有企业之间的关系，建立起三层国资监管体制。制度，就是现代企业制度，即“两个一以贯之”，坚持党对国有企业的领导是重大政治原则，必须一以贯之；建立现代企业制度是国有企业改革的方向，也必须一以贯之。此外就是机制，机制很重要。我理解，机制就是企业的效益和员工利益之间的关系，有关系就有机制，没有关系就没有机制。以前，因为在国企干多干少一个样、干和不干一个样，所以大家就没有积极性。后来我在北新建材推动企业改革，当时讲的“房子年年盖，工资年年涨”，这句话实际上就是一个机制，企业做好了，员工也有收获，这是我当年的认识。

后来我调研了很多企业，民营企业像华为、小米等，国有企业像万华化学、海康威视等，都是非常好的企业。我发现所有做得好的企业都有内部机制，尤其是在今天高科技、新经济的时代，我们不仅要看到企业有金融资本，还要看到人力资本，企业要重视人力资本发挥的作用，凝聚在包括企业管理人员、技术人员在内的全体员工身上的知识、技能及其所表现出来的能力，对企业发展起到很大的促进作用。

过去我们讲得比较多的是激励机制，“激励”的含义是把企业员工当成雇员，雇员干得多，企业给得多，而不是真正把人当成人力资本去平等地对待。“激励”在一定时间里是可以的，但随着社会的发展、经济的发展、企业的发展、人们的认识水平的发展，“激励”应该有一个转化，转化成“共享”。华为就是这么做的，华为做了一套分享机制，其实道理是一样的。今天，人是资本，是要素，我主张人力资本要参与分配，这是一个大逻辑。

讲到企业的目的，这么多年来，西方讲的是股东至上主义，一切为了股东利益。中国企业深受这个提法的影响，过去讲企业的目的就是让股东利益最大化。西方最近提出觉醒企业、利益相关者，企业的目的是让社会更美好，他们也在觉醒。我们更要觉醒，因为我们要实现共同富裕，企业其实是一个共同富裕的平台。共同富裕的分配制度中，我认为初次分配很重要，只有把初次分配做好，才能真正形成橄榄型的收入结构，所以企业应该拿一部分财富分给做得好的干部和员工，让他们成为中产阶层，这样中国的中产阶层会迅速扩大。企业要突出人力资本的价值，尤其在高科技、新经济时代，更要重视机制，否则企业的高科技人员和技术骨干就容易走掉。

机制问题在民营企业同样存在，有好机制的就能做好，机制不好的也照样失败。华为采取“财散人聚”的机制，全员持股、以奋斗者为本。国企有三个法宝，即党的领导、企业家精神、机制，广大员工的积极性、主人翁精神，其实还是依赖于机制，像万华化学、海康威视的机制都做得非常好，企业的效益也很好，股票价值也很高。

一说到分钱，大家认为人力资本把钱分走了，股东的不就少了吗？实际上，如果给人力资本分一部分，人力资本就会聚集，就会发挥更大的作用，整个企业会越做越好，所有者得到的也会越来越多。就像任正非只有不到1%的股份，但是华为做大了。人力资本分的是他们应该得到的钱，人力资本的分配会促使企业发展壮大，让所有者也更好。

关于机制，一方面，管理者要开明，要看明白这些道理；另一方面，要有科学的分配方法。《共享机制》里讲了一些科学分配的方法，我去过很多企业，从中挑选出12家做得好的企业，既有国企，也有民企，既有制造业企业，也有科研型企业，我的想法是让企业家们能在书中找到适合自己的参考企业。

这本书原本想叫《激励机制》，后来我这几年反复学习，重点学习了习近平总书记讲的新发展理念，还读了很多书，包括施瓦布和万哈姆写的《利益相关者》，研究了很多企业案例，逐渐形成了自己的体会，从"激励机制"上升到了"共享机制"。随着社会的发展，相信会有更多的人和企业觉醒。企业是员工共同理想的基石，而不只是所有者的基石。企业既是股东的，也是员工的，还是社会的、大家的，我们应该这么来看待这件事。

马旭飞：我非常期待这两本书，《三精管理》有方法论，《共享机制》不仅有方法论，还有关于共享的理念。

宋志平：清华大学经管学院有一个中国现代国有企业研究院，白重恩老师是院长，我是学术委员会主席，《共享机制》也被列入研究院的一项成果。这本书也是经过了两三年的打磨，因为涉及分配，和原来讲管理、组织创新不太一样。我反反复复研究，向相关领导、专家征求意见，大家觉得这也是一个研究的方向，所以我就下决心写了这本书。

最近我见到一位海尔的董事，他跟我讲了一件事。美国的GE公司的家用电器部分卖给了海尔，这家公司在美国人手里时每年增长0.5%～1%，或者不增长，员工都过得很舒服，因为没有追求一定要增长。进了海尔以后，张瑞敏给他们做了几次报告，引入了一些新的机制，做得好收入就会比原来高。过去3年疫情中，公司的家用电器在美国居然年增长达到20%，变化很大。

为什么这样的国际公司一下子有了活力呢？我想应该是中国人把机制带给了大家。过去我们向西方人学习管理，但今天中国企业经过市场训练，尤其是中国的民营企业认识到机制的重要性，能够将其引入西方的大企业中，焕发企业的活力。这都是我在调研过程中发现的事，机制真的太重要了。

马旭飞：我想起了那句话：问渠那得清如许，为有源头活水来。快速的增长实际上有源头。

宋志平：对，源头就是人的积极性，人的积极性就是动力，动力就来源于机制。

如何成为世界一流

马旭飞：刚才您提到的几家公司，都是世界一流企业，请您分享一下如何成为世界一流企业？这是一个比较大的问题。

宋志平：世界一流也和中国的经济发展有关，我们现在要建设中国式现代化，需要有世界一流的企业。世界一流，包括产品卓越、品牌卓著、创新领先、治理现代四个方面。

产品卓越，主要是讲怎么把产品做好。做企业有几件事很关键：一是把东西做出来，二是量产，三是提高质量合格率，四是降低成本，五是把东西卖出去。在这五个部分里，管理是基础。确保产品卓越，把产品做好需要做到三点：一是有好的管理，二是有智能化、一流的装备，三是有具有工匠精神的职工，这三者结合起来才能够做好。我讲的“工匠”是一个大的范围，包括技术人员、技术工人等。我们看宁德时代，它在管理中采用的是极限制造、TPM等方法；它的装备一字排开，AI装备做得非常好；它的人员，包括现场操作人员、技术人员水平都很高，一丝不苟。它还有机制。曾毓群对我说，如果没有机制，大家都愿意跑深圳、上海，不会愿意到宁德，所以宁德需要有好的机制。

品牌卓著也很重要。改革开放40多年来，我们过去总讲拿市场换资本、换技术，确实都换来了，但是把品牌换丢了。比如汽车，以前我们很多大牌的汽车公司找国际上的大牌汽车公司合资，打国外的品牌，满街跑的国外品牌的汽车好多都是在中国制造的。我们过去忽视了品牌，但是这些年非常重视。习近平总书记在视察一汽的时候就说，我们一定要把民族汽车品牌搞上去。过去几年红旗车一年销售30多万辆，施振荣提出的微笑曲线理论中，一个嘴角是技术、研发、专利，另一个嘴角是品牌、服务、市场，嘴唇是获利最低的部分，就是生产制造。如果我们只大规模发展制造业而忽视了品牌，是赚不到钱的。所以，如果我们想要高端化，想成为制造强国、质量强国，必须成为品牌强国。

我们对品牌的认识也是一步步形成的，过去我们觉得品牌难做，比如女士的包，大家会比较关注国外的一些知名品牌。现在我们的企业要国际化，我们能不能把品牌做出来？安踏就提供了一个很好的案例，极大地鼓舞了我们。丁家父子开始的时候做代工，1994年只有几百万元的收入，后来正式创立自主品牌安踏，公司经过不断发展，业务逐渐壮大，通过并购获得了FILA在中国的商标运营权，之后又收购了亚玛芬。经过40多年的发展，安踏从一个代工厂做到有自主品牌，又成为国际品牌商，我们是完全可以做好品牌的。我们已经进入了品牌时代，企业一把手要特别重视，当然质量、服务是基础。另外，做品牌需要投入。很多人觉得买机器、盖厂房能看得见，而投入了广告，也不见得看到销量增长。但是，没有投入不太容易做出品牌，过去讲酒香不怕巷子深，其实酒香也得挂招牌、打广告。安踏这些年通过赞助大型体育赛事，成功提升了品牌的知名度和美誉度。我们要加大对品牌的投入，这很重要。

创新领先，一说到创新，不少人脑子一热，一哄而上。但创新是一个非常理性的行为，不是一时冲动。我主张进行有目的、有质量的创新。德鲁克讲有目的的创新可以将创新的风险减少90%。创新是有目的地寻求机遇的过程，从根本上说要突出创新的质量。创新有不同模式：自主创新、集成创新、持续创新、颠覆性创新、商业模式创新等，企业要选择适合自己的模式。创新也不见得都是高科技，中科技、低科技也可以创新。总之，创新应该是理性的、有选择的，还应该是重视效益的，以实事求是的方式创新。

关于治理，其实治理是大管理范畴中的一项内容。治理和管理又有所不同。治理讲的是公司的行权规则，比如投资者和经营者之间、决策者和执行者之间的行权规则，与内部制衡、公开透明有关。如果企业不再是家族企业，成为股份制企业和上市公司，那到底该怎么决策？股东会、董事会、经理层到底怎么运行？这里面就涉及治理的问题。现在很多企业都很重视ESG工作，其中E是环境，S是社会，G就是公司治理。这些年，我们通过国企改革，推动企业建立产权清晰、权责明确、政企分开、管理科学的现代企业制度。我们中国的公司要特别下功夫，进一步强化公司治理。

现在大家在研究怎么做到世界一流，如何细化，如何做方案。世界一流的企业可能每个都有自身的特点，不完全一样。我们要全面正确理解世界一流，每个企业制定使自己成为世界一流的方向和目标。以成为世界一流为目标要求自己，可以提升企业的整体管理水平。

创造中国企业新优势

马旭飞：我想起一本书叫《追求卓越》，卓越是结果，关键是在于追求。如何创造我们中国企业新的优势？请您给我们分享一下。

宋志平：过去我们有劳动力成本低的优势、市场优势等，40年里取得了长足的进步。但是今天，我们企业面对的情况发生了巨大变化，这时候企业如何创造新的优势？新的优势应该怎么取得？这是我们今天要研究的问题。

从改革开放到21世纪初，我们向西方学技术、学管理，那时候对我们的促进很大。近20年我们又在学“创新+资本”的模式，企业发展的速度加快了。我们制造了海量产品，必须把制造业做好，要有把产品做到极致的“技术+管理”。今天的中国企业要获得综合的优势，就是既要抓“创新+资本”，又要抓“技术+管理”。中国是一个制造大国、消费大国，“技术+管理”“创新+资本”这两方面我们都要做好，形成综合优势。

作为单一企业来讲，我们也要创造新优势，比如可以通过创新来创造技术优势，继续用管理创造成本优势。我们既要追求高性价比，又要用品牌来创造价格优势，我们要改变过去的竞争思路，不能走过去低质低价、中质低价的路线，而是要走“质量上上、价格中上”的路线。

马旭飞：我想会提出问题可能比答案更加重要，比如现在ChatGPT会回答很多问题，但是会问问题本身比回答更重要。新优势是对以前旧优势的反思，要会向前看，我觉得现在思考这个问题非常及时。

宋志平：其实企业竞争是优势竞争，企业要创造出优势来。大概40年前，迈克尔·波特教授写了《竞争优势》，其实今天我们面对的还是这个问题，竞争要靠优势，没有优势怎么竞争呢？关键是企业怎么打造、形成优势，这很重要。以前讲的低成本、差异化、集中化，三大通用战略能创造优势。但现在，我们对优势的认识也需要改变，一是只有单一的优势是不够的，单一的低成本或者单一的差异化是不行的，要综合起来；二是优势持续的时间没有想象中那么长了，过去创造一个优势可能持续10年、20年，但是今天不同品牌的产品涌现出来，各有优势。今天的优势实际是一种动态的优势，瞬时优势其实讲的也是这个道理。企业家们必须明白，时代变了，要重新理解优势。

管理教育要知行合一

马旭飞：刚才您提到迈克尔·波特，刚好跟我们的管理教育有关系，想请您谈一下对管理教育的希望。

宋志平：管理教育很重要，记得我在全国MBA教指委担任委员的时候，了解到当时在MBA的教育方面，有些国家在读的学生人数远远超过我国。这些年，我们发现，国内除了在大学经管学院、商学院学习工商管理的学员，社会上也有一些机构在开展相关的培训。如果把这些加起来，中国有大量学习工商管理的企业家。我最近遇到一个企业家学员，他说他60岁了，但是心态很年轻，企业做得很好。因为现在知识变化太快，企业领导者应该到一个集体中和大家交流，比只在一个企业里去摸索要好得多。中国的工商教育这几年成绩巨大，很多企业家都在多所学校学习过。

我是三届全国MBA教指委的委员，也对MBA的教育提出过意见和建议。现在MBA教育也有一个继续发展的问题，总的来讲，工商管理教育是继续教育和实践教育，不能脱离了教育的本质。

对于管理教育，我觉得有几点很重要。第一，我们的教育要知行合一。现在商学院的教育，一方面有学校老师讲课，另一方面也请了一些有实践经验的企业家讲课，这样结合起来很好。第二，我们要加大实践。现在很多学

◎ 作为中国高质量 MBA 教育认证委员会理事参加北京大学光华管理学院现场认证

校带着大家游学，走进企业，这非常好。医学院有一个会诊制度，一个病历拿来，相关科室的医生坐在一起会诊。我们的企业缺少“会诊”，有一些企业的领导者知道自己的企业有了问题也不愿意说，到最后爆了仓，大家才知道。其实私董会类似会诊制度，把不同专业的人汇集在一起，大家都可以讲讲自己的问题，群策群力。企业在这方面也可以做一些研究。

我们了解一家企业的情况往往是从媒体的报道中知道的，但到底这家企业有什么问题，管理界有没有办法能够为企业进行“体检”，能够及早发现问题？这也应该引起管理界的关注。我们要多总结企业的经验，汇总好的经营管理案例。

我参与企业经营管理教育有近30年的时间，最初是在北新建材做董事长时，被清华大学经管学院和北京大学光华管理学院邀请给学员们做分享。2020年，清华大学经管学院给我颁发了“卓越贡献奖”，白重恩院长说：“我们清华经管有25年教龄的老师不多，宋总讲课都讲了25年。”我把自己的经验、教训、体会分享给大家，课上我还会和大家互动，让学员们也讲一讲，通过这么多年和来自不同企业的学员交流，我了解到了不同领域、不同类型企业的情况和问题，这就是我常讲的教学相长、学学相长。学员们都是做企业的，都是有一定经验、有一定想法的企业家，对我也有很大的启发。所以，工商管理不是一门普通的学科，要有互动交流，建立起学习型组织，形成这样一种风气才好。

管理要中西合璧、兼容并蓄

马旭飞：我也在做关于商学院教育的影响力的研究，有机会向您进一步请教关于管理教育、管理研究的想法。您认为东西方的管理有什么特点？怎样才能兼容并蓄？

宋志平：东西方管理是一个比较大的课题。20世纪是工业时代，也是管理时代，产生了很多经典的管理理论、案例。改革开放以后，我们基本是在学习西方人的管理理论，包括商学院的老师中大部分也是从西方读了书回来的，企业管理者也经常出国学习，过去这些年我们确实是这么走过来的。但是今天发生了很大的变化，中国作为世界第二大经济体，软实力显著提升，我们的大企业层出不穷，创新企业中有不少从“跟跑”到“并跑”再到“领跑”，像华为、宁德时代、隆基绿能，都是在全球走在前面的。这时候我们中国人的管理模式也显得更加重要，我们是否还要全盘学习西方的东西？我们到底该怎么建立起自己的管理思想？这些问题也摆在了中国管理界的面前。我还是主张走一条东西方兼容并蓄的道路，今天西方的管理理论我们还是要认真学习和研究，但同时，我们自己也要总结归纳，甚至归纳出一些我们的经验供西方人学习，为全世界企业提高管理水平贡献中国人的智慧和方案。

东西方的管理文化是有差异的。比如在管理中，过去西方人比较重视量化分析、求证，这是西方科学的特点；东方人比较重视定性地去看大的趋势。我们可以吸纳西方人的定量研究、求证的逻辑，但不能大而统之，同时运用东方的哲学和智慧。我们今天想问题、做事情实际上更多还是按照东方人的思想和文化。习近平总书记指出，坚持和发展马克思主义，必须同中国具体实际相结合、同中华优秀传统文化相结合。其实企业管理也应该与中国传统文化相结合，这是很重要的，中西合璧、兼容并蓄，创造中国的企业管理文化，毕竟我们是中国人，毕竟是在中国做企业。所以，我们今天应该把这二者结合起来，产出既有东方特点，也被西方接受的作品，东西方企业管理者读了以后都觉得有所收获，这样的作品会发挥更大的作用。

这么多年来，我读了不少德鲁克、明茨伯格、迈克尔·波特等的书，我也是学习西方管理理论的人，但是我也学《道德经》《论语》等，我是把二者结合起来学的。我曾在曲阜做过一个演讲，叫“半部论语做企业”，这里的“半部”是讲我对《论语》一知半解，但是《论语》里的思想对我做企业有很多指导。所以，我的书里既有东西方的管理思想，也有自己的实践体会，我把它们综合起来。

我主张学术要包容。最近我读的黄卫伟老师的《管理政策》、秦朔先生的《焕新》、曹德旺先生的《心若菩提》等都很有特点。前几天我到曹德旺先生家里做客，他跟我讲企业是怎么做起来的。最早他做工厂，怎么管理呢？他把MBA课程的书找来学习，后来公司跟日本企业合作期间，日式管理在企业中也发挥了作用，此外，他还学习西方的企业管理。现在福耀是全球汽车玻璃行业的领先者。曹德旺先生也讲到了人的价值观，企业家应该乐善好施，知道怎么赚钱，赚了钱怎么花，应该回馈社会。我跟他交流很受启发，我们要思考如何把传统文化与现代企业管理结合起来，形成新时代的企业管理方法。

我这个人比较提倡包容，以前《财富》杂志对我有一句评价："他对民企充满善意"。过去我推动国企和民企联合重组。我2010年出的第一本书是《包容的力量》，在企业里也倡导包容的文化。我觉得理论教学和实践教学应该融合，各有长处。理论训练和逻辑训练对于一个人做好企业都是很重要的，光靠实践不行，应该实践加学习，学习他人的实践经验。

马旭飞：我们学校有一个香港第二景，叫"天人合一"，这个景色很有意思。香港中文大学出版社有一个口号，叫"不激不随"，传递出独立思考和兼容并蓄的理念，倡导包容。

资本市场支持了企业发展

马旭飞：您是中国上市公司协会的会长，想请您谈一下资本市场对企业的影响，以及如何提高上市公司质量？

宋志平：谈到资本市场，阿姆斯特丹证券交易所成立至今有400多年了，美国的资本市场也有200多年的历史，而我们中国资本市场只有33年，是比较年轻的资本市场，但是现在总市值达到90万亿元，是全球第二大资本市场。这33年来，中国资本市场对中国经济发展的贡献非常大。

一是支持了国有企业的改革。中央企业70%的资产在上市公司，82%的利润来自上市公司。我国现在的5100多家A股上市公司中，有1300多家是国有上市公司，其中400多家是央企上市公司，2/3以上是民企上市公司。资本市场对国企的发展起了很大的支持作用。国企早已不是过去计划经济下的国

◎ 北新建材石膏板生产线

企，而是经过市场化改革的国企。我以前在北京西三旗的北新建材工作过，当时那片区域是一个国有企业聚集区，有清河毛纺厂等，最后留下了北新建材一家，因为北新建材通过上市发展起来了。中国建材和国药集团也是通过资本市场发展壮大起来的。

二是支持了民营企业的发展。中国的大型知名民营企业基本上市了，都靠资本市场支持发展起来。

三是支持科创事业。近几年，科创板的融资规模增加，资本市场支持了创新。北交所成立，资本市场又在支持专精特新中小企业发展。

四是促进了企业的治理和管理。我们常讲现代企业制度要政企分开，上市公司必须做到“三分开、两独立”。资本市场极大地促进了我国公司治理和现代企业制度的建设。

做好资本市场，关键有四件事：一是经济基本面要好；二是监管政策要到位；三是提高上市公司质量；四是改善投资者生态。提高资本市场的质量，其中重要的一点就是要提高上市公司的质量。

提高上市公司质量，有几点很重要。一是提高治理水平。上市公司是公众公司，要按照公众公司的规则来管理。二是要强调做好主业，突出主业。我们观察到这几年做得不好的上市公司，除了违纪违法，大部分问题出在盲目扩张上，什么业务都干，最后轰然倒下。三是增强企业的竞争力，加大创新的力度。四是回报股东，做企业关键是要创造价值。五是要注意防范各类风险。这五点是我们现在正在做的事情。

资本市场这些年发生了重大变化，20年前的资本市场是工业资本市场，现在的资本市场可以说是创新资本市场。20年前我们上市的时候，公司的市值是按照利润乘市盈率倍数来计算的，市盈率是相对恒定的，企业利润越高，市值可能就越高。但是现在发生了重大变化，大家越来越重视企业的创新能力、技术能力、成长空间，如果企业具备这些条件，在资本市场就容易获得高估值，也就是价值。现在大家更加重视价值，而不仅是重视短期的利润，这是一个非常大的变化。所以我们也要改变。今后很重要的是进行价值创造，我们要想适应市场的变化，就得加大创新，更好地提高上市公司的价值创造能力。

总之，资本市场在变，我们必须适应资本市场。我常给企业讲，上了市我们就要面对两个市场，一个是产品市场，另一个是资本市场；我们有两个客户，一个是产品客户，另一个是资本市场的客户，应该多和资本市场客户沟通，了解他们的需求，如果还是按照产品经济去做，忽视了资本经济的需求，就会败下阵来。我们的上市公司现在认识到了这个问题，也在积极适应资本市场最新的变化。

07 企业经营道路与哲学
——与宁高宁、宫玉振对话

对话人： 宁高宁，中国中化控股有限责任公司原党组书记、董事长
宫玉振，北京大学国家发展研究院副院长、教授
主持人： 王贤青，北京大学国家发展研究院传播中心主任
时　间： 2023 年 11 月 21 日
地　点： 北京大学国家发展研究院

战略是企业的头等大事

王贤青：《经营 30 条》这本书把战略提到一个非常高的高度，请问宋总，为什么战略如此重要？

宋志平： 战略是企业的头等大事。战略其实并不神秘，说白了就是“做什么”的学问。大到一个国家、小到一家企业，都会考虑这个问题。我要做什么？怎么做？这需要好好研究。如果努力的方向选错了，后期越努力距离自己的目标反而越远，这就是战略的重要性。很多企业领导者是从基层管理岗位做起的，逐步成长为企业一把手。我是从技术员、车间主任、副厂长、厂长，一直做到董事长。基层岗位既管人又管事，很多人成为企业一把手以后仍然保持这种职业惯性，职务变了，但心态还没有转变到位，没有完全“进入角色”。为什么这么说？企业的一把手，其工作重点应当是眺望远方，把握企业前进的方向，确定发展目标，为企业寻找资源。以上这些都是战略性的工作，但我们很多企业一把手还是习惯沿用过去那种管人管事的思路，做的还是基层管理性质的工作。企业一把手要侧重于研究和制定战略，这个问题一定不能忽视。

◎ 在北大国发院就企业的经营与管理进行交流

王贤青： 请问宁老师，您讲过组织最重要的是选对人，尤其是选对一把手（经理人）。对企业而言，人和战略之间的关系是怎样的？

宁高宁： 在我以往的管理经验中，人的因素永远是拿出来单独看待的。相比制度、结构、系统，人是最至高无上的，是不可以与其他因素混合比较的。我在企业经常强调人和团队的重要性，这是战略成功的前提、基础和出发点。如果把管理学、企业管理等诸多学问归纳为一个词，我认为就是“人”，万物皆由人。有了人之后，我们再去讨论战略。战略这个词很宽泛，行业、区域、行业模式、技术、发展速度和规模的选择，这些都属于战略范畴。战略也可以分为区域战略和基础战略，可以说几乎所有经营内容都能被战略这个词所涵盖。我们在讨论战略的时候，往往默认有合适的人选去落实这些战略，因此我们更多地关注做什么、怎么做，但忽视了有没有合适的人去落实这些战略。战略无法落地，多数情况下是缺人所致。人与战略的关系就像阴阳八卦图中的黑白两个部分，密不可分。我们可以从组织、团队和人的角度来审视战略，也可以从战略的角度来审视人的因素。

王贤青：请问宫老师，从历史和军事的角度，如何理解人和战略的关系？

宫玉振：再好、再伟大的战略也都是人制定出来的，也都需要人来执行。从这个角度看，人的因素非常关键。这里所说的人，分为两种类型和两个层次，包括制定战略的人和执行战略的人。错误的战略遇到卓越的执行者，是否可以逆天改命？这需要看执行者的层次，我认为非常优秀的管理者可以做到。对于普通的执行层来说，往往很难改变战略决策中的方向性错误。在军事史上我们经常看到的反而是这样的情况：如果战略错了，优秀的执行者也无法挽回战略失误带来的影响。

王贤青：“运筹帷幄之中，决胜千里之外”，在这一过程中，有的人适合制定战略，有的人适合执行，二者分工不同，请问宋老师对此有没有补充？

宋志平：我在企业里做董事长时，总讲三件事很关键。一是制定战略。二是选人、用人。毕竟战略需要合适的人来执行，无人执行或者执行的人不合适，战略都无法取得成功。有时候我们也讲先人后事，把人放在第一位。如果战略上找不到合适的执行者，宁可不做。三是布道。把公司的战略意图和想法讲给基层干部听，讲清楚、讲明白。这样一来，大家都能理解公司的战略意图，也清楚制定的战略指向何处。只要大家统一思想，统一方向，基本上不需要费力挨个纠正每个人的做法，因为大家的目标是一致的。不久前国药控股组织了一场20周年回顾活动，在被问到对国药最大的贡献时，我也说了三条：一是为国药制定了清晰的发展战略；二是选择组建了一支有执行力的团队；三是抓住了一些发展机遇和机会，带领大家推动国药由小做大。战略和人紧密相连，我在书中也详细谈了这个观点。

要创新，也要规避风险

王贤青：请问宋老师，您在书中专门有一章讲创新。企业在创新时如何避免豪赌？如何找到适合自己的创新方式？

宋志平：早在1912年，熊彼特在《经济发展理论》里比较系统地讲了创新，也提到了企业家精神。熊彼特提到，企业家应当对成功充满渴望，创新必须承担风险。这句话后来演变成“创新一定要冒险”。我并不赞成“冒险”这个词。德鲁克曾说过，企业家创新应注意规避风险。在我看来，企业家最大的特征是发现机遇。企业创新确实存在风险，那到底还要不要创新？有多大成功的概率才值得我们放手一搏？这是我在书中着重讨论的问题。

我认为，即便创新有风险，我们还是要坚持创新。在我看来，有70%的成功率就值得一试。有些人可能有不同的观点，他们认为70%太高，风投只需要10%的成功率就能做。但企业不能跟风投比，风投同时投资很多项目，十个项目里有一个项目成功就可以。企业没有那么多创新项目，可能一年甚至几年才出一个重要创新，如果没有一定把握而贸然出手，万一连本金都赔完还怎么创新？因此，我主张创新的同时要注意规避风险，要有一定的把握再出手，不能“听风就是雨”，或者“头脑一热”就创新。

创新也有不同的模式，《经营30条》这本书中介绍了五种模式，分别是自主创新、集成创新、持续性创新、颠覆性创新和商业模式创新。创新不一定都是高科技的创新，中科技、低科技甚至是“零科技”的商业模式创新，也是创新。企业需要理性分析，选择适合自己的创新道路。

王贤青：请问宁老师，企业该如何找到适合自己的创新模式？

宁高宁：创新和战略密切相关。比如企业进入一个新领域、新行业，这个就是创新。比如原来不做芯片的企业现在要去做芯片，这就不只是跨行业的选择，更是一种多元化的选择。还有一种创新是在特定行业里展开创新竞争，比如用更加先进的技术升级产品、改革渠道，阿里巴巴的创新就是这个思路，把原来线下的事物搬到了线上，变成另外一种模式的创新。

目前我们对于模式型创新、资源组织型创新和升级式创新做得比较熟练，但是科技研发型的创新数量不够多。我认为，对于一些大规模的国企，目前最重要的一点就是要强化科技研发创新的能力。比如中化，这几年来秉持“科学至上”的理念，没有研发就不做投资，没有新产品就不做并购，没有技术突破就不做规模——这里我们谈到的科技，就是从0到1的突破，是对这个世界或者某一种物质的认识更进一步。诸如国企并购整合，或是以前的代理式商业模式，现在转为自己来做，这些都只能叫改善，算不上创新。刚刚宋总提到创新不一定都是高科技，确实，创新不一定全是高精尖的科技，在我看来，目前比较有价值的创新集中在中科技领域。社会发展到今天，创新已经成为唯一能够促进升级和创造的方式。这里面有风险也有难处，但我们别无他途。

王贤青：在军事方面，既有武器装备的创新，也有战略战术的创新。请问宫老师，如何看待创新中的器与道的关系？

宫玉振：战略思维本质上就是一种创新性的活动，平庸从来都是战略的大忌，好的战略一定是具有创新性的。创新是战略的灵魂。当然，创新也必然有风险。如何处理创新与风险的关系？普鲁士王国元帅、德意志第二帝国总参谋长老毛奇有一句名言是“先计算，后冒险”，也就是说，所有的创新都有风险，但一定要先计算再冒险。真正的创新也是如此，要建立在缜密的计算和一定的把握基础之上。

关于装备创新和战略战术创新的关系，简单而言，除了技术和装备的创新，还要求军队的战术和战略必须创新，而战略战术的创新，也决定了军队的组织编制必须自上而下创新。回过头来，组织编制和战略战术创新与否，决定装备的优势能否充分发挥出来。

王贤青：请问宋老师，您为什么在“经营”篇章里专门阐述“风险控制”？企业在经营中有哪些风险要当心？

宋志平：《经营30条》这本书中“经营”篇章的最后一节讲了防范风险的问题。平衡发展和风险是做企业过程中始终面临的课题。一味地发展可能会忽视风险，企业有可能会轰然倒下；一味地防范风险又可能错过了发展，企业可能止步不前。所以我们需要在二者之间找到平衡。企业领导者实际上一直是在平衡中摸索前进。

企业在发展过程中可能面临哪些风险？我归纳了以下几条：一是周期性的风险。无论是经济周期，还是行业周期，都存在一定风险。二是经营决策的风险。企业要选择什么样的创新模式，包括多元化经营、专业化经营等，都是经营决策时可能涉及的内容。三是资金链的风险。对企业而言，其他的风险可能都不至于“一剑封喉”，资金链风险却会。很多企业看上去经营情况还不错，公司还在盈利，设备还在运转，员工还在上班，然而由于资金链断裂，企业可能就此轰然倒下。四是大企业病的风险。企业做大后可能会出现形式主义、官僚主义等问题，所以企业不断发展壮大的同时也要注意“瘦身健体”，最大限度地规避这类风险。需要强调的是，这些风险不会自动消失，在企业的成长过程中或许会如影随形，因此我们要时刻警惕。除了规避风险，妥善处置风险也是企业的必修课。在风险来临时，尽量做到风险可控、可承担，明确企业的底线；万一底线失守，企业还要有“风险防火墙”。“风险防火墙”的作用就是阻断风险，把损失降到最低。

王贤青：请问宫老师，我们什么时候需要做战略性的撤退？

宫玉振：战争的目的有两个：一个是消灭敌人，另一个是保存自己。形势有利时，目标应该是消灭敌人；形势不利时，目标应该是保存自己。活下来才是王道，才有卷土重来的机会。形势不利时就需要考虑战略性的撤退。战略性的撤退有三个目的：一是避免遭受更多的损失，二是借以摆脱不利局面，三是寻找新的生存与发展空间。

传承是企业的风险之一

王贤青：请问宁总，有些企业家能力超群，但其继任者不一定能继续发扬光大，这种继任者困局该怎么破？

宁高宁：这需要每一位管理者都找到自己施展才华的空间，否则继任者不可能成功。有一个很经典的案例，就是通用电气的交接班。通用电气的传奇CEO韦尔奇刚刚退休时，我跟他曾有过一次对话，当时我也很关注继任者伊梅尔特接班后企业会有什么变化，业界会有什么反应。伊梅尔特接班半年后，《财富》杂志还曾发表文章，断言伊梅尔特的表现远不如当时另外两名候选人。我那次开玩笑似的问韦尔奇“是不是选错人了”，没想到这个问题让他非常恼火，他说不能这样比较，这不存在可比性。

韦尔奇表示，他对伊梅尔特充满了信心。我又接着追问：“你为什么充满信心？是不是每天跟他打电话，谈业务？”韦尔奇说没有，但是从交接的那一天起，韦尔奇就表示，如果伊梅尔特愿意，他可以全盘推翻韦尔奇以前做过的事，另起炉灶也没关系。伊梅尔特也的确这么做了，就连韦尔奇时代的口号也改了，他认为通用电气不需要那么多的会计师和律师，更需要工程师。公司一直以来的发展战略也改变了。

在接班16年之后，伊梅尔特写了一本书叫*Hot Seat*，中文翻译为《如坐针毡》。在担任企业一把手16年以后，还认为这个位子让人“如坐针毡”似乎有些不能想象，也不符合逻辑。这已经不是是否适合接班的问题，而是违背了管理学原理。

王贤青：请问宋老师，对选择企业接班人这件事您有什么建议？

宋志平：这是个大问题，刚刚宁总也讲了韦尔奇及其继任者伊梅尔特的故事。韦尔奇也在他的书里谈过企业传承这个问题，作为企业领导者，选一个继任者是对灵魂的拷问，也是最难做决定的一件事，让他彻夜难眠。

现在我们很多企业都面临着企业传承的问题，很多民营企业第一代的企业家已经六七十岁，对这一代企业家而言，要么选子女接班，要么选职业经理人。中国人常说德才兼备，我认为选择继任者要把德放在第一位。但只有德还远远不够，还得以才为主。德为先，才为主。继任者无才，恐怕很难管好企业，做企业还是一件难度挺大的事，一定要选有能力的人。无论是从自己的后辈还是职业经理人中选择继任者，都应该聚焦这两点。传承是企业的风险之一，一家曾经很辉煌的企业，如果选不对继任者，可能面临衰落或者倒下的风险。

王贤青：请问宫老师，在选择继任者时，有哪些忌讳？哪些经验？

宫玉振：选什么样的继任者，一定要围绕组织接下来的任务、目标与战略来展开。也就是要按照未来组织的目标、战略与任务，来分析最佳接班人应该具备的关键特质，进而再根据这些特质来选择继任者。这是一个倒推的过程。开疆拓土和守成，对于继任者的要求是不一样的。比如一个企业接下来的战略是要进行战略性扩张，或者转向新的行业发展，这就需要从开拓、创新、魅力等角度把握继任者应该具备的素质。如果一个组织决定保守发展，那合适的继任者可能是一个完全不同的人。总之首先要按需选择，不能仅凭喜好。其次一定要有纠错机制。人可能会选错，但组织本身要具有尽快纠错的能力，这一点特别重要。

提升品牌软实力

王贤青：《经营30条》中关于管理的章节专门讲了品牌。请问三位老师，为什么要强调品牌的重要性？组织品牌、产品品牌该如何塑造？

宋志平：品牌已经变得越来越重要。党的二十大提出要加快建设制造强国、质量强国。真正做好品牌工作，有助于推动制造强国和质量强国目标的实现。市场相信品牌。比如汽车品牌，改革开放初期，几乎每家汽车公司都会找外资企业合作。为什么会这样？主要因为当时国产汽车在发动机、外观设计等方面还有差距，跟外资合作，以市场换技术。曾几何时，满大街是“万国汽车”，这些年我们也开始重视自主品牌建设，2023年10月，中国品牌乘用车市场份额提升到接近60%。

施振荣的“微笑曲线”指出，制造业价值链中，技术专利和品牌服务分别占据笑脸中上扬的两个嘴角的位置，获利最高，而纯制造、组装等环节则获利相对较低。比如组装一部手机，如果没有品牌和技术，组装厂商只能拿利润的小头，利润的大头都被技术商和品牌商拿走了。因此，我们的制造业想要向高端化迈进就必须重视品牌，否则很难做到高附加值，没有定价权，就只能做代工。现在中国企业的产品质量好，也积累了相当的管理经验，在这样的背景下，中国品牌理应崛起。在未来5～10年，树立自主品牌是我们要着重加强的工作。有了品牌才有附加值，在产业链中才有地位。

宁高宁：品牌本身是一个结果，不是一个手段。品牌是战略执行的结果，得益于产业链的促进，也是团队努力的结果，最终得到了市场的认可。不能简单地将品牌等同于广告，可能有些中国企业在品牌运作初期就是把两者等同起来，但随着消费者的消费观日渐成熟，只靠砸钱打广告就能塑造品牌的做法越来越难。在我看来，品牌的塑造分为几个层次，主要是知名度、美誉度和忠诚度。什么是忠诚度？好产品自己会走路、自己会说话，好企业也不需要太多硬广告。

品牌也是一个组织和产业链整体努力的结果，基础工作做得好才会有好品牌。品牌发展到一定阶段会变成一种信仰，想让消费者对产品产生信任，重点是做好产业链、做好产品。比如一种食品，从味道、营养、价格到包装，如果每一个环节都能被消费者欣然接受，就产生了忠诚度。当然，品牌也分强品牌和弱品牌。强品牌一般卖的是消费品，品牌的影响力比较强；那

◎ 凯盛浩丰的西红柿深受消费者欢迎

些卖设备和装备的企业，品牌的影响力会相对弱一点。整体来看，品牌是结果性的，应当把它和广告、推广综合来看，这几项要素定义不同，但相互之间又存在很多联系。

宫玉振：刚才两位老师讲了产品和品牌的关系，产品是硬实力，品牌是软实力。商品和服务，不仅要满足客户，有实用功能，更要得到精神、文化、身份、价值观层面的认同。现在的消费者越来越看重商品这方面的价值，也就是品牌的价值。所以管理一定要基于人性，因为人既有物质的需求，也有精神的追求。品牌之所以重要，还因为它能给产品带来溢价。产品一旦上升到满足消费者身份认同和价值观认同需求的时候，它就具有远超产品实用功能的竞争优势。这也是中国企业未来努力的方向。

共享机制

王贤青：请问三位老师，企业中的共享机制很重要，但有些创始人可能担心控制权旁落，甚至影响到企业的可持续性和可控性。该如何平衡控制权和共享机制？

宋志平：这个问题的答案可以参考华为的机制。依照华为目前的机制，任正非在华为的股份占比不到0.8%，但他仍在华为发挥着重要作用。在华为的机制设计中，财富大家分，任正非有一票否决权。从企业的角度看，共享的逻辑是人力资本和金融资本共享企业创造的财富。有人可能认为，大家如果都参与分红，个人的所得会不会太少？事实上，如果管理层、技术骨干等都有积极性，企业只会越来越好，作为大股东也会获得更多的利益。如果没有共享机制，干部、员工积极性不高，企业发展缓慢甚至每况愈下，大股东守着一堆股份也没有什么价值。有共享机制的企业，无论对于股东还是人力资本而言，其实都是双赢的。

宁高宁：一讲到体制、机制，大家自然会想到分配问题。我以前说过，效率是分配出来的，不是生产出来的，分配好了才会有效率。一个完善的组织，最核心的问题就是利益分配问题，这个问题与企业的业绩、表现、价值创造紧密相连。我同样认为共享机制不会削弱大股东的控制权。没有企业因为利益分配多一些就破产，也没有企业因为涨工资而做不下去。利润共享有很多方式，关键是掌握好度。用一定比例的增量来激励团队是基本原理，存量不能动。从董事会到车间班组，根据每一层级的贡献大小论功行赏。

宫玉振： 企业管理其实有两个环节，一个是价值创造，另一个是价值分配，二者是相辅相成的。好的价值创造是好的价值分配的前提，而好的价值分配反过来可以带来更好的价值创造。二者是辩证的关系。正如宁总所说，这不是一个单一问题，而是一个综合问题。对于别家企业设计的共享机制，特别忌讳的一点是拿来就用。每个企业拥有不同的使命愿景和价值观，没有哪家的制度设计可以包打天下，如果不假思索拿来就用，可能带来更大的问题。

企业的社会贡献

王贤青：《经营30条》里还专门谈了企业文化和公益。谈到社会贡献，有的企业认为只要把全部的资源、精力都用来生产更好的产品，提高效率，服务更多用户，更多地交税就是对社会最大的贡献；有的企业认为应该在此基础上参加很多公益活动才算贡献。请问两位老师怎么看？

宋志平： 做好企业是企业家的本分，相对于那些经营不善的企业而言，做好企业确实是很大的贡献，在商言商就是讲这个道理。当然今天我们衡量一家企业，不仅要看经济效益，也要看社会贡献。企业积极承担社会责任的过程也有利于让社会进一步了解企业，反过来支持企业正确地经营、持续地发展。在这个社会上还有很多需要帮助的人，像曹德旺等一些企业家通过慈善捐赠帮助弱势群体，也是值得倡导的。企业家在创造财富方面确实比普通人更胜一筹，也得到了可观的回报，因此企业家可以拿出一部分财富回馈社会，做到富而有责、富而有义、富而有爱。

◎ 华润啤酒“国麦振兴”项目落地呼伦贝尔

宁高宁：目前看，我认为中国企业应先以做好企业为主。刚刚宋总提到福耀玻璃的曹德旺先生，他捐助用的都是自己的钱，曹先生是以慈善家的身份进行捐助，这与美国盖茨基金会有些类似，盖茨基金会用的也不是企业的钱，是企业家自己的钱。这是一种比较理想的情况。对企业而言，其责任是做好自己的工作，主要是多提供就业、多纳税、创新发展产品、引领社会进步。如果企业没钱，借钱捐款并不能代表这家企业就是好企业。企业的第一责任是做好企业经营本身，而不是超越自己的能力去做公益慈善。

08 从深圳经验看发展新质生产力
——与刘科对话

对话人： 刘　科，南方科技大学创新创业学院院长、澳大利亚技术科学与工程院外籍院士

主持人： 张　涛，凤凰网项目负责人

时　间： 2024 年 8 月

地　点： 深圳

新质生产力的核心

张涛： 党的二十届三中全会《中共中央关于进一步全面深化改革、推进中国式现代化的决定》里提到健全因地制宜发展新质生产力体制机制，对于这个话题二位有什么解读？新质生产力的定义是什么？核心是什么？

宋志平： 新质生产力是习近平总书记2023年9月在黑龙江考察调研期间提出的，在党的二十届三中全会上进一步明确，新质生产力对于我们发展中国式现代化有着深层次的意义。新质生产力，特点是创新，关键是质优，本质是先进的生产力，概括成高科技、高效能、高质量的生产力，相较以前的生产力有一个质的提升。因地制宜，就是要根据客观情况，思考到底新质生产力该怎么去发展。作为产业来讲，既有传统产业，也有战略性新兴产业，还有未来产业。新质生产力主要突出了高科技、颠覆性创新、智能化和数字化、绿色化这些特点。其实新质生产力也可以改造和提升传统产业，比如，现在一个智能化的水泥厂只需要50个人，还能够把燃料的成本、用量降低30%左右，可以减排大量的二氧化碳。

当然，要大力发展战略性新兴产业，比如新能源汽车、光伏、锂电池等

◎ 深圳具有独特的创新文化和创新精神

产业；我们还要布局未来产业，像量子通信、AI大模型等。新质生产力并不抽象，很具体，关键是可以落地，要结合每一个地区、每一个行业和每一个企业的实际。最重要的就是深刻理解新质生产力的内涵，然后和企业自身结合起来，这样我们就能够快速有效地发展新质生产力。第一，不要简单把它作为一个概念；第二，不能把它泛化，它是有特定含义的；第三，要将它与客观现实结合起来，不能束之高阁，要因地制宜、实事求是。

刘科： 宋总总结得非常好。"新"的核心就是创新和高新技术，我们最近写的这本书《创新高地》就在探讨创新。"质"就是优质，也就是不能完全靠量取胜了。现在我们很多产业是产能过剩的，实际上是社会资源的一种浪费。我们学过资本主义的经济危机是生产过剩的危机，所以我们不能再单单追求GDP，应更多地强调优质。

AI时代到来，新的生产关系也要通过改革适应新质生产力的发展，我们并不能把新质生产力简单理解成研究高科技，它是全社会的一次更深度的、系统的改革。全社会要围绕创新和优质，做一系列的深度改革，助推未来高新技术的发展。面对百年未有之大变局，问题最终要通过创新去解决。企业家精神就是创新精神，企业只有通过创新才能够走出经济上暂时的困境。我们现在是有点困难，但和以前的困难相比，我们今天的日子好多了。以前我们是在改革开放下，一条血路杀出来走到今天的，所以今天我们应该有信心。

我们要抓住几个关键点：创新、优质、改革、开放。不光技术和硬件要创新，更多的是要建立相应的一系列新型的生产关系、新型的社会治理体系，要适应新的、先进生产力的发展。生产力是随着社会总体变革而变化的，需要有系统的配合，党的二十大强调了系统性改革，不是一蹴而就的，这是非常有意义的事情，需要大家认真理解。

张涛：二位提到了一个共同的点，就是科技创新。新质生产力更多的是跟科技创新的技术相关，还是一个系统的理念？

宋志平：发展新质生产力，有一点很重要，就是进行科技创新和产业创新的融合。科技创新是新质生产力的核心内容之一，科技创新和产业创新融合，会产生新质的生产力。现在我们一方面提倡科技创新，另一方面还得提倡产业创新，把二者很好地结合起来，最后落脚在提高企业的核心竞争力，落实在提高整个社会全要素生产率。企业里需要科学家精神、企业家精神、工程师精神，也需要工匠精神，要把这些都结合起来。讲到科学家精神，我们需要一批像刘院士这样的科学家，能够在自主创新、颠覆性创新方面提供一些突破。企业家应该进行产学研的结合，尽量把科学家的创新产业化。企业里的工程师和工匠则来保证把产品造好，这就落地了。什么事情最后都要落地，落地了这事就成功了。

过去我们讲“产学研用”比较多，大家都认识到产学研合作的重要性，比如南方科技大学创新创业学院在这方面有很多的成果，创新创业学院和很多企业结合起来，企业有什么课题可以委托他们去做，这样就连在一起了。现在的创新需要生态，所谓生态就是全社会的各种资源——教育、科研、企业的资源，都能够连在一起，这样才能够提高效率。

企业里有大量的工程师，他们主要解决整个制造业或者生产线上的各种技术问题。企业里的科学家就是工程师，这些工程师的动手能力往往很强，能够解决现实中的问题，不停地提升技术和装备水平，工程师是非常重要的。我去参观过德国的奔驰公司，斯图加特有一个小城镇，叫工程师小镇，镇上居然95%的人都是工程师，形成了一种工程师文化。光有工程师还是不够的，还需要工匠，工匠的技术也要过硬。做企业，有时候我们推崇智能化、自动化装备，但仅仅靠这些是不够的，还得有一流的工程师和具有工匠精神的员工，最终才能把产品造好。

张涛：还是要发挥人的作用。刘院士怎么看？

刘科：刚才宋总也讲到了南方科技大学，进到校园里你会看到三个词：创知、创新、创业，这三个词很好地总结了创新的过程。创知是通过基础研究产生知识，写成文章、书，就成为人类共有的知识。什么是创新呢？在科技领域里的创新暗含把人类共有的知识转化为有价值的技术，就是专有技术、专利技术、高新技术，不是所有的知识都有价值。创业就是通过资本的投入、工程师精神、工匠精神等，把这些有价值的技术产业化，产生财富。人类有了财富以后再投入基础研究创知，投入工业研究创新，投入创业，人类社会其实就是在创知、创新、创业中不断地螺旋向上发展。当然，产生知识的突破即创知阶段还需要教育投入，工业研究即创新阶段是一个不断试错的过程。企业是创新的主体，大学可能更偏重基础研究，当然工学院现在也要关注教育跟产学用的结合，而且比例要适当，过度强调某一方面都不对。

企业家精神是深圳成为创新高地的底层逻辑

张涛：我看二位最近写了一本书《创新高地》，能介绍一下书中的主要观点吗？

宋志平：这本书是我和刘院士、沈清华一起用了三年的时间写出的。调研了100多家企业，应该说还是下了点功夫的。为什么写这本书呢？其实深圳这个地方，无论是在创新，还是在创业方面，都是非常有特点的，现在来深圳各地的学习团有很多，但是深圳的创新创业究竟有什么特点呢？到底我们应该把哪些东西总结出来呢？这本书也结合南方科技大学创新创业学院的一些工作，为学生们提供了案例研究，主要的目的也是让全国各地对创新创业感兴趣的人们来学习。这本书分九章，第一章讲创新高地到底“高”在哪儿，中间部分列举了大量的案例，最后一章归纳了“创新十大启示录”。这本书出版后读者反响非常好，书中不是简单地讲道理，而是以事说理，用了大量的案例，涉及很多企业、企业家、创业者，就他们的经历现身说法，结合深圳的发展史，紧扣创新创业的核心来讲。

书中也讲到了创新文化。讲到创新，大家往往想到技术创新，但实际上它的底层逻辑是首先要有创新的价值观。深圳就是移民文化和改革开放文化交织在一起形成了非常特别、强大的创新文化，这个地方人人创新、家家创业。有了创新文化、创新的土壤，才有可能真正创新，专家和技术才能落地生根。

书里还讲到了一个核心——创新其实也不完全是市场化的行为，我们认为是有效的市场和有为的政府之间的结合。比如深圳，它不像其他的城市，有传统的产业，但它走了一条创新的路线，而且是民间创新、高科技创新，这个定位是非常好的。深圳市政府这些年不遗余力地支持创新，很好地发挥了地方政府的作用。另外还有市场的作用，即有效的市场。有为的政府搭建了好的平台，创造了好的环境，出台了好的政策，有效的市场就会支持企业去发展，所以深圳就产生了像华为、腾讯、比亚迪等以创新为驱动的高科技企业和产业。

深圳是新质生产力发展的一个代表。这本书还讲到了企业家精神，深圳市有位领导说：“我们这地方荔枝不如东莞好，海鲜不如香港好，但我们这儿的土特产是企业家，是企业家精神。”确实是这样，企业家精神是深圳的一个底层逻辑。

有时候我们可以换个角度看深圳，可以正着看，也可以倒着看。正着看深圳，看到的都是高楼大厦；倒着看深圳，可能会看到深圳的民间创新，看到创新创业者、企业家精神、创新创业的文化。这本书里讲了一些“创业之家”，是指一家人都创业，而且是创不同的业，深圳有这样一种创新文化。书中也讲到了产学研的结合，深圳不光引入了很多大学的研究生院，同时也办了像南科大、深大这样的一流学校，这些学校在基础教育、基础科研等方面为企业创新提供了底层的支持。

创新不是空穴来风，也不是天上掉馅饼的事，它一定是一个体系，有创新的生态。深圳的创新生态特别好，既有政府的政策，也有企业家精神，还有产学研合作的基础，它们融为一体。深圳的创新创业实践对一些后发地区有很好的借鉴作用。

张涛：我看您这本书的时候，感受到您一直在强调生态、文化，马克斯·韦伯写的《新教伦理与资本主义精神》也不是从工业革命或者具体的技术创新单方面去讲的，而是探究背后的文化、精神理念。刘院士也是《创新高地》这本书的作者之一，您有什么需要补充的吗？

刘科：任何一个组织，大到一个国家，小到一个地方，甚至再小到一家公司，具有竞争能力无非是做到了两点：第一，性价比更高；第二，能干别人不能干的事，就是创新。我们前40年，包括深圳在内，主要还是靠性价比去竞争，因为中国人勤劳，我们当时的劳动力成本相对低一点，所以在性价比方面确实有很强的竞争力。但是发展到今天，我们的人工成本、房地产的成本等都上来了，继续靠性价比去竞争走不通了，历史已经走到了拐点。当我们没法靠第一条技能的时候就要靠第二条，那就是创新。创新的要素其实无非两点。第一，人的要素，深圳是个移民城市，三四十年前来到深圳的人能迈出这一步，都是离乡背井，基因里边有一定的冒险精神的。第二，就是敢做别人不敢做的事，做前人没做过的事。为什么深圳在中国经济特区中一枝独秀？我觉得有三个原因。第一，还是人的因素，深圳的外来人相对而言更多。第二，深圳的地理位置有优势。第三，深圳有创新文化，文化是由人和体系决定的，深圳的很多城市管理理念吸收了不少香港城市管理的先进理念。

在中国改革开放的大潮下，有一批这样的人，学习能力很强，学习速度也很快。早些年，中国的央企总部基本在北京，很多跨国公司的总部、研发基地都在上海，而深圳的跨国公司少。以任正非、李东生、王传福、马化腾等为代表的一大批有创新基因、不满足于现状的人来到深圳，这些民营企业创业者，体现了中国人的创新能力。深圳不是资源型城市，要创业就要有高科技，所以他们又去全国各地，甚至世界各地寻找新的科技。

华为的郭平写了一本书《常变与长青》，他自己很早就开始搞研发。深圳为什么叫创新高地，而不是创知高地？因为创知是靠清华、北大等大院、大所、大学，深圳这方面的优势相对小一些。但是深圳有这样一批企业家，企业是创新的主体，刚好在历史大潮下，中国一批优秀的企业家涌现，这一批人把自身的创新能力在深圳这片特殊的土壤充分发挥了出来，经过短短不到40年的时间创造了一个奇迹。宋总带着我们一起在深圳经过3年的调研，走访了很多高科技企业，包括粤海街道的上市公司，采访了很多的企业家，我们一起写出了这本书。

今天大家都在谈新质生产力，新质生产力的核心是什么？就是创新。希望在新质生产力的新时代下，我们能够把深圳的经验总结好，带动全中国的创新创业企业发展，产生更多的价值。这本书的出版也恰逢其时，相信对经济转型，对全国各地的创业者都有启示。另外，据我了解，深圳这些年有一个新的现象，一批世界顶级的工业设计师住在深圳，为什么？因为产业链，设计师一有创意，可以在最短的时间里形成产品，可以发运几个集装箱到世界各地的市场做测试，只要市场反馈好，马上就可以有很多个集装箱从深圳发向世界各地。把深圳这些特点总结好，使其能够在更多的地方发挥作用，对促进经济转型和发展是有好处的。

张涛：这本书对于大家理解新质生产力、如何做好新质生产力，从方法论上也给出了很多启示。这本书写了3年，您最大的感受是什么？

宋志平：我觉得深圳确实是个特别的地方，大家对创新创业的热情和动力，也让我受到了很大的激励。就如刚才刘院士讲的，深圳有别处没有的创新文化和创新精神。很多企业家当年来到深圳的时候可能身无分文，开始创业，一路打拼，现在都成了非常有实力的企业家。深圳是充满了创新文化、创新故事的一片热土。为什么是深圳，深圳创新的底层逻辑是什么，我们是想把这些向大家说清楚。学深圳，不是要看高楼大厦这些表面的东西，而是要看到创新的底层逻辑，这很重要。

企业家精神需要传承

张涛： 您是非常成功的企业家，现在有很多是二代企业家接班做企业，对这些年轻的企业家，您有没有一些建议？

宋志平： 现在年轻的企业家遇到了全球大变局的时代，又遇到了中国经济转型期，不光要继承老一辈企业家的创新创业精神，更重要的是应该研究新科技、新技术和新经济的变化，在不确定性中能做出正确的选择。现在对企业家的要求跟以前的不完全一样，以前我们讲拼搏精神，或者胆商、智商、情商。但是今天，对年轻的企业家来说，有两点很重要：第一，需要更多的技术、更多的知识。像这些在深圳做高科技企业的年轻人，他们基本上都是高技术、高科技人员，他们是在科技创业。第二，需要有强大的内心，得有韧性。

年轻企业家还得有逆商。所谓逆商，就是面对困难、解决困难的能力。很多年轻人好像有了困难就想躺平，其实不能躺平，还是要继续往前走，要稳中求进，还得以进促稳，不进想稳是稳不住的。年轻企业家要历练心理素质，今天遇到的困难和以前的困难不一样，大家要有长期作战的思想准备。一方面，要用创新、发展新质生产力来武装企业；另一方面，还得有坚韧不拔的精神，才能够渡过各种难关。

一代企业家其实也很辛苦，他们是在经济高速增长的时候成长起来的，机会比较多，当时可以挣热钱、快钱，但是到了今天，只有胆商就想赚到钱是很难的。今天，企业家要有创新能力、经营能力，还要有韧性和良好的心理素质。二代企业家往往受了很好的教育，个人素质高，但是心理素质不一定比一代企业家好。二代企业家要继承和发扬老一辈那种能够吃苦、白手起家的创业精神，同时还要利用好新的科技知识。尽管现在有一些二代不愿意接班，这也是客观的，不见得每个二代都适合接班，但一代更比一代强，这不用怀疑。我们老一辈企业家给他们留下的财富就是企业家精神，就是艰苦奋斗、一往无前、百折不挠的精神，应该把这种精神传递给他们。

在20世纪90年代日本泡沫经济时期，松下幸之助先生和稻盛和夫先生就做了好多演讲，写了一些书，专门指导日本的年轻一代怎么度过当时的困难时期，给他们一些心理上的鼓励和支持。在今天这种情况下，我们中国的一些企业家，也应该腾出时间来给年轻一代企业家更多的指导，为他们插上路标，同时给他们鼓励。这个时候他们也需要这种关怀。

张涛：刘院士是科学家，也是教育家，您觉得二代企业家现在还存在哪些问题？应该怎么解决？

刘科：企业的传承问题很值得我们关注。第一代企业家都很辛苦，很忙碌。按照传统，潮汕的企业家希望孩子能接班，但现在大部分是接不了的。我们希望开展针对年轻企业家的培训项目，能对企业的传承有所帮助。一代人有一代人的使命，我更期望年轻一代企业家能带领中国企业“走出去”。中国发展到今天，已经有一批国际化人才，而且还在不断地学习，不少年轻企业家自身条件好，要有这种雄心壮志，未来在全球打造出中国的知名品牌。未来中国有一大批全球知名的跨国公司，有核心竞争优势，这也是中华民族伟大复兴的标志之一。在目前情况下，中国企业可以考虑到海外投资，把中国的技术带出去，也把全世界最好的技术汇集起来，然后在全球开疆拓土，把中国的企业推向世界。

出海是中国企业发展的必然

张涛：我看到数据，中国A股上市公司有5000多家，其中3000多家都有出海业务，并且出海业务的占比在逐步提高，中国企业的出海似乎也成为一个趋势了。

刘科：我们要正确地看待企业出海，中国人走哪永远都是中国人。我相信在市场经济下，中国企业的活力发挥出来后，竞争力会非常强大。只要在公平的市场环境下，中国的企业是完全有能力在全世界任何一个地方跟任何企业进行竞争的。

张涛：宋总，您对中国上市企业出海的趋势怎么看？

宋志平：这一轮出海有几个大的背景。第一，从国际贸易摩擦等因素来看，中国的企业如果还是选择从本土出口产品到国外，以后是有一定压力的。过去中国是世界的工厂，将来可能全世界到处都有中国的工厂，在全球化的大背景下，这确实是一个选择。第二，从我们企业自身来看，过去我们不少制造业是按照全球市场来设计产能的，如果产品都在国内销售，会有压力，可以进行产能合作。像德龙钢铁在印度尼西亚建了一个钢铁厂，是东南亚最大的钢铁企业，目前经营得非常好。第三，出海也是中国企业发展的必然。现在我们中国企业既有资本，又有技术、装备，带着这些“走出去”，有一定的发展优势。中国经历了40多年的改革开放，我们是有实力“走出去”的。

现在中国企业“走出去”和以前不一样了，我经常听到有人讲，“不出海就要出局”，这句话本身就说明了出海的重要性。正如刚才我们谈到，未来可能会由过去中国是世界的工厂，变成全世界到处有中国的工厂，从过去我们比较重视GDP，变成更加重视GNP，完成这样一个跨越。“走出去”有很多困难，也有不少的风险，我们一方面要坚定地“走出去”，另一方面要积极防范各种风险，要能够比较稳健地“走出去”。尤其是上市公司，更要稳健一些，要进行高质量的调研，把情况了解清楚，稳步踏实“走出去”。

张涛：还是要因地制宜。您赞同刘院士刚才说的鼓励二代企业家更多地“走出去”，将企业做成全球化公司这个目标吗？

宋志平：我们不少企业家二代从小就到国外学习了，相信他们的学习能力没问题，具备各方面的优势，如果企业适合“走出去”，这些二代企业家应该一马当先。现在，中国的企业足够多，中国的人才也足够多，在整个全球化的过程里，中国企业面临很多机会。

张涛： 他们父辈享受的是中国改革开放时代的红利，那现在他们其实可以享受中国企业“走出去”的这种大趋势的红利。

宋志平： 今天“走出去”对企业来讲确实是机会，我赞成大家“走出去”进行产能合作，带着中国的产品、技术、装备、资本，甚至管理思想“走出去”。关键是中国的企业家具有奋斗精神，我们的企业家，到全世界各地打拼，都是很棒的。

用竞合理念战胜行业内卷

张涛： 现在很多行业都有内卷的现象，您怎么看？

宋志平： 从客观上来看，内卷就是供大于求；从主观上来看，内卷是在整个市场竞争中，竞争理念方面的问题。从全球范围来看，过去这么多年，制造业经历过恶性竞争，经历过内卷，后来进行了集中，企业的竞争理念也越来越成熟，不一定都去打价格战。一方面，现在很多行业内卷的一个很大的特征就是打价格战，我过去在中国建材时，那时候水泥行业也是内卷式恶性竞争，水泥价格从每吨400元降到了200元。后来我在行业推动联合重组，水泥行业的集中度从当时的6%提高到了70%，集中度提高了，水泥的价格就相对稳定了。

另一方面，一些竞争的理念也要成熟。竞争不只是价格竞争，我们常说性价比。首先，企业应该重视性能上的竞争，也就是技术、质量、品牌、服务，最后才是价格。为什么说我们的竞争理念出了问题？一是现在有些集成商采用低价中标的方式，迫使供应商反复压价来进行竞争。其次，即使没有集成商去压价，同行之间也在恶性竞争。其实这是价格的理念问题，企业要想赚到钱，不光是眼睛向内、压低成本，还要维护合理公平的价格。

过去很多人认为价格是市场给定的，企业只能做好质量、降低成本、做好服务，好像价格是客观的。实际上并不完全是这样，企业应该认真研究价格的一些规律，走一条优质优价的路线，而不要走打价格战的低质低价的路线。

竞争有良性竞争，也有恶性竞争，市场经济需要良性竞争。从全世界来讲，都反对恶性竞争，比如有反垄断法、反不正当竞争法。我们对市场经济的理解、对竞争的理解等，都需要改变。不要简单理解市场就是竞争，竞争就是打价格战，就是你死我活，就是红海战略。实际上，企业之间既要竞争还要合作，同行是冤家，但又是利益相关者。我们企业应该很好地去研究新的市场竞争，如何从竞争到竞合，如何从红海走到蓝海，如何从恶性竞争、内卷里真正走出来。行业里的领袖企业应积极发挥作用，带动整个行业形成良性竞争生态。因为覆巢之下没有完卵，行业利益高过企业利益，而且行业利益是关乎长远的利益。企业其实要进行竞合式的发展，走出一条良性的竞争的道路，竞合思想在整个市场经济中会越来越成熟，也是我们在市场竞争过程中的一大进步。

张涛：刘院士，您对内卷怎么看？最近大家都说新能源市场太卷了。

刘科：我同意刚才宋总讲的。第一，竞争也与文化有关。比如，有些文化中，头部企业要给供应商至少留10%的利润，这样整个行业才能做起来。目前很重要的一点是，我们面临着生产的过剩。另外，我们要认清中国的国情。我一直在研究中国工业化的过程，2001年中国加入WTO，世界市场向中国开放，中国人的勤劳使我们很快在世界市场中占有发展优势，这是中国经济快速发展的很重要的一个原因。然而，我们有些资源、能源、原料等还需要进口。现在的问题是，这么多年建立起来的世界工厂生产的东西卖不出去了，还是得靠全球化解决。

我们是全球化的受益者，走出困局还要继续沿着全球化的思路。在新能源行业，我们的很多技术已经世界领先了，已经具备了“走出去”的技术条件和资本条件，相信中国企业还是非常具有竞争力的。除了拉动内需，“走出去”也是走出当下困局的一种方案。

第二，鼓励新一代的企业家“走出去”。未来，随着技术的进步，产能不是问题，但不能光靠量，还要靠质，要研究世界大变局中生产关系的变化。我们的企业家要充分调研全球市场，做好决策，将企业活力和竞争力释放出来。

创新离不开资本

张涛：刚才二位都谈到创新过程中的一个关键词——资本，在这个方面，宋总您怎么理解？

宋志平：创新离不开资本。熊彼特在《经济发展理论》里讲到，资本是企业家用于创新的杠杆，没有资本，企业家无法创新。我们在考虑创新、发展新质生产力的时候，也要考虑资本从何而来，如何支持创新和新质生产力的发展。我国资本市场经历了三四十年的发展，这些年支持了国企的改革、民企的发展，也支持了我国的科创事业的发展。

从创新来看，一方面，资本市场是支持创新的重要平台，有好的创新型企业，在资本市场就可能有好的回报。美国前十大市值的公司都是高科技、新经济企业。我国资本市场也支持这样的企业发展。另一方面，政府会有一些积极产业政策引导企业去做。像国企在打造原创技术策源地方面就形成了一些经验做法。创新需要大量的资金和资本投入，否则是走不远的。很多国企有大型研究院所，同时也有资金优势，在解决“卡脖子”问题和关键技术研发上发挥着重要作用，在产业链、创新链上带动中小企业协同发展。

我们不少民营企业的创新资本来自资本市场，比如比亚迪、宁德时代、隆基绿能都是上市公司。资本市场要拥抱新质生产力。科创板支持硬科技的企业，同时也要把私募活跃起来，支持早期的创新，打造更多的独角兽企业，之后这些企业在资本市场退出，形成一个良性循环。这么多年，我们回过头来看，哪个地方的资本市场好，哪个地方的创新往往做得好。像独角兽企业在上海、北京、深圳、杭州这些地方的数量占比就很高。比如，杭州有个基金小镇，有2500多只基金，市场上有好项目就去投，成长就快。深圳的粤海街道，我们去调研的时候有107家上市公司。我们发现，哪个地方的资本市场发达，那里的创新就发展得快；哪个地方的创新发展得快，往往也能带动资本市场，创新与资本是相辅相成的。

美国走的是“创新+资本”的道路，德国、日本走的是“技术+管理”的道路。从我们自身来讲，过去强调比较多的是“制造+市场”，刚才刘院士也讲到，我们中国人天生就会做生意，把产品卖到全世界各个角落，同时我们还特别勤劳。下一步，我们在全球提高整体竞争力，应该结合各方优势，形成“创新+资本+技术+管理+制造+市场”的发展模式。现在单靠制造或者单靠市场，都不足以完全取得竞争优势。我们现在大力发展新质生产力，要进一步加强在创新、资本运营等方面的发展，提升我们的制造能力，同时提升企业的市场竞争力，形成新时期企业的综合竞争力。

谈到创新，我们讲得比较多的是科技创新，但是科技创新依赖于模式创新，有好的创新模式，可能科技创新就会更快一些，二者是分不开的。一方面，我们在考虑科技创新的时候，也要考虑到生产力和生产关系的问题。人才怎么办？基础技术从哪里来？有没有那么多的学校？有没有那么多的研究单位？能不能产生原创的技术，或者能不能产生领先的技术？另一方面，产业政策也很重要。国外一些发达国家对于企业创新也给予了大力的支持，并不是只靠市场。在创新这个问题上，还应该把底层的生态系统、模式建设好。

张涛：投资界有人觉得，现在很多政府引导基金在做，但是在耐心方面还不够，还要求一定要有刚性回报。您怎么看？

宋志平：资本市场这些年发生了不少变化，现在也需要耐心资本，需要一些中长期资金。这些方面会影响未来整个资本市场的结构。引入大量的耐心资本和中长期资金，能够起到稳定的作用。这方面还需要有一个过程。中国的资本市场仅有30多年的历史，在逐渐走向成熟的过程中，会遇到各种各样的问题，但我们可以在发展过程中不断解决问题。从长远来看，中国的资本市场还是中国经济的一张底牌，还是有巨大潜力的。

张涛：刚才您也谈到国企要在原创性的创新上发挥作用，在一些创新上是不是可以由国企牵头组织更多的民企一起参与呢？

宋志平：我们看到目前就是这样做的，坚持和落实“两个毫不动摇”。国企和民企之间是大河和小河的关系，大河有水小河满，大河无水小河干。经过这么多年，总的来讲，国企从体制、制度和机制上基本是适应市场经济要求的。党的二十届三中全会对国企改革提出了要求，推动国有资本和国有企业做强做优做大，增强核心功能，提升核心竞争力。

张涛：您是我国著名的国企改革家，您觉得新时期的国企改革还有哪些需要注意的呢？

宋志平：国企改革历经多年，党的十八大揭开了新一轮国企改革的序幕，国企改革进入了以管资本为主的新时代。党中央作出战略布局，加强顶层设计，出台了国企改革“1+N”政策体系，为新时代国企改革搭建了“四梁八柱”。国企改革三年行动是落实政策体系和顶层设计的具体施工图。后来又推动了新一轮国企改革深化提升行动。总体来讲，国企改革在体制、制度和机制等方面取得了显著成效。现在按照党中央、国务院决策部署，要推进国有资本“三个集中”，推动国企进一步突出主业、聚焦实业，当好长期资本、耐心资本、战略资本。

我们还要进一步健全中国特色现代企业制度，建设更多的世界一流企业，还要始终坚持“两个毫不动摇”，能够国民共进，不光要做好国企，同时也能够带动民企共同发展。国企与民企应该是一对孪生兄弟，产业链是连在一起的。事实也是这样，一个大的国企周围，可能有成百上千家民企做外包服务。假如没有民企，很多国企做不成现在这样；假如没有国企，很多民企可能也没有活干。大家既要看到二者在市场中的竞争关系，也应该更多地看到它们之间的共生关系。

张涛：刘院士，有些人认为，很多资本投资了科技创新的企业之后，却没有很好的退出渠道。您怎么看？

刘科： 我们在《创新高地》这本书中也谈到了这一点。硅谷之所以成功很重要的一个原因是“创新+资本”，一方面要进行高科技创新，另一方面需要资本风险投资的支持。斯坦福大学边上有一条不到3千米的沙丘路，美国几百家顶级的，甚至国际上顶级的风投在那里设立办公室，那里的风险投资是非常活跃的。创新研究是要花钱的，但是只有资本投入创新产生有价值的技术，才能够产生价值，才能有回报。资本，尤其是风险投资，对创新至关重要。

最近我看到一篇文章讲到创投业的情况，让我感到惊讶。当你想计划创新、预测创新，其实那已经不是创新了。风险投资的概念就是，投100个项目，不知道哪几个会成功，但总有三五个成功的，3个成功的项目就可以补贴另外97个项目的成本。全世界没有一家风投说自己投一家就能成一家的。

什么叫科研的成功？就是要真真实实地把实验记录下来，后面的人不需要重复前面的实验，不需要再浪费这份钱，这就是成功。不是今天投资某一个项目赚了多少钱，才叫成功，最后没赚钱，就叫失败。其实有时候没有失败，不可能有后来的成功。但是大家必须把原来真实的、做过的实验记录下来，记录以后对全社会发布，让大家不要在同一个项目上重复地去试错。不重复试错，就是创投的成功。创新就是一个试错的过程，那就要允许失败。一个组织如果不能够容忍失败，就不可能创新。今后，不管是我们的风投业，还是创投业，都要重新思考，千万别抱着过分的期待。

在发展新质生产力的前提下，怎么把创投做好？要了解风投的属性，还要创新系统，就是新质生产力一定要有新质生产关系做配套。新质生产关系需要容忍失败。社会如果没活力了，经济发展就会受影响。在培根所处的时代，知识就是力量，因为那时获取知识的渠道很少。但是今天，获取知识变得更容易了，这时更重要的是有创新力。

发展创新，必然要鼓励创投，鼓励创投的很重要的一点就是容忍失败。可以设置一个允许失败的概率，在这个范围内只要能做几个成功的项目，就可以补偿其他重要投资但没有回报的项目。要用这种心态去支持创投，这样整个资本市场才能火起来，高科技企业才能火起来，创新创业也才能做起来。

09 解决行业内卷，领袖企业必须带头
——与赫尔曼 · 西蒙对话

对话人： 赫尔曼 · 西蒙，德国作家、管理学思想家
时　间： 2024 年 9 月 23 日
地　点： 北京

宋志平： 多年来，我一直是您的读者。最早读的是您的《隐形冠军》，我曾在电视上专门讲解过这本书。后来又读了您的《定价制胜》，现在您又出版了新书——《真正的利润》。实际上，这些书之间是有联系的。我昨天刚从义乌回来，参观了双童吸管公司。他们每生产100根饮料吸管，毛利润只有8分钱，但去年吸管业务的收入达到了人民币4亿元。他们走了一条创新和品牌之路，把一根吸管做得与众不同。他们也采取了高品质、高价格的路线，不做低端产品，不打价格战，取得了可观的利润。双童吸管是典型的专精特新“隐形冠军”，您也在书中将其作为重要案例。其董事长楼仲平先生还让我转达对您的问候。

西蒙： 宋先生，我也非常高兴能与您讨论企业和“隐形冠军”相关的问题。我相信中德两国有许多共同话题，可以相互学习。中德在全球都是非常重要的经济体，我们在经济领域有很多合作机会，尤其是两国在出口方面都很强劲，各有优势。《隐形冠军》关注的是全球各行业中处于领先地位的中型企业。刚才您提到了一家中国非常知名的吸管公司。过去，我们也发现中国类似的“隐形冠军”企业正在快速增长。与3年前相比，中国的“隐形冠军”企业数量增加了100多家。相应地，德国新增加了约250家“隐形冠军”企业。我们目前面临着相似的背景，我很高兴今天能就这些问题与您交流。

◎ 双童秉持创新和坚守，把吸管做到了全球第一

企业在过剩条件下如何竞争

宋志平：西蒙先生，今天除了“隐形冠军”的话题，我还想请您谈谈产品定价的问题。在中国商界，大家对“隐形冠军”已经比较熟悉。中国目前正在推动专精特新“小巨人”和单项冠军的发展。现在，企业面临的一个突出问题是，许多行业内卷，打价格战，以价格战为主要手段的行业内卷式恶性竞争给众多企业带来了困惑。您的《定价制胜》出版后，我曾送给一些同事和企业家朋友，希望大家通过书中的观点来研究产品定价。

在《真正的利润》中，您提到了两个公式：“利润 = 收入 – 成本，收入 = 销量 × 价格”。在这种关系中，许多企业觉得他们可以控制成本，增加销量，但对价格却无能为力，感到非常被动。所以大家就以降低成本和增加销量作为主要的竞争手段。一些企业无限制地降价，这也是出现内卷的深层次原因。今天，我们也希望您能与中国的企业家谈谈定价问题，以及企业在过剩条件下应该如何竞争。

西蒙：刚才您提到了中国一些企业的现状以及价格战和内卷的问题，我想从两个方面分享我对定价的看法。一方面是我个人的经历以及我所代表的公司的历史。我曾在大学任教16年，其间主要研究与定价相关的理论和学术问题。之后，我与我的博士生一起创立了西蒙顾和管理咨询公司，在全球范围内，我们从事的业务就是定价咨询。我们将所研究的定价理论应用于实践，帮助企业获得稳固的利润。今天，我们在全球拥有2200名员工和47个办公室，2023年的收入为5.78亿美元，约合人民币40多亿元。我们是全球定价咨询的领导者，在中国的上海、北京和香港设有三个办事处。另一方面是关于中国企业的。回顾中国企业的发展历史，最初基本上是以低价、低质量、低成本赢得市场，在全球开展竞争。但近年来，中国企业也发生了巨大变化。我们注意到中国企业的成本也在上升，这意味着中国产品的价格也需要提高。当然，中国产品的质量也在不断提升，中国的技术也取得了长足的进步。但中国产品在品牌方面仍有弱点，在全球前100位品牌中，中国只有两家：小米和华为。中国企业需要做的是，像全球知名企业和品牌一样，不断提升产品价值、创新能力、服务能力和产品质量，以提高中国企业在全球的品牌声誉和知名度。

但需要注意的是，品牌的提升不是一蹴而就的，而是需要多年甚至几十年的努力。我们主要提供的服务是为大型和中型企业提供定价策略，以提高利润和实现增长。“利润 = 价格 × 销量 − 成本”。根据我们的研究，定价对利润提升约有10倍的倍数关系，而成本只有约6倍的关系，销量只有约4倍的关系，因为销量增加后，相应的成本也会上升。我们支持中国企业提高利润，因为只有利润才是企业生存的关键。中国一些行业正面临过剩和价格战的问题。事实上，这两种情况都会对企业利润产生负面影响。我们希望通过精细的定价策略来提高企业利润。

管理者应主动掌握定价

宋志平：最近，中共中央政治局会议提出要强化行业自律，防止“内卷式”恶性竞争。实际上，一些行业正在进行“内卷式”竞争，这是非常不可取的，因为这涉及盲目地降价。当价格降得太低时，整个行业就容易出现亏损。这是我们许多企业今天面临的问题。低价意味着没有利润，没有利润还可能影

◎ 与赫尔曼·西蒙就定价策略和市场竞争等进行交流

响企业的价值，带来一系列问题。

我们发现，很多企业将产品定价权主要交给了销售人员，但实际上，价格应该由管理者来制定。我记得稻盛和夫曾说过："定价即经营，定价定生死。定价不应该由销售人员决定，而应该由企业领导者来决定。"但许多企业领导者认为，价格是由市场决定的，他们感到无可奈何，形成了误解。大家都专注于抢占市场份额，拼命降低成本，却忽视了定价，觉得自己无力掌控。实际上，您在《定价制胜》中也提出，管理者应该主动掌握定价，而不是被动适应价格。我相信《定价制胜》可以为今天的中国企业家提供很好的参考价值。《真正的利润》是《定价制胜》的姊妹篇，因为它基于只有好价格才有真正利润的前提，揭示了利润是企业的根本，没有利润就无法生存，二者的关系非常清晰。

希望中国的企业家和读者能聆听您的声音，认真阅读这两本书。我认为这两本书对大家尤为重要，尤其是《定价制胜》。虽然它出版已有几年，但我们今天应该认真重温，对中国企业解决当前面临的问题也有意义。

西蒙： 关于定价和利润，您确实非常了解。我也有几点想补充，与您分享。我们调查了全球许多企业的定价问题，涉及数千家公司。我们发现有59%的企业卷入了价格战，其中最严重的国家是日本。在日本，86%的企业参与了高度激烈的价格战，这必然带来低利润，因此日本企业的利润率只有2.4%，而全球平均为5%。中国的价格战也非常激烈，但中国企业的利润率没有日本那么低。价格战是利润杀手。因此，为了避免价格战，我们需要采取合理的定价策略。在中国普遍存在的过剩条件下，实际上很难避免价格战。我们首先需要做的是控制并尽可能减少产能。

例如，光伏产业面临的价格战，或者汽车行业电动车与内燃机汽车之间的价格战，都非常危险。刚才您也提到，在中国企业中，销售人员比管理层拥有更多的定价权。我认为这涉及定价策略的问题。我们需要将定价策略收归管理层，让管理层制定明确的定价规则。在进行价格定位时，我们需要考虑我们想去哪里，以及如何到达那里，这与产品价值有关。要以为客户提供的价值来决定价格，而不是相反。我们需要做的是为客户提供精准的价值。

只有当我们能够为客户提供精准而明确的价值时，他们才愿意为之付费。价值越高，客户愿意支付的价格就越高。因此，这带来了另一个挑战，就是我们需要持续创新，这意味着研究新技术，用它们来满足客户需求。如果一项新技术不能满足客户需求，无法比现有技术更好地满足他们，那么它就没有价值。因此，我们需要关注客户需求，满足他们，为客户提供高价值的产品和服务，以实现高定价，获得更高的利润。

我们需要逐步将中国的低成本、低价格模式升级到高端市场，以制定更高的价格。您刚才提到价格影响公司的股价，确实如此。我们在欧洲和美国做了几项研究，探讨定价公告与股价之间的关系。企业的股价也与其品牌有关。

我发现许多中国企业都非常有活力。我想了解您对成本、价格和股价的看法。

宋志平：我在建材领域工作了40年，带领企业从小做到大。建材行业在中国也是竞争非常激烈的行业。过去，我对中国水泥行业进行了大规模整合。整合后，一个重要的任务是维护水泥价格。价格对我们来说是至关重要的事情，所以在中国建材集团的经营会上，除了关注内部管理，我们也会花精力研究市场和价格问题。当时水泥价格比较稳定，企业也获得了不少的利润。我一直主张企业要特别重视定价，但很多企业为了扩大市场份额，参与低价竞争。降价后，对手也会进行报复，导致价格一轮轮下跌。实际上，发起价格战的企业并没有获得多少市场份额，反而大幅降低了价格。这就是目前中国许多行业的现状，因为许多产品实际上价格弹性很低，降价并不一定会增加销量，所以盲目降价没有前途。

此外，企业需要从红海走向蓝海，一个重要的点是创新和打造品牌。例如，华为最近推出了一款三折叠手机，在市场上取得了很好的反响。这表明，正如您所说，企业应该重视创新、技术和品牌，创造真正的价值，这是定价的核心。但对于许多传统企业，如大型的水泥、钢铁和化工企业，价格可能非常重要。如果产品降价，它们可能面临全行业亏损的局面。因此，我们必须特别关注定价问题，因为无限制地降价会导致整个行业的亏损。我提出了行业利益高于企业利益的概念，企业利益孕育于行业利益之中。“覆巢之下，焉有完卵？”作为企业，我们既要竞争也要合作，不能只竞争不合作。当然，合作不是串通，而是需要在定价上自律。市场经济是竞争的经济，但竞争包括良性竞争和恶性竞争。我们主张良性竞争，即有序和自律的竞争。恶性竞争是盲目地降价。

一些行业正在进行内卷式的恶性竞争，缺乏自律。由于恶性竞争和大规模的降价，整个行业都在亏损。我们希望中国企业能理性地看待市场竞争。

今天，我们的对话从“隐形冠军”开始，我们也希望您能更多地向中国企业家和各个行业讲述竞争理论和定价原理，提供更多指导。这将有助于企业家了解价格是如何形成的，如何设定合理的价格，以及如何避免“内卷式”恶性价格战。这对中国企业和各个行业来说至关重要。

关于内卷，其实有两种看法。一种观点认为，内卷能创造一个新世界，打造世界级品牌。另一种观点认为，企业应进行有序和良性的竞争，专注于技术创新、质量提升、品牌建设和服务增强，而不是仅仅依靠降价和低价来打价格战。我赞同后一种观点，主张企业开展良性竞争。企业之间应合作、自律，同时提升技术创新能力、质量、品牌建设和客户服务，从而增加价值，而不是仅仅进行价格竞争。

西蒙：您曾执掌过中国建材这样的企业，其实这种传统行业竞争也非常激烈，我再次跟您分享一下自己的经验。之前有一家德国汽车喷涂工厂，它原来在行业里做得很不错，但在2008年的时候出现了全球金融危机。之前，全球在这个领域里一共有4家非常大的汽车喷涂工厂，其中有2家来自德国，一家来自瑞典，还有一家来自美国，这两家来自德国的企业都是上市公司，他们的产能过剩，在2008年金融危机到来之后，其中有一家就破产了，退出了这个产业，另外一家进行了降产。在此之后，其他两家逐渐适应了市场，也出现了利润下降的情况，但德国的隐形冠军企业反倒在这个过程中异军突起，有了大的增长，这得益于它们的定价策略及所占的行业优势。

关于中国的具体情况我们还不是特别清楚，不过对中国的汽车行业有非常明确的预判，汽车行业目前有多少厂家和主机厂我还不太清楚，假设有100家以上的主机厂，我目前的预测就是10年之后，能够在市场上存活的可能只有七八家或者更少，这就是大量竞争的结果，其中肯定有非常激烈的价格战。而在美国，是另外一种情况。美国的反垄断法有非常严格的规定，如果行业中只有大型垄断企业，那么它有可能会面临美国政府机构10亿美元级别的巨额罚款，甚至更多。如果它们当中有对客户造成恶劣影响的，也需要对客户进行赔付。

我们未来需要参考"隐形冠军"企业的现代模式，就是它们有自己的业务生态系统，有自己独有的技术，像一些传统的机械企业，要有自己的核心技术，还要有对应的软件，甚至AI技术、传感器、激光技术，等等。但像这样的企业，它们不太可能由企业自己研发新技术，因为自己研发所需要的时间是非常久的，有一些高科技企业，比如德国的MSK公司，就是通过寻找业务合作伙伴为自己提供所需的技术和产品的模式进行产品开发、生产的，MSK公司也从中国选供应商做试制，来自5个国家的供应商共同为它的1个产品提供零配件。这就是未来的一种全球合作模式，就是进行全球采购，寻找全球业务伙伴一起生产极为复杂的技术系统。这是我们要走的一条新的道路，也是我们要创建的高科技世界。来自德国的苹果供应商数量共有767家，其中很多都是"隐形冠军"企业，这些企业共同为苹果提供各自的产品和服务。比如，有一家来自汉堡的公司为苹果手机系统提供19种胶水，另外的2

家供应商共同为其提供超过30种胶水产品，这就是我们未来要面临的深度技术合作模式、全球合作模式。

宋志平：您讲了很多对当前中国企业非常有指导意义的内容。第一，企业应重视定价决策；定价对利润提升有约10倍的倍数关系。第二，在行业产能过剩时，大企业应减产，以缓解激烈的竞争，而不是通过压价来抢占市场份额。第三，提高品牌知名度，以增强企业定价能力。第四，利用差异化和细分化，创造“隐形冠军”，以摆脱竞争的红海。我还想补充一下，在产能过剩的情况下，行业领袖的竞争心态至关重要。例如，2023年中国的白酒行业总产量下降了5.1%，但收入增长了9.7%，利润增长了7.5%，整个行业创造了2000多亿元的利润。我问中国酒业协会这是如何做到的，他们说白酒行业开展竞合，不打价格战。竞争主要集中在技术、质量、品牌和服务上，从不比拼低价格。他们还提到，在行业竞合中，领军企业非常重要，尤其是前两名，如茅台和五粮液，不打价格战，引导了整个行业的市场生态。相比之下，一些行业的一些龙头企业为了抢占市场份额，缺乏价格自律，实际上既伤害了行业，又伤害了同行，同时也伤害了自己，其利润和股价都大幅下降。这些企业应该认真反思。

今天非常感谢西蒙先生，也希望大家多阅读西蒙先生的《定价制胜》和《真正的利润》。我最近也写了一本《有效的经营者》，主要讨论企业在当今不确定环境下如何做出正确选择，书中也引用了您关于隐形冠军和定价制胜的一些观点。

西蒙：宋先生是一位对企业经营和管理有着深刻见解的企业思想家。您的观点对指导中国企业稳定经营和健康发展非常有意义。我也期待今后能与中国企业有更多交流，让企业创造更多“隐形冠军”，开始合理定价，最终获得真正的利润，取得更大的成就。谢谢您！

10 “经营管理五部曲”是怎样炼成的
——与何志毅、姚和平等对话

对话人：何志毅，清华大学全球产业研究院首席专家，北京大学光华管理学院教授

姚和平，安利股份董事长

朱　涛，新华书店总店总经理、党委副书记

时　静，机械工业出版社副社长、华章分社社长

主持人：文　卿，机械工业出版社华章分社

时　间：2024年11月10日

地　点：北京

朱涛：“宋志平经营管理五部曲”凝聚了宋总多年的实践智慧和理论思考，这套书内容鲜活、观点新颖，深入剖析了复杂环境下企业面临的挑战和机遇，并提出了切实可行的解决方案和应对策略，这套书的问世无疑会为我国现代企业管理、学术研究与实践领域注入新的活力。我与宋志平先生相识在8年以前，当时我从中央机关刚到一家央企工作。文化企业比起经济领域企业的改革和发展是滞后的，所以遇到了很多问题，也一直困扰着我。当时宋总带队，与同事一起到我所在的单位调研、参观，在这个机会下有幸认识了宋总。宋总当时送给我他的一本书——《改革心路》，我拿到当天就看完了。我觉得书中所描述的他当时在北新建材遇到的很多情况和困扰，和我在当时所面临的问题高度契合，在其中我也找到了很多解决办法。所以，从那个时候开始，我就成了宋总的忠实粉丝，也是他的著作的阅读者。

宋总书中所蕴含的智慧和洞见，让我对企业经营管理有了更深刻的思考和领悟，一是在企业文化方面对我的启发非常大。宋总在《改革心路》里讲到他刚当北新建材厂长的时候发现员工的信心不足，提出首先要“点燃员工

◎ 希望“经营管理五部曲”能为中国式管理添砖加瓦

心中的火”，直到现在都影响我认真对待和解决员工对企业的认同问题和信心问题。二是战略是头等大事。记得2020年我刚到新华书店总店，我向宋总描述了新华书店系统“有系无统”的状况。宋总跟我讲，全国一万多家门店如果能整合到一块儿，它的价值是多大？宋总的话对我的启发是很大的。后来我们通过业务上的一些整合逐步形成新华书店总店“总”字定位的战略，现在我们和各地新华的凝聚力、合作越来越多。

宋总提出的“三精管理”，以及关于创新的一些理念，都可以融入、体现在日常企业管理中。特别是在当前复杂多变的经济环境下，企业经营面临前所未有的挑战，图书行业也不例外。因此，我愿意将这套书推荐给业内同仁，相信新华书店系统乃至整个出版发行业都能从中获得经营管理的启迪。这套书对于提升企业管理水平，推动企业变革发展具有重要价值和深远意义。希望企业管理者、职业经理人、创业者，以及对企业管理抱有浓厚兴趣的读者都能有机会翻开这套书，从中汲取智慧和力量。

文卿：非常感谢朱总真挚地分享和推荐这套书。机械工业出版社华章分社是“经营管理五部曲”的出版方，作为华章分社的社长，时社长有哪些方面的分享呢？

时静： 我和宋总结缘于2019年，2020年宋总出版了《企业迷思》，2021年出版了《经营制胜》，2022年出版了《三精管理》，2023年出版了《共享机制》，2024年又出版了《有效的经营者》，这几本书是宋总对多年企业实践和观察的总结和思考。我们认为五本书放在一起，是系列化、整体化的，是对宋总经营管理思想更为全面的展示，也有利于读者更好地享受我们的出版成果。从《有效的经营者》这本书我更深刻地了解到宋总对每本书投入的精力，他是将自己的所做、所学、所教、所想、所思结合中国企业的实际，是博览国内外经典的管理图书后进行了中国式的落地。

文卿： 感谢时社长的推荐，接下来请宋会长为我们带来分享。

宋志平： 我想分几段话跟大家进行分享交流。

关于“五部曲”的由来和内容，“五部曲”是一个实践的产物，因为我做企业做了40年，现在虽然不做企业了，但是这5年多的时间在做中国上市公司协会的会长，其间先后去了400多家上市公司、100多家非上市公司，也就是一直在企业里边。所以，把我这么多年在企业的实践和观察中的一些体会、一些教训、走过的路、踩过的坑，等等，提炼概括了出来，把我在清华、北大和人大一些著名的商学院所做的分享也归纳出来。我写的这些书，是以实践为基础的，有鲜明的实践性。

这些书是怎么写的呢？除了这“五部曲”，其实我还写了20本书，到现在一共有25本书。从2010年开始，我就开始写书。我写书，是先做、后讲、再写。实践在先，我把自己的体会归纳出来，然后给商学院的MBA、EMBA、DBA，给央国企、一些大型的民企讲讲，讲通了以后再写下来，也就是以前我老跟大家讲的“一鱼三吃”的做法。我给北大光华管理学院讲过3年课，课程就是“穿越迷思做企业”。做企业过程中，确实我们会遇到很多困惑，到底该怎么做？比如，到底是专业化还是多元化，是集权还是分权，是竞争还是竞合等，我归纳了20种迷思、100个问题、100个观点、100个案例，最后形成这本书《企业迷思》。《经营制胜》源自我在清华五道口金融学院给DBA讲的“从管理到经营”，因为目前我们到了一个经营时代，如何从管理到经营，是企业应该思考的问题。《三精管理》是我在北大光华管理学院和人大商学院讲的课程，最后形成《三精管理》这本书，三精管理也来源于我在中国建材的实践。我是清华中国现代国有企业研究院的学术委员会主席，《共享机制》是其中一项研究成果，着重研究企业内部的机制。关于《有效的经营者》，其实最早来源于我在一次央企会议上交流时的主要观点，当时演讲的题目就是“有效的经营者”，是希望我们企业的领导不光要把管理做好，更重要的是要把经营做好，应该为企业把关定向，做好战略决策和获取资源，在这些方面多做工作。我的书基本是这么产生的，先做、后讲，讲通了以后，再把它写出来。

这些书每一本其实都有一个主题，都是奔着怎么解决我们眼前的一些问题来的，这也是我写书的一大特点。《企业迷思》是解决企业领导面临很多困惑如何进行选择的问题，《三精管理》讲的组织精健化、管理精细化、经营精益化，形成了“三精十二化四十八法”，是讲方法论的，其实这也是我在中国建材的时候带大家推行的，后来三精管理还获得了全国企业管理现代化创新成果一等奖。在企业做管理，不光要学理论，还要有方法论，能够把这些方法落地。

《经营制胜》讲的是如何处理好经营和管理的关系，讲了如何从管理到经营，以及经营的十大策略。做企业，开始我们讲管理比较多，20世纪实际上是一个管理世纪。从20世纪初泰勒的科学管理理论，到福特的流水线，再到日本丰田的精益生产，实际上都是想解决效率的问题，那个时候主要是管理。在三四十年前，我们企业出问题也主要出在管理不善上，因为那时候我们的管理与国外相比差距较大。但是，进入21世纪之后，高科技、新经济扑面而来，各种不确定性在困扰着企业。今天对企业来讲，做好管理是基础工作，更重要的是转向经营。

党的二十届三中全会《中共中央关于进一步全面深化改革、推进中国式现代化的决定》中有一句话，要支持和引导各类企业提高资源要素利用效率和经营管理水平。在我们中国企业的认知里面，企业既有经营，也有管理。经营是眼睛向外，做正确的事，要开源、多赚钱，要在市场上多赚“三桶水”；管理是正确地做事，是眼睛向内，是节流，少花钱，是干毛巾也要拧出“三滴水”。三桶水和三滴水都很重要，但是今天在这样一个不确定性更多的时代，三桶水更重要。企业今天遇到的问题大部分是经营决策上的问题，不能用过度的管理来弥补经营决策的失误。很多企业遇到问题以后，马上想到的就是眼睛向内，苦练内功。实际上，今天很多企业的问题可能并不是出在管理效率上，可能是出在经营决策上。这本书提出了从管理到经营的理念，希望我们的企业家不光要做好管理，还要做好经营。

《共享机制》是奔着企业改革问题来的。机制问题涉及企业的动力，如果没有机制，企业就没有活力和动力。什么叫机制呢？就是企业的效益和员工利益之间的关系，有关系就有机制，没关系就没有机制。机制这个问题不只是国企有，民企也一样。民企有建立机制的天然条件，但是不见得民企都有好的机制。华为开始也没有好的机制，后来任正非做了全员持股，有了“财散人聚”的机制。我总结华为发展得好有两点很关键：一是有任正非这样一位具有创新和企业家精神的企业家楷模；二是有“财散人聚”的机制，把所有的干部、员工、奋斗者都凝聚到一起。

我们以前讲得比较多的是激励机制，现在我在书中讲共享机制，为什么？因为激励机制还是把员工当成雇员来看，员工干得好，企业就给多一点。在今天高科技、新经济的时代，我们的干部、骨干，他们不光是劳动者，他们本身也是人力资本，他们的经验、技术、知识、能力都是资本，应该和金融资本一起共享企业的财富。从激励机制上升到共享机制，这是在机制方面一场思想深刻的变革。有一些人跟我说：“凭什么把企业的利润分给他们，不是越分越少了吗？”我说：“华为不是越分越多吗？任正非只有不到1%的股份，相对数、比例可能少了一点，但是由于企业做大了，总利润就多了，应该这么来看，这就是共享。”企业把利润分给员工，员工有了创新的动力，有了竞争力，有了活力，企业就会快速发展，老板自己也能获得更多。这个逻辑应该明晰。企业需要开明的老板，只开明还不行，还需要科学地分配，这就是我在《共享机制》里面的主要观点。

《有效的经营者》这本书其实和《经营制胜》是有衔接的。《经营制胜》提出要从管理到经营，《有效的经营者》是在这基础上进行了升华，提出怎么做才能成为一名有效的经营者。这本书也是用了比较长的时间写成的。德鲁克先生写过《卓有成效的管理者》，到现在已经近60年了。他写这本书的时候，实际上是在管理高潮的时候，那时候企业最重要的是要提高效率，书中对管理者提出了五项任务，即善用时间、重视贡献、利用长处、要事优先、有效决策，这五个方面都围绕一个主线，就是提高管理者的效率，做一个卓有成效的管理者。

今天到了经营管理时代，不再是简单的生产管理时代。《有效的经营者》针对经营者如何做才有效，也写了五个方面的建议：第一，正确选择。第二，做有效的创新。第三，资源整合，很多企业在创造资源，但整合资源的能力可能比创造资源的能力更重要。第四，创造价值，做企业归根结底是要创造价值。在产品市场，价值就是利润，但资本市场里不光要有利润，还要有股价、市值。第五，共享机制，有效的经营者必须明白做企业不能光靠一个人单打独斗，再优秀的企业家，如果没有大家的支持，也做不好企业。

那管理的真谛是什么？其实真谛就在于谁能够真正调动员工的积极性。谁能真正调动员工的积极性，谁就明白了管理的真谛。假定你学了一大堆理论，大家都不愿意跟着你干活，那就是管理的失败。《有效的经营者》这本书前面讲了五大任务、十大能力，后边又提出回归常理做企业，讲了十六个做企业的常理，内容比较完善。

我写的书突出两点，第一个是好读。因为都是讲通了再写出来的内容，没有什么太高深的理论，有的也不见得系统，但都是奔着问题来的。第二个是实用。如果写书费了很大劲，但对大家用处不大，那写它的意义又是什么呢？我写书一定要对大家有用。这就是“五部曲”的由来和内容。

我们今天这个时代面临着百年未有之大变局。关于变局，一是复杂严峻的国际形势，大家都身临其中，有些国家的贸易保护主义抬头，给我国企业带来不少困扰。二是我国经济的深刻转型，从高速增长阶段进入高质量发展阶段，速度降下来了，很多企业还不太适应。2014年习近平总书记在河南考察时指出，“我国发展仍处于重要战略机遇期，我们要增强信心，从当前我国经济发展的阶段性特征出发，适应新常态，保持战略上的平常心态”。一方面，我们现在不能再一味地去求发展速度，而是要求质量、求效益。企业必须面对转型过程中遇到的压力。另一方面，高科技、新经济、新质生产力迎面而来，这又给我们带来了一些新的要素，企业克服了今天的困难，迎接未来的发展，就会有很大的机遇。

面对变局和问题，企业要积极地应对，既要稳健经营，又要稳健管理，要切实提高经营管理的水平，把它们综合起来。我们既要用平常心来应对困难，也要用自信心来化危为机，还得用进取心再创新局。中国作为世界第二大经济体，企业这几年在快速发展，今天中国的制造业企业有不少都已经处于世界一流水平了。为什么水平突然高了起来？是量变引起了质变。经历了40多年的改革开放，包括最初的代工、合资，后来大量出口，我们的制造业，包括整个产业链、供应链和主机厂，水平都提高了。过去我们不少产品是低质低价，在市场中缺少竞争优势，现在则不同了，我们很多制造业产品在品质、品牌、价格等方面都具有竞争力。

经过这么多年的发展，我国企业有很大的进步。现在世界500强排名中，中国企业有133家。从上市公司来看，现在我国A股上市公司有5370家，中国在境外的上市公司有1700家，加起来有7000多家，这是一个非常强大的经济体。去年5370家上市公司的收入占我国GDP的60%，而上市公司数量仅占我国公司数量的万分之一。我国各行各业涌现出了非常多优秀的企业，有了大量成功的实践案例。我们要认真总结这些案例，比如像华为的基本法，海尔的“人单合一”，等等，这些都是我们在企业层面经过实践推出的一些方法，非常可贵，下一步我们要认真总结中国式管理的实践内容。

我写“经营管理五部曲”，也是想能够为中国式管理添砖加瓦，能够做出一些微薄的贡献。中国式管理是中国式现代化的一部分，过去我们学的是西方管理，后来我们学过日式管理，今天我们到了中国式管理的时代，我们也应该担负起这样一个责任，要让中国式管理在世界舞台上绽放风采。中国式管理不是凭空产生的，是在多年的实践中逐渐成长起来的。中国式管理也不是孤立的，它把西方的现代管理和我国企业多年的企业管理实践结合起来，同时也和中华传统文化融合在一起，形成了中国式的管理。我们的新能源汽车在全球市场都很受欢迎，今后我们中国式的企业管理，也可以让全世界的企业参考借鉴。我们不仅要出产品，把产品卖到全世界，还要出思想，有思想才能被人尊重。

文卿：感谢宋老师为我们介绍了这一套书的缘起、精华内容，以及在当下的适用性。何老师既是清华大学全球产业研究院的首席专家、北京大学光华管理学院的教授，他在企业里也担任过企业管理者的职位。接下来有请何老师为我们做分享。

何志毅：宋老师说他的书是先做出来，再讲出来，最后再写出来的，这是很鲜明的特点，也很难有人能够做到。他是做事做出来的，做了两个世界500强企业，后面又做协会的会长，不仅是在两个企业历练、成长、提炼，还在自己的企业经营管理实践基础之上走访了很多企业做案例调研。宋老师的书有四个特点，即问题导向、逻辑清晰、行知合一、事理结合。王阳明讲知行合一，到底是知先行后，还是行先知后？是知重行轻，还是知轻行重？谁先谁后、谁重谁轻，还是有讲究的。宋老师是先行后知，这个特点很鲜明。还有事理结合，有事就有理，有理就有事，把案例放在里面，讲一个理的时候，就对应一件事来解释这个理。

这五本书的名字一般是四个字或者五个字，宋老师先讲《企业迷思》，再讲《经营制胜》，这与后面的《有效的经营者》呼应起来了。宋老师出书是很有逻辑的，有他一贯的底蕴，就是经营高于管理，尤其在这个时代，进入新常态，经营就更加重要了。关于《经营制胜》，对于企业来讲，制胜的核心在于经营。关于《三精管理》，企业光会经营不会管理也不行，宋老师在企业的经历也是从管理做过来的，从车间主任、厂长一步步走过来。另外，他也强调企业光有经营管理，没有机制不行，所以还得有机制，不是激励机制，而是后面出版的《共享机制》书里提到的观点。

宋老师的这“五部曲”是有逻辑的，把这五本组合到一起是很有道理的。宋老师写书的特点与他有教育情怀有关。他喜欢跟学员不断地交流，这些学员都有一定的实践经验，大家在课堂上不断地碰撞交流，甚至辩论。这种交流为写书积累了很好的基础。

未来我们一定要出管理思想家，尤其我国经济实力日益强大，世界著名企业、一流企业会越来越多，相信我们也一定会出优秀的管理思想。20多年前《北大商业评论》创办时，初衷就是想做一个催生中国管理思想的载体和平台。我们有理由相信，中国一定会出越来越多的企业管理思想，背后一定有中国管理思想家。

◎ 受邀在清华大学与企业家学员交流

文卿：感谢何老师的分享。今天我们还有一位实战派的企业家到场，接下来有请安利股份董事长姚总为我们做分享。

姚和平：安利是一个本土品牌的企业，是深交所上市公司，全国制造业单项冠军示范企业，国家重点高新技术企业，国家级企业技术中心，以及国家技术创新示范企业，是个小而美、小而专、小而强的企业。我做企业三十七八年了，可能跟宋老师还有一定差距，我觉得企业家很多，但是企业的思想家不多，企业的经营大师更不多，在我看来，宋老师不仅有丰富的企业管理实践经验，而且总结归纳了先进的企业经营管理思想，我读了他写出的著作以后受益匪浅。

我们公司2011年上市，最早看宋老师的书是《经营方略》，后来出版的《问道改革》《问道管理》《问道创新》《我的企业观》《企业迷思》等十多本书我也都看过。我觉得宋老师的书的特点之一，就是实用有效，既顶天又立地，有理论高度，博采众长，融会贯通，充分地融合了中华传统文化、中国的管理实践和西方的管理理论，独树一帜，具有鲜明特色，为我们中国式的经营管理做出了很大贡献。

我讲的第一点是，先进的思想能够引领企业发展，促进企业发展。安利2011年在深交所上市，在上市的时候公司也面临很多问题、困难，我也很迷茫、很困惑，企业到底朝什么方向去？是多元化，还是专业化？后来我们概括企业的发展战略，就是“四化战略”——专业化、特色化、品牌化、规模化。我们到底向什么地方去？如何做到与企业的战略、资源、能力匹配？怎么选择市场？对这些问题我一直很迷茫、很困惑。

当时看了宋老师的书，我觉得豁然开朗，心里也有底气了，知道接下来怎么干。可以说，宋老师的书不仅讲实践论、认识论，更有方法论，从思想、方法各个方面都教我们企业怎么做，看后启发很大，收获很多。我深刻感受到这些书就像大海中的灯塔，给了我们力量，给我们做企业指明了方向，帮我们找到了通往成功的路径。一路走来，我们从小到大，从弱到强，不断发展壮大，成为这个行业的全球领军者、领跑者。令人欣喜的是，即使今年的环境不太好，我们还是逆势上涨，跑赢大势大盘，营收和利润都有增长。

我讲的第二点是，“经营管理五部曲”是我们企业经营的秘籍法宝。这些书有几个特点。

一是经过系统汇编，把宋老师这五年的所思所想汇编，为广大读者提供了一套系统、全面、有用的指导手册，装帧非常精美。

二是具有创新性。作为民营企业家代表，我非常赞成宋老师的观点，过去我们读西方管理专家的书，侧重于讲管理，当时在短缺经济时代，产品不多，主要是提高效率。现在处于激烈竞争的环境下，企业就要眼睛向外。2011年我们在非常困难的时候，提炼了公司的核心价值观“五项理念”，其中第一条就是市场导向，围绕市场办工厂，以客户为中心，了解市场动态，捕捉市场信息，跟着市场走，跟着市场变。在复杂的环境下，我们既要眼睛向内，更要眼睛向外，在这个特定的时候，就是经营要高于一切，特别是主要领导要抓经营，经营赢才能大赢，战略赢是大赢，管理赢只是浅赢，要把市场放在第一位，满足了客户和市场的需求企业才能发展。我觉得宋老师的《有效的经营者》中提出从管理者到经营者，再到有效的经营者，是重大的理论创新。

三是实用、实效、实战。这是最有用的，可以看得见、拿得来、用得上。高校的书也很重要，那些是理论的、总结的，但是我们更需要能够贴近实际，贴近实战的书。当然，现在我们的高校教材也及时变化，充实了很多案例。实践出真知，从实践中出来的东西才有效。

四是案例鲜活。宋老师的书中讲了很多案例，包括烟台万华，我们就是它的用户之一。它有一套独特的共享机制，让员工共建命运共同体等。书中还有很多案例可以供大家学习借鉴。宋老师的书还有一个特点，就是受众广泛，不同领域的企业经营管理者和研究的人员都受用，不仅我们做企业可以看、可以学、可以用，高等学校的师生也可以学习。

五是思想前瞻，宋老师的经营管理思想也是非常具有前瞻性的。做企业的“硬道理”到底是什么？宋老师说，“硬道理”就是规律、规则、普遍性的原则、原理、常识。刚才讲的回归常理做企业，我特别赞成，企业一定要抓本质、抓原理。宋老师说，一定要搞清楚企业经营的本质，我们企业并不复杂，就是要增收盈利，从节流到增收，从眼睛向内到眼睛向外，这都是非常重要的。宋老师也讲到，企业一定要坚定理想信念，在任何环境下，我们都要有这种精气神，要有这种底气、锐气、胆气和勇气，不找理由和借口。

我也特别赞成宋老师讲的创造价值。企业的本质是什么？就是降本增利，以义取利，不仅要挣钱，要股东利益最大化、企业利润最大化，而且要企业价值最大化，要让社会满意、员工满意、客户满意、股东满意，不是为了挣钱而挣钱，而是要站在道德的高地上看企业、做企业，而且要两只眼睛看企业，不仅要重视企业的管理和经营，还要重视企业的治理。看了宋老师的书，我们各方面的能力都得到了极大的提升。

企业要做学习型组织。安利是一个学习型组织。我建议不只是国有企业，民营企业老板也要积极带头学习，中层干部也要学习，组织讨论分享交流。我赞成何老师的观点，要行知合一，不管是先知后行，还是先行后知，核心都是要学以致用，就是要促进企业的发展。

在当前复杂的环境下，只实践不学习是做不好企业的。和勤奋的人在一起，我们不会懈怠；和积极的人在一起，我们不会意志消沉；与大师和智者同行，我们才会从优秀到卓越；与高人为伍，我们才能不断攀登高峰。让我们共同学习，增强企业竞争力，为我们国家的高质量发展做出更大的贡献。

第三部分 PART 3

媒体面对面

商海问道

01 从股市“运动员”到“教练员”
——与央视陈伟鸿等对话

对话人： 陈伟鸿，中央电视台财经《对话》栏目主持人
徐少春，金蝶软件集团董事会主席兼 CEO
李军旗，工业富联董事长
王　兵，北新建材股份有限公司董事长
于德翔，青岛特锐德电气股份有限公司董事长
刘纪鹏，中国政法大学商学院院长

时　间： 2019 年 11 月 17 日

地　点： 北京，中央电视台演播厅

从“运动员”到“教练员”的转变

陈伟鸿： 您当了那么多年董事长，如今被任命为中国上市公司协会会长，有什么不同的感觉？

宋志平： 过去做企业，我像个在场上的运动员，现在做中国上市公司协会会长，我相当于一个“教练员”。

陈伟鸿： 您以往的形象都是和蔼可亲的，成为“教练员”后风格会有改变吗？

宋志平： 有一部电影叫《摔跤吧！爸爸》，就是一个教练员教两个女儿，他有慈父的一面，也有严格的一面，以前大家觉得我和蔼可亲，是因为没有看到我严格的一面。

◎ 受邀参加央视的对话节目，致力于推动上市公司高质量发展

陈伟鸿：对于成为一名“教练员”，您觉得意外吗？

宋志平：确实挺意外，我已经到了退休的年龄，也有一些协会找过我，但我没想到会来中国上市公司协会。

我担任A股公司北新建材董事长5年，担任H股公司中国建材股份董事局主席一职12年，中国建材集团有14家上市公司，国药集团有7家上市公司，我做过“运动员”，也管过“运动员”，现在正是提高上市公司质量的关键时刻，我觉得在这个时候应该贡献我微薄的力量，把我过去的经验教训用起来，跟大家一起提高上市公司的质量，这是一个光荣的任务。

“教练员”必备的素养

陈伟鸿：作为“教练员”有哪些职责？未来您期待承担的职责是什么？

宋志平：作为“教练员”我觉得应该做到这几点：第一，必须了解运动员，尤其要关心成绩差一点的“运动员”。我一直在研究上市公司的情况，6个月来和几十家上市公司的董事长面对面深入地交谈。我曾说过，爬上一座山峰可能用10天，但从山峰上掉下去可能只要10秒。所以要告诉大家怎么做，什么事情不能做，原则和立场是什么，初心是什么，底线是什么，本分是什么，应该敬畏什么。

第二，作为“教练员”要熟知规则。教练会让运动员熟知规则，作为教练也要熟知规则。我对证监会相关规则进行了认真研究，把过去公布的处罚文件都拿来认认真真地看，我们的“运动员”犯规、犯错都错在哪些地方，比较多的错误是哪些，这个很重要。

第三，作为“教练员”要严格。我曾经做过10年的厂长，有人在得知我当会长时说了一段话：“我其实20多年前就跟着宋总学习怎么把窗户上的玻璃擦亮，宋总管的工厂有几万块玻璃，每一片玻璃都擦得很亮。”大家看到我和蔼的一面，其实我也是一个很严格的管理者。所以我作为“教练员”，也会严格要求大家，进行一些严格的、规范的训练、培训和管理。

什么样的企业是“主力队员”

陈伟鸿：目前，我国的中小企业数量已经突破3000万家，3700多家上市公司真的可以说是“万里挑一”。但是即便如此，上市公司的水平可能也是参差不齐的，这就像在一个球队中，一定有主力队员和替补队员。如何判断一家企业是不是“主力队员”？今天在座的几位“队员”，如何定义自己在这个“球队”里所处的位置？

王兵：我从2004年开始负责北新建材的一些经营管理工作，应该讲北新建材从中国第三做到了世界第一。我们处于一个充分竞争、完全开放的普通制造业，以前做石膏板，后来做防水材料和涂料。从分红来讲，北新建材上市以来募集资金约29亿元，到目前分红的现金有34亿元，超过了募集资金的总额。现在石膏板业务规模占全世界的20%，但宋总跟我说还得全世界布局，我希望做到全世界50%的市场份额。

宋志平：我认为高质量发展的公司就是“主力队员”。拿北新建材来讲，1997年的时候我带领北新建材上市，北新建材从一个传统国企转变为在深交所上市的公司。上市之后，股民都进来了，效益不好大家就用脚投票，苦不堪言。我记得有一次因为外资石膏板公司与我们竞争，我们的产品价格从每平方米12元降到了6元，所以很多“股评家”就写“北新建材的辉煌不再”，压力真的很大。但恰恰是残酷的市场机制历练了企业，使我们的企业经历了一次又一次的坎坷，最终走向了成功。所以，“主力队员”也有状态不好的时候，对“主力队员”要多一点耐心。

中国建材2006年在香港上市，股价曾从2.75港元的发行价涨到了39港元，后来遇到了金融危机，2008年一些基金做空我们，使股价降到了1.4港元。我当时是很淡定的，我女儿也是做投行的，她就和我说：“爸爸你不要着急，公司上市那一天你就应该明白，这是市场的规律，市场可以让你涨到39港元，也可以让你跌到1.4港元。”因为我们的基本面很好，效益也很好，后来很快我们的股价又恢复了。这件事说明了一个问题，就是要沉住气，多一点耐心。上市公司也会有状态不好的时候，如果股民多一分鼓励、关怀，不要喝倒彩，“主力队员”就可能反败为胜。在这样的时刻，上市公司的董事长要有定力，要有百折不挠的精神。

徐少春：金蝶是一家成立20多年的企业管理软件公司，在过去10多年我们的市值翻了70倍，在过去3年我们的市值涨了4倍，我们也成为香港恒生指数中大型成分股的股票之一，我不知道算不算“主力队员”。时间长了企业也会有惰性，为了转型我们采取了很多比较剧烈的变革行动，拿雷神锤砸了很多东西。过去几年我们砸了电脑、服务器、办公室、行业的ERP（企业管理系统），我的观点就是即便是在一个行业里成功的公司，如果不创新、不破就不能立。

宋志平：作为“主力队员”，社会责任、技术水平、财务指标也很重要，金蝶这几方面都做得很好。我主张有效的创新，我要提醒大家的是一定要把握住底线，不要去做一些不切实际、自己也不懂的创新，有目的的创新可以使风险减少90%，而盲目的创新、过度的创新会使风险加大。

于德翔：我们一定是主力队员，因为我们是创业板的第一家上市公司。我们从上市到现在10年的时间，高管团队没有减持一股，其实是对自己有信心，对团队有信心，对市场有信心。我们一直走垂直纵向的战略，在铁路电力和新能源行业已经占据60%的市场，取得了一定的成绩。我们想要走得更远，所以2014年提出了二次创业。我们想到未来中国的经济发展会面向新能源汽车等新兴产业，所以倾注了所有的力量去投入这个领域。我们大概用了5年的时间创新，在研发和人才方面投入了10.7亿元，整体投资了约50亿元。前4年亏损，压力是极大的。去年算是开始盈亏平衡了，这几年的创新和付出，得到了市场的认可。

刘纪鹏：今天的三位“队员”都很自信，我在想，上市公司成功的标志是什么？就是能让投资者“妙不可言”。那就必然意味着我们的上市公司重任在肩，甚至要“苦不堪言”。

如何打造高质量上市公司

陈伟鸿：我们不仅想知道什么样的队员是主力队员，更想知道他为什么能够成为主力队员。那么如何把目前水平还比较弱的队员培养成优秀队员？怎样使主力的阵容越来越强大？

宋志平：有句老话是“抓两头带中间”，我觉得提高上市公司质量也得“抓两头带中间”。抓管理，对标是最有效的，谁好、谁差，让大家都来看看。对标优化的过程促使整个队伍健康化，差的也可以变好。另外，中国上市公司协会要发挥协会的功能，做好上市公司和监管机构、政府部门之间沟通的桥梁和纽带，承担起协会的使命，为优秀的公司锦上添花，为困难的企业雪中送炭，从而使优秀队员越来越多。

陈伟鸿：现场有多家上市公司的董事长，大家不妨从自己的角度出发告诉我们，在你们的理解当中，打造一个更高质量的上市公司，究竟应该从哪方面做起，或者哪一点是目前刻不容缓的?

李军旗：工业富联是中国上市公司协会的“新队员”，作为“新队员”，首先要确定新的发展理念和新的战略方向。我们在过去30年制造经验的基础上提出一个新的发展战略，就是智能制造和工业互联网，这和国家制造业转型升级的战略高度吻合，也是我们快速上市的主要原因。要实现制造业高质量发展必须突破核心技术，如果没有核心技术，一个企业要想持续地发展或者做全球引领是很困难的，所以核心技术的突破，是支撑一个企业可持续发展、高质量发展、引领全球的根本。

徐少春：我觉得中国的发展很大程度上得益于改革开放政策，但是我们的企业管理还没有跟上世界的水平，所以未来中国上市公司要想实现高质量发展必须在管理上做文章，管理的核心是董事长和高管的自我管理，就是刚才宋会长说的要对标。

王兵：我觉得上市公司高质量发展首先是产品质量要高。如果上市公司都去做同质化、假冒伪劣的产品，都做便宜货，谁代表中国的工业、制造业走向世界呢？上市公司是万里挑一的公司，我们应该有这个使命感——做高端。所以北新建材2005年提出“制高点战略”，我们作为上市公司，要做高端产品，就是产品质量高过世界500强中欧美国家公司的水平。

宋志平：提高上市公司质量还有一个核心，就是要有一批优秀的企业家。我相信“不信东风换不回”，我们3700多家上市公司就有3700多个董事长，难道不能一个一个给大家讲清楚吗？难道不能一个一个把大家的心里擦亮吗？我觉得能做到。中国从有第一家上市公司到现在，也才30年左右，3700多家上市公司总市值占GDP的48%，利润占企业总利润的40%，税收占企业总税收的30%，在中国500强企业里面，上市公司占了70%，所以我对中国上市公司充满信心。

企业不可触碰的底线

陈伟鸿：在目前3738家上市公司中，有很多是朝着高质量上市的标准不断努力奋进的，但也有一些公司原地踏步，甚至和我们的标准背道而驰，也就是说在赛场上，有“运动员”做出了一些犯规的动作，比如信息披露不够、虚增利润、利用关联交易掏空公司、操纵股价等，作为“教练员”，您觉得哪些必须红牌罚下？

宋志平：作为上市公司，有一些错误可以犯，有一些错误不能犯，因为有些错误是一生一世的错误，不会有改正的机会。证监会强调“四条底线”：第一，不披露虚假信息。信息披露是上市公司的核心，投资者是通过披露的信息了解上市公司的，如果信息是虚假的，那么这家公司就是虚假的，披露虚假信息破坏了最基本的底线，这条底线不可击穿。第二，不从事内幕交易。上市公司是一个公众公司，是阳光下的公司，是透明公司。第三，不操纵股票价格。上市公司要扎扎实实地做企业，而不是跑去炒股票，这是不能触犯的底线。第四，不损害上市公司利益。作为大股东，不能利用大股东的权利和优势，比如利用关联交易等去掏空上市公司，这样做侵害了上市公司的利益。这“四条底线”是上市公司必须牢牢守住的，如果击穿，错误犯了以后，就不会再有改正的机会，也就是会被红牌罚下。

陈伟鸿：什么样的方式可以让“运动团队”当中的每个人在赛场上既能够遵守规则，又能够遵守原则？

宋志平：第一就是守初心。我经常问上市公司上市到底是为了什么，有的只是为了募集资金、个人发财，如果是这样的目标，就容易犯前面我们提到的错误，所以初心很重要。公司上市后，钱不再是自己的了，而是大家的，用大家的钱去投资，就应该战战兢兢、如履薄冰、如临深渊。

第二就是知敬畏。上市公司要牢记“四个敬畏”——敬畏市场、敬畏法治、敬畏专业、敬畏投资者。敬畏市场，因为市场是有规律的，很多过度创新都是没有把握好市场规律。敬畏法治，也就是规则不能触犯，触犯规则要付出代价，所以大家必须有敬畏之心。敬畏专业，每个公司首先要扎扎实实地做好主业。敬畏投资者，因为水可载舟，亦可覆舟。

有些上市公司不是生来就不好，甚至有的曾经辉煌过，辉煌了以后就不愿意再做主业了，就觉得无所不能、狂妄自大，然后盲目扩张，甚至质押股票，借钱利用杠杆去盲目扩张。当危机来了以后漠视危机，认为顶一顶就过去了，天塌下来有高个子顶着，抱着侥幸的心理。危机真的来了，就要搞眼花缭乱的重组、造假账，最后崩盘，落得被人遗忘、无声无息。所以经营企业千万要战战兢兢、如履薄冰、如临深渊，成功是熬出来的，是炼出来的。

02 提高上市公司质量的关键时刻
——《英才》专访

采访者：姜苏鹏，《英才》总编辑
时　间：2020 年 6 月 28 日
地　点：北京

从“运动员”到“教练员”角色的转变

姜苏鹏： 2019年5月起，您担任中国上市公司协会会长，一年多来，您在协会的主要工作是什么？从管理过集团旗下十几家上市公司的央企董事长到中国上市公司协会会长，从“运动员”到“教练员”，您怎么看这一角色的转变？

宋志平： 从管理企业到成为上市公司协会会长，服务3800多家上市公司，我的角色的确有了很大的转变，是从“运动员”到“教练员”的转变。现在是提高上市公司质量的关键时刻，尤其是新冠疫情对我国社会经济和企业的经营发展影响很大，如果能在这样的时刻把我过去经营企业的一些经验和教训分享给大家，为提高3800多家上市公司质量贡献微薄的力量，是一件非常有意义的事情，也是一个光荣的使命。担任会长以后，我首先做的事情是去全面深入地了解上市公司的现状，上市公司有哪些特点，有哪些不足，有哪些需求。关注上市公司所取得成就的同时，我更关心它们存在哪些问题，面临哪些困难。任职不久，我就认真看了近年出的一些行政处罚案例情况，了解我们的上市公司最容易在哪些方面出问题。

我先后调研了几十家上市公司，和这些上市公司董事长进行了面对面的交流，尤其找了一些遇到问题的上市公司董事长进行深度交谈。我们还召开了几次闭门会，听取企业的意见和建议。此外，协会举办的上市公司董事长、总经理研修班我基本每期参加，我会为大家讲两小时主题为“如何提高上市公司质量”的内容，讲上市公司的原则、立场、本分、底线，结合我自己经营企业40年的实践，给他们一些公司治理和经营企业的建议。2019年，我们一共培训了2500多名上市公司高管。上市公司质量是资本市场健康发展的基石，当前及今后一段时间，协会的工作将紧紧围绕推动提高上市公司质量这条主线来开展。

◎ 与协会同事参加“走进上市公司——四川绵阳行”活动

教练员对运动员在赛场上的表现进行指导，要指导运动员尊重规则、遵守赛制。协会通过培训主要是告诉上市公司在资本市场这个赛场上，要有什么样的初心、本分、原则、立场。中国证监会在提高上市公司质量方面提出了谨记“四个敬畏”和守住“四条底线”的要求，即敬畏市场、敬畏法治、敬畏专业、敬畏投资者；不披露虚假信息、不从事内幕交易、不操纵股票价格、不损害上市公司利益。除了协会培训，我也在不少公开场合给上市公司布道，希望大家做强主业、规范经营和稳健经营。面对国内、国际产业链结构的变化，我也建议广大上市公司积极调整战略，国内、国际两栖经营，构建国内、国际双循环相互促进的新发展格局。

中国资本市场进入高质量发展阶段

姜苏鹏：从1990年上海证券交易所挂牌开启中国股市之元年，历经30年，筚路蓝缕，中国证券市场迎来三十而立之年，您认为中国资本市场进入高质量发展阶段了吗？

宋志平：纵观这30年，我国资本市场从无到有，从小到大，从弱到强，成长为全球第二大市场。但相比美国资本市场200多年的发展历史，还是非常年轻的。经历这30年的风风雨雨，我们克服了很多困难，也取得了很大的成就。3800多家上市公司、60多万亿元的市值，我们确实取得了很多成绩，但的确也存在一些不足，所以上市公司质量还需要进一步持续提高。这个工作不是一蹴而就的，证监会印发了《推动提高上市公司质量行动计划》，力争通过3~5年的努力，使上市公司整体面貌有较大改观。这就说明提高上市公司质量不是短期的工作，而是一个中长期的、扎扎实实、深入细致的工作。监管水平也在不断提高，市场化、法治化、国际化水平与日俱增。面对复杂的形势，我们稳步扎实推进各项工作，如期实施新《证券法》，推动创业板试点注册制，持续推进市场化改革、法治化监管、提高上市公司质量三

◎ 在中国南方电网参观交流

大重点工作，反映出决策面的定力和政策面的稳定。我相信，只要大家共同努力，我国上市公司质量一定会有实质性提高。

姜苏鹏：3800多家上市公司质量良莠不齐，如何让优秀的企业更进一步，让落后的企业迎头赶上？

宋志平：资本市场是一个生态体系，提高上市公司质量需要各方的共同关注，共同努力。上市公司肩负着第一责任和主体责任，中介机构负责专业把关，监管部门要持续精准监管，投资者要谨慎、理性投资，为提高上市公司质量提供良好环境，共同支持上市公司质量的提高。现在上市公司的质量问题，主要在治理质量和运营质量上。提高治理水平是提高上市公司质量的中心工作。上市公司出现的问题，很多是由治理不规范造成的。上市公司中确确实实有很多优秀的企业、标杆企业。2019年年底，我去过海康威视、工业富联、五粮液等，前不久还去了茅台，这些公司都做得非常好，这些年的分红也都很高，公司的发展势头也都很好。我们一方面要关注问题企业，帮他们改进、提高；另一方面，也要看到有很多优秀的上市公司、标杆企业，我们要总结经验，“比学赶帮超”，倡导大家向优秀者学习，这点也非常重要。

◎ 在泸州老窖参观，与一线员工进行深入交流

健全我国资本市场是一项系统性工作

姜苏鹏： 经过30多年的发展，中国资本市场规模体量已经是“世界第二”，总市值60万亿元，与GDP的比超过了60%。美国股市总市值与GDP总量之比约为166%，日本约为120%。从体量领先到质量领先，再到世界一流，我们还有哪些地方需要努力？和美国等发达国家的成熟资本市场相比，要想健全我国资本市场还需要在哪些方面进行努力？

宋志平： 健全我国资本市场，是一项系统性工作。除了前面提到的提高上市公司质量这个中心工作，资本市场基础制度也需要不断完善，要建立良好的市场生态。5月18日发布的《中共中央 国务院关于新时代加快完善社会主义市场经济体制的意见》提出，要加快建立规范、透明、开放、有活力、有韧性的资本市场，加强资本市场基础制度建设，推动以信息披露为核心的股票发行注册制改革，完善强制退市和主动退市制度，提高上市公司质量，强化投资者保护，这些工作都非常重要。去年科创板开板，注册制落地，今年4月又开始了创业板试点注册制。新三板深化改革进一步提速，6月初，证监会发布的《关于全国中小企业股份转让系统挂牌公司转板上市的指导意见》提到，符合条件的新三板企业将可以直接申请转板到科创板或创业板上市，标志着我国多层次资本市场格局日趋完善。

继去年A股18家上市公司退市创历史新高后，今年退市公司数量不减，截至5月25日，已有22家上市公司退市或确定触发退市条件，退市逐渐进入常态化。一个良性循环的资本市场，需要有通畅的“入口”和“出口”，需要有进有出，优胜劣汰。退市市场化、常态化是我国资本市场走向市场化、法治化、国际化的关键，是倡导价值投资、实现优胜劣汰、提高上市公司质量的一项重要工作。3月1日实施的新《证券法》，是我们一个新的武器、一个新的抓手。新《证券法》在很多方面都更加严格，尤其是在信息披露、对违反证券监管法律法规的处罚力度、投资者利益保护等方面都做了十分严格的规定。随着资本市场各项改革举措的不断推进，在各方面的共同努力下，我们一定能够实现建设一个规范、透明、开放、有活力、有韧性的资本市场的目标。

03 A股有望诞生新一批时代巨头
——《上海证券报》专访

采访者：《上海证券报》记者

时　间：2020年11月2日

地　点：上海

服务好上市公司这个群体非常有意义

记者：在央企工作40年后，您为什么会选择来中国上市公司协会？您是如何适应这一身份转换的？在这个新职位上，您希望做出哪些改变？

宋志平：我到了央企高管退休的年龄，组织推荐我出任中国上市公司协会的会长。上市公司是各行各业的优秀企业群体，服务好这个群体非常有意义。2019年5月11日，我正式担任了会长。

我与资本市场的渊源始于1997年，当时我是北新建材的董事长，带领企业在A股上市，2006年和2009年，我又先后带领中国建材和国药控股在香港上市，一晃23年过去了。8年前，中国上市公司协会成立时，我就是副会长，对于资本市场和上市公司的实务，我也比较熟悉。从管理十几家上市公司，到现在成为中国上市公司协会的会长，需要服务4000多家上市公司，我的角色的确有了很大转变，是从“运动员”到“教练员”的转变。

现在是提高上市公司质量的关键时刻，如果能在这样的时刻把过去的经验和教训都用起来，与4000多家上市公司共同提高质量，为之贡献微薄的力量，这是一个光荣的使命。

任职不久，我就认真了解了上市公司群体最容易在哪些方面出问题。我先后调研了几十家上市公司，和这些上市公司董事长进行了面对面的交流，尤其也找了一些遇到问题的上市公司董事长进行了长谈。我们还召开了几次闭门会，听取企业意见和建议。协会按计划会举办上市公司董事长、总经理研修班，每场培训，我会为他们讲一节主题为“如何提高上市公司质量”的课，结合我自己经营企业40年的经验，给他们一些经营企业的建议。除了协会培训，我也在不少场合同上市公司交流，希望大家规范治理、做强主业、稳健经营。我希望我能带领协会同事一起努力，为提高上市公司质量，积极发挥协会的自律管理作用。

记者：近期国务院发布《关于进一步提高上市公司质量的意见》（下称《意见》），将提高上市公司质量的工作重要性及紧迫性提升到一个历史性的高度。在提高上市公司质量方面，上市公司协会可以做出哪些贡献？

宋志平：今年是中国资本市场的而立之年，我们的上市公司群体从无到有，由弱到强，到现在已经有4000多家，市值已经达到70多万亿元。一方面，经过30年发展，上市公司数量增加很多，质量在稳步提高，这是取得的成绩。但是从另一方面来看，一些上市公司治理不规范、信息披露质量不高、运营质量有待提高等情况仍然存在。这些问题和现代化经济体系、我国高质量发展的经济目标不相适应。上市公司是资本市场的基石，上市公司的质量在一定程度上决定了资本市场的质量。提高上市公司质量是协会工作的重中之重，因为作为一家公司来讲，质量的提高才是最根本的提高。国务院《关于进一步提高上市公司质量的意见》对提高上市公司质量作出了全面、系统、有针对性的部署安排，是推动上市公司整体提升的指导性文件。《意见》第十四条明确提出“充分发挥上市公司协会自律管理作用”，对协会的职责进行了明确表述，意义重大。协会作为证监会管理下的上市公司自律组织，将紧紧围绕《意见》的要求和证监会党委的工作部署，配合做好《意见》的后续宣传贯彻落实工作，在证监会上市部的指导下，联合沪深证券交易所、地方证监局、地方上市公司协会等，共同推动提高上市公司的质量。

多年来，协会围绕提高上市公司质量做了大量的工作。下一步，协会将继续做好董监高等“关键少数”的培训工作。除了培训，协会还要树立标杆，树立导向，抓两头带中间。其实我们有非常多的优秀上市公司，做得非常好，业绩、市值、分红都非常好，这么多年合规的记录也非常好，所以我们要选择一些优秀的上市公司做标杆企业，希望大家向其学习。我们举办了“投资者关系管理优秀实践案例”等征集活动，今年9月还联合沪深证券交易所，发布“A股上市公司现金分红榜单”。我们希望通过此类活动，倡导最佳实践，提高公司治理水平。

同时，我们还帮助上市公司排忧解难。上市公司和其他的公司一样，在发展中也会遇到各种各样的困难。协会不仅要锦上添花，更要雪中送炭，在他们遇到困难时帮助他们解决困难。协会不只是要求大家遵守规则，还是上市公司之家，是上市公司的贴心人，帮助上市公司解决困难。

◎ 聚焦服务新质生产力，提高上市公司质量和投资价值

创新经济将催生出A股新的时代巨头

记者： A股曾经错过了以BAT为代表的互联网时代红利。您认为，下一个具有革命性意义的产业是什么？A股能否培养出下一批具有时代意义的产业巨头？

宋志平： 上一轮快速发展的企业主要集中在消费互联网领域，其实互联网的风口还没有结束，下一步发展的重点将是工业互联网。中国有1.23亿个市场主体（包括大中小微企业，数据统计时间为2019年年底），包括3000多万家公司和8000多万个个体工商户，每个企业都在积极探索智能化转型，并合理利用5G等技术赋能业务发展，这是一个海量的市场空间。在中国，工业互联网的到来是大趋势。我认为未来可能是比较综合的创新时代。未来的产业热点不会像以前那样集中，而会呈现综合化发展的态势，像新能源汽车、生物制药、新材料和芯片等硬核科技企业都有望成为市场的佼佼者。我觉得创新经济将催生出A股新的时代巨头。

创新到底靠什么？以前认为靠政策、文化。现在来看，创新最重要的是靠资本市场。100多年以前，熊彼特就说过，“资本是企业家用于创新的杠杆”。随着中国推出科创板，以及创业板注册制的落地，一个创新时代正式来临。从历史来看，每次资本市场创新往前迈一步，企业创新就会往前迈一大步。现在资本市场的一大功能就是支持创新，使国家经济成为创新型经济，进入创新时代主要靠资本市场。最近我们看到“2020胡润全球独角兽榜”的500多家企业中，美国和中国的企业共占据榜单的80%左右，也就是说，从全球来看，创新大国是中美两国。中国的北京、上海、深圳、杭州等城市创新热度高，主要是资本和创新的结合度高，股权投资比较活跃。国外一些超级市值的公司在上市的时候，都经过了股权投资的培育，上市后创投基金退出，形成了一个创新生态。

下一步，中国的资本市场将进入一个全新的时代，即支持创新的时代。证监会推动注册制改革，将设立多元包容的发行上市条件，支持更多优质企业上市，让资本市场充分培育科技型、创新型企业，支持制造业单项冠军、专精特新“小巨人”企业发展壮大，相信A股下一批具有时代意义的产业巨头，应该会在这些企业里产生。

国企改革应用好资本市场

记者： 您认为，在国企改革中，应如何用好资本市场？

宋志平：国企改革有三个法宝：一是坚持党的领导，二是有强烈改革意识的企业家精神，三是建立企业内部的市场化机制。坚持党的领导、加强党的建设，是我国国有企业的光荣传统，是国有企业的“根”和“魂”，是我国国有企业的独特优势。国企改革的首创精神和鲜活经验来自企业。企业最重要的是如何把企业的效益和骨干、员工之间的利益建立起正相关的关系，这就是所谓的机制。如果有关系就有机制，没有关系就没有机制。要调动广大干部和职工的积极性，就必须建立机制，改革开放初期是三项制度改革，到了高科技时代，我们要让人力资本参与最终分配，在当前企业改革中，常见的激励机制包括员工持股计划、经理层股票期权、科技分红以及超额利润分红等方式。

同时，改革中要弘扬企业家精神。改革开放到今天，有两点很关键：一是党和国家正确的方针政策；二是企业家的努力，企业家的作用又很关键，企业家是稀缺资源，可遇而不可求，所以要保护和弘扬企业家精神。

国有企业可通过资本市场推进并购重组。相关数据显示，今年以来截至10月11日，A股市场共发生502起国企并购重组计划，占全市场1625起并购重组计划的30.89%；这502起国企并购重组计划中，共涉及371家上市国企。而截至目前，包括央企国资控股公司、省属国资控股公司、地市国资控股公司及其他国有公司在内的上市国企共1216家。也就是说，今年约有1/3的上市国企正积极推进并购重组计划，呈现出较为活跃的态势。

资本市场与国企改革的良性互动，对市场的影响是积极而长远的。一方面，国有上市公司队伍的扩容有助于增强资本市场服务实体经济的能力；另一方面，国有企业依托资本市场进一步推动改革，资本市场融资功能、资本配置功能进一步推动了国有企业的快速发展。资本市场要发挥枢纽作用，需要更多优质国有企业上市，进一步夯实其基础，而国有企业更需要资本市场这个广阔的舞台成就优秀的自己。二者相互成就，相得益彰。

记者：《国企改革三年行动方案（2020—2022）》提出，国企民企要相互配合，推进兼并重组和战略性组合。三年行动中为何要强调“国民合作”，意义何在？“国民重组”后，又该如何做好内部整合？

宋志平： 我做国企40年，过程中也和民营企业打过多年的交道。企业改革不光国企要改革，民企也要改革。国企改革是进一步市场化，民企改革是进一步规范化。过去我们推行的混合所有制提供了一种合作方式，做得好能够起到“1+1>2”的效果。国有企业在提升产业链供应链水平上可以发挥引领作用，国有企业能对民营企业健康发展发挥带动作用和重要影响力，根据不同行业集中度要求，推动形成比较好的市场结构。国企和民企应相互配合，推进兼并重组和战略性组合。国企和民企是孪生兄弟，双方合作就像水和茶的融合，融合得好就是一杯上好的茶水。“茶水融合”包括目标的融合、产权的融合、文化的融合。

一是目标的融合。比如，2002年，我到中新集团做一把手。当时公司面临资不抵债的困境，全部财产被冻结。我上任后明确了公司发展战略，将企业更名为中国建材集团，调整了主营业务，进行了全面市场化改革，随后重组水泥行业。当时认为，如果中国建材在行业里不能做到老大，作为一家央企就没有存在的意义，这就把目标给锁定了。徐州是中国建材水泥厂的主阵地，以前为了争夺市场份额，不断压低价格，损失惨重。为了扭转局面，我们与海螺水泥进行谈判，最后收购了徐州海螺水泥，实现逆转。浙江的水泥行业也曾是群雄混战，为了重组浙江的水泥行业，我们邀请浙江的水泥巨头在西子湖畔举行了会谈，端出了价格公允、股权合作、留人留心的“三盘牛肉”，后来四家水泥企业进入中国建材。经过多年发展，中国建材已是水泥制造业全球龙头企业，2019年水泥产销量在全国排名第一，实现了当年的战略目标。

二是产权的融合。“捆绑不成夫妻”，中国建材重组民营企业都是建立在自愿基础上的。重组几百家企业从来没有强买强卖，没有让被重组的企业感到有压力。为了发挥央企与民企两种要素的积极性，实现央企与不同所有制企业的合作共赢和包容性成长，我提出“央企市营”核心之一的多元化股份制，中国建材对重组企业采取“七三原则”，同时，原来企业中符合条件的负责人可继续担任新企业的管理者，使民企的活力机制继续发挥作用。

三是文化的融合。在文化融合方面，我们应该有利他主义的思想，有包容的思想。中国建材联合重组的企业能够接受这种包容的文化，企业文化逐级融入企业的各个管理层，和中国建材真正实现国民共进，实现双赢。国药集团积极开展与地方国有及民营优势医药企业的重组整合，重组过程中同样关注目标、产权、文化的融合，通过联合重组实现了多方共赢。

国企如何做好市值管理

记者：1998年您在《上海证券报》发表了一篇与股民谈心的文章《把我的真心放在你的手心》，影响力很大。至今为止，这样做的企业家还算不上太多。从股价来说，不少国有企业的股价估值都偏低。在您看来，国企应该如何做好市值管理工作？如何平衡股价与业务发展的关系？

宋志平：从市场角度看，很多国有企业盘子都不算小，但与其他企业横向比较，市值总体表现并不是特别突出。究其原因，一些国有控股上市公司在应对市场挑战方面，还需要更加高效，部分国有企业上市公司的投资决策机制不够灵活，激励机制有待调整，这些都会对国有企业市值管理产生影响。

作为国有企业，市值管理主要还是强调创造价值和价值实现。截至2020年，中国A股市场中，各级国有控股的上市公司总数超过1200家，占A股市场上市公司总数的30%左右，市值占32%左右。这个体量确实不小，在国有资本管理从“管资产”向“管资本”的转变过程中，针对国有控股上市公司的市值管理，无疑是一项重要内容。

第一，提高价值的创造能力，以创新提升企业价值。创新是企业的灵魂，企业市值的表现是企业价值的体现，而企业价值最核心的就是要创新。第二，建立股权激励制度。今年5月，国务院国资委发布的《中央企业控股上市公司实施股权激励工作指引》有利于推动中央企业更科学、高效、规范地开展工作，加快建立健全覆盖企业经营管理骨干和核心科研技术人才的正向激励机制。国有控股上市公司的股权激励机制的完善也是市值管理的一个重要方面。第三，积极引入战略机构投资者和外部董事，盘活国有资本存量，提升国有资本增量。努力将企业打造为优秀的上市企业。当然，市场的估值不完全取决于公司价值创造的能力和与市场沟通的能力，还有一些不确定的因素，如宏观经济、行业走向和投资偏好等，也值得引起大家的关注。

不管是什么性质的上市公司，都要踏踏实实地做好主营业务。我是个专业主义者，主张企业踏实做好专业。比如我在中国建材和中国医药工作时，这两家公司都是非常专业的。中国建材只是做建材领域相关的专业业务，而没有去做其他的业务。国药也是这样，只做医药相关的业务。中小企业可以做隐形冠军，让专业的人员做专业的事，对每一个业务都能做到深耕细作，业务不在多，而在精。企业做好主营业务，才有健康成长的保障，才会有好的业绩，在资本市场也会有好的价值表现。

04 资本市场进入一个支持创新的时代
——《21世纪经济报道》专访

采访者：《21世纪经济报道》记者
时　间：2020年11月26日
地　点：北京

我在企业40年

记者：您曾经在国企工作40年，先后担任中国建材集团、中国医药集团等大型企业的主要领导。请问您印象最深刻的几个瞬间是什么？

宋志平：我觉得有这么几个节点。一是做销售员。其实我大学时学的是理科，第一份工作是技术员。做了4年技术员以后，当时工厂生产的产品卖不出去。我在国外学习的时候，看到沃尔沃等公司中，是硕士生在从事市场工作，我就感觉应该去做市场工作，把产品推出去。我做了10年销售工作，从销售员做到了销售副厂长，把企业的市场打开了。

二是当北新建材厂长。我30多岁时便担任了一家拥有数千名员工的工厂厂长。当时工厂非常困难、发不出工资，我提出“要点燃员工心中的火”，带领大家转败为胜，把工厂经营好。其间非常重要的事情就是1997年北新建材上市，在很大程度上帮助国企实现了发展，因为政府对国企“断奶”以后，国企发展急需资金，大家就走了上市融资这条路。今天北新建材是一家绩优的上市公司，北新建材的发展得益于它的上市。

三是2002年，上级安排我到中国建材集团做一把手，我印象最深的就是在讲台上宣布我就任的时候，办公室主任拿了一张法院的通知书，告知公司的全部资产被冻结。集团在那之后重组债务，然后推动中国建材股份在香港上市。也是因为上市，才有资金来整合水泥企业，才有了今天的中国建材。那个时候非常困难，我们希望能够得到资本金的支持，上市是很好的途径。但那时国内没有分拆上市，公司当时有两个A股上市主体，一个是北新建材，另一个是中国巨石，这两家公司规模都非常小，也都没有增发的能力。如果要发展，必须另辟蹊径。那个时候，《21世纪经济报道》是比较前卫的报纸。当时我在办公室看到报纸上有一条消息，可以把A股打包到香港上市，非常兴奋。我当天下午就通知大家开会，我们要到香港去上市。

四是2009年，国资委领导找我谈话，我当时正在去首都机场的路上，准备去伦敦参加路演。国资委领导把我叫了回来，跟我谈了一件事情，让我当中国医药集团的董事长，同时担任两个企业的董事长。到国药集团后，我又推动了国药控股在香港的上市。

国企改革与资本市场30年

记者：在中国资本市场30年历程中，国企扮演了什么样的角色？

宋志平：很多国企最初上市，其实是为了解决资本金的问题。当时我们的问题，一个是“人往哪儿去”，富余员工怎么能够离开企业；另一个是“钱从哪儿来”。当时国企要融资，只有上市这“华山一条路”。今天我们看到在充分竞争领域里活下来的国企，绝大部分都是上了市的，当时没有上市的国企绝大部分都倒下了。企业上市之后，获得资金只是第一步，关键在于迎接市场机制带来的挑战。这种挑战激发了中国国企的活力和动力。今天央企70%的资产在上市公司里。在整个上市公司群体里，约1/3是国企，2/3是民企。但是从总市值来看，国企上市公司总市值高一些。资本市场能有今天，国企上市公司是功不可没的。无论是在规范治理、运营质量，还是在创新转型等方面，国企在整个上市公司改革发展中还是在挑大梁。

记者：未来国企改革依然是经济工作的一项重点内容。总结过去，哪些改革理念是今天依然要坚持的？

宋志平：国企改革的方向就是市场化。国企变成真正的市场主体，政企分开，独立地参与市场竞争。国企通过上市容易完成这种转变，因为上市公司是公众公司，是高度多元化的股份公司。企业通过上市，成为市场竞争的主体。在新一轮改革里，我们也鼓励大家上创业板、科创板，上一些高科技、新经济板块。企业通过上市募集资金，同时在上市过程中企业也能够提高自身价值，推动资本市场发展，给股东带来回报。

记者：2012年您曾提及，中国需要大企业，大企业是中小企业的引擎，是我们“走出去”的舞台。8年过去了，你觉得目前中国的大企业够不够多？在未来，我们需要进一步培育怎样的大企业？

宋志平：早些年有关部门做过一个调研，当时他们去了韩国，发现韩国在努力打造大企业。现在韩国的大企业在国际上依然有很强的竞争力。中国作为世界第二大经济体，我们应该把大企业培育起来，从而带动中小企业的发展。我们老讲“大河有水小河满，大河无水小河干”，大企业和中小企业是像江河一样连在一起的，大企业能带动中小企业发展。当年日本有些大企业出走，日本中小企业陷入困境，导致产业空心化。这足以显示大企业对于整个经济的作用。

2020年《财富》世界500强榜单中，中国企业数量超过美国，位列全球第一。相比以前，我国的大企业已经成长起来了。企业发展是有阶段的。以前，我们讲的是速度和规模，要做的是解决“有没有”的问题，我们需要大企业，大企业是中小企业的引擎。现在我们是要做强做优做大，规模大是基础，但更要实现企业高质量发展，要做强做优，要突出质量。现在我们讲的是质量和效益，要解决的是“好不好”的问题，高质量发展非常重要。

随着时间的推移，现在企业在做大的同时，还要做强和做优，提高核心竞争力，提高质量和效益，这是我们目前重点关注的。强的是技术，是核心竞争力，我们不能总在技术上被“卡脖子”；优的是效益和价值，企业要有好的经营效益和市场价值。新形势下，面对多重压力，大企业肩负带领上下游中小企业高质量发展的责任，前面提到它们之间是大河和小河的关系，是高度相关的。

提高上市公司质量是我们的中心工作

记者：目前注册制已经在科创板和创业板实行，未来将在A股全面实行。您怎么看注册制下企业的上市和退市？

宋志平：国务院印发的《关于进一步提高上市公司质量的意见》指出，要畅通主动退市、并购重组、破产重整等上市公司多元化退出渠道。对于退市，我们有的上市公司开始不习惯。但是，这种情况正在改变。退市常态化，大家要用平常心来看。作为上市公司，谁都想把它做到最好，但由于各种原因，不见得都能做得好，做得差可以退，之后再找机会。当然也有极端情况，比如公司确实存在违法违规行为，不符合上市公司的基本要求，成了害群之马，就要强制其退市。对于一般性的经营问题或者周期性问题，也可以探讨通过上市公司之间重组的方式解决。

记者：中国上市公司协会主要负责什么工作，在资本市场中扮演怎样的角色？

宋志平：中国上市公司协会是行业的自律管理组织，秉持“服务、自律、规范、提高”八字方针，按照证监会工作部署，在广大上市公司的鼎力支持下，聚焦提高上市公司质量。一方面，协会是与政府和企业之间沟通的桥梁。监管部门或相关部门有什么新要求，协会及时把有关政策传导给上市公司，让大家了解，并帮助企业更好地贯彻执行。最近我们正在推动关于提高上市公司质量的系列培训。协会也把上市公司面临的问题汇总归纳起来提供给相关部门，协助解决大家遇到的共性难题。另一方面，协会也是上市公司之间的交流平台。来自各地的上市公司可以在平台上进行交流，寻找合作的机会。我总讲协会是上市公司之家，大家有需要时能够想到协会。

记者：去年，中国上市公司协会培训了董监高等企业“关键少数”6000多人次，今年已线上培训上万人次。作为曾经大型上市公司的“关键少数”，您在指导董监高等人员的培训时，最重视的是什么？

宋志平：去年5月在中国上市公司协会年会上，证监会提出提高上市公司质量是我们的中心工作。从那时起，我们就将这个要求作为我们工作的重中之重。协会将对“关键少数”的培训服务作为传递监管政策、反映上市公司诉求和推动上市公司提高质量的重要途径。2019年，协会开展了“会长论坛”“部委直通车”“强国夜话”等活动。今年协会积极开展线上培训，重点围绕新《证券法》宣讲解读、投资者保护、财务信息披露等内容，推动上市公司“关键少数”深入理解新《证券法》下资本市场相关政策法规的最新变化，树牢上市的合规意识。在提高上市公司质量方面，上市公司协会责无旁贷。

◎ 与协会同事参加上市公司董秘之夜

记者：担任上市公司协会会长以来，您已经走访调研了几十家上市公司，和许多董事长做了面对面交流。走访时最关心的问题是哪些？走访中上市公司反馈较为集中的信息又是哪些？

宋志平：我去的上市公司不都是最好的公司，也去一些后进的公司，甚至出了问题的公司。我们既要总结好的上市公司的先进经验，也要帮助后进的上市公司前进，带动中间的绝大多数公司提高质量。在走访中，一是关注上市公司的治理情况，如董事会运作、信息披露等治理的规范性问题，了解公司的董事会结构等。二是关注运营质量。不少上市公司出问题是因为盲目扩张，偏离了主业。我们给上市公司讲要主业突出，敬畏专业，不要盲目扩张。我们关心上市公司的创新转型、经营发展、市值等情况。

从上市公司反馈的情况看，我们发现有一些共性的东西。第一，大家对提高上市公司质量工作有了共识，在认真学习新《证券法》和国务院14号文的精神。第二，对做好上市公司今年全年业绩充满信心，尽管我们面临一些全球经济下行带来的压力，但是多数上市公司都表示要集中精力做好企业的经营发展，做好自己的事。第三，上市公司在加大数字化转型的力度。第四，上市公司在积极地做双循环新发展格局下的市场布局。

我国资本市场将进入一个支持创新的新时代

记者：您曾经表示，现在是打造独角兽最好的时间窗口，目前是创新型经济和独角兽成长的绝佳时期。请问在您看来，独角兽企业和资本市场间的互动关系是怎样的？

宋志平：国务院《关于进一步提高上市公司质量的意见》要求，要大力发展创业投资，培育科技型、创新型企业，支持制造业单项冠军、专精特新“小巨人”等企业发展壮大。独角兽企业是指创办时间在10年以内、资本市场估值超过10亿美元的创新型企业。它们有一个特质，就是把创新和资本这两项结合在一起。独角兽企业的出现和成长离不开资本市场，它们是资本市场培育出的优质“果实”。这些企业发展前期的高投入靠资本市场支持，同时它们又反哺资本市场，这些独角兽企业上市之后的价值会让资本市场获益。资本市场中支持独角兽企业的基金、风投机构在投资的独角兽企业成功上市后，通常都获得了丰厚的回报。因此独角兽企业不仅对创新，也对资本市场非常有意义。

根据“2020胡润全球独角兽榜”，在500多家上榜企业中，美国和中国企业共占据了榜单的近80%，其中，美国233家、中国227家。也就是说，从全球来看，创新大国是中美两国。中国的这些企业则主要分布在北京、上海、深圳、杭州等城市。这些城市创新热度高，主要因为资本和创新的结合度高，股权投资比较活跃。国外一些超级市值的公司在上市前，都经过了股权投资的培育，上市后创投基金退出，形成了一个完整的创新生态链。因此，要产生更多的独角兽，首先要在全社会营造鼓励创新、宽容失败的环境，让更多的优秀人才能够投入创新创业中去，同时我们资本市场也要在制度建设上不断为独角兽企业提供广阔的融资平台和竞争的舞台。我认为，我国的资本市场将进入一个支持创新的新时代，从去年7月推行科创板并试点注册制，到今年8月创业板注册制启动，再到全面推行注册制。注册制设立更加多元包容的上市条件，才能支持更多优质企业上市，让资本市场培育出更多的科技型、创新型独角兽企业。

记者：随着注册制的全面实行，未来市场对投资者提出了更高的要求。请问在您看来，我国的投资生态是否有很大的优化空间？

宋志平：我国投资者是有特点的，散户比较多，现在开户者数量在1.7亿左右，这里边其实只有30万～40万家机构投资者。我们希望能够多培育一些机构投资者，因为机构投资者有比较系统的分析能力，相对成熟。

中国投资者大多数是散户是一个客观现实。我觉得有一点要特别重视：要保护和关心这些中小投资者。尤其是上市公司，不能损害中小投资者的利益。上市公司要为股东创造价值，尤其是为中小股东创造价值。

从投资者角度来讲，要树立投资价值的意识。我们要从过去的“炒概念”向“看价值”转变。投资不能盲目投机，不能简单跟风，不能去炒概念，而是真真正正地理解资本市场，学习创新知识，深入了解公司的基本面。

中国的资本市场经历了30年，三十而立。我们今天聚焦提高上市公司质

◎ 受邀参加广新集团上市公司投资者集体交流会

量，是做好资本市场的基本工作。在这方面媒体的作用也非常重要，我们总讲要发挥合力，监管部门、上市公司、媒体、投资者，几方面要共同努力，这就是合力。

05 创新的逻辑
——《财经》专访

采访者：《财经》杂志记者
时　间：2021年4月13日
地　点：北京

创新的本质

记者：创新是当下的热词。但是每个人对创新的理解不同。您认为创新的本质是什么？

宋志平：关于创新，从广义上来讲，我们会讲到社会创新、制度创新、文化创新，甚至思想创新等。但是，我今天讲的创新的本质或者创新的核心是企业创新。我认为应该把创新聚焦到企业创新上来。那到底什么叫企业的创新？这也是大家现在研究的问题。

1912年熊彼特写了《经济发展理论》，这本书是具有划时代意义的，书中第一次提出了企业创新的概念。到底什么叫企业创新？书中提出了一个非常有意思的词汇——"新组合"。熊彼特认为所谓的创新是指一些生产要素和生产条件之间的一种新的组合。这种新的组合颠覆了过去的传统模式，所以又叫"破坏性创新"。创新的事情应该由谁来做？是企业家在做，企业家是创新的灵魂。所以他是把创新、企业、企业家连在一起了。同时他还提出，资本的主要功能是创新，资本是企业家用作创新的杠杆。所以基于熊彼特讲的这些概念，我理解最初的创新强调企业的创新，企业对这些新的生产要素和生产条件进行新的组合。

其实今天我们不难理解什么叫"新组合"。比如现在搞互联网，实际上就是我们把线上和线下的产品结合在一起，通过物流快递等形式进行新组合。这些新组合颠覆了过去传统的大商场销售等商业模式。熊彼特讲的创新包括产品的创新、工艺的创新、组织的创新、资源配置的创新。他讲的是比较宽泛的，在每一个方面都会发生新的组合，包括商业模式的创新、市场的创新等。

近两年业界掀起“创新热”，为什么大家对创新这么感兴趣？其实，我们知道经济发展到一定阶段，就会产生阶段性的调整。经济学里有一个康德拉季耶夫周期理论，认为50～60年为一个经济发展周期。当年在美国为什么兴起创新热？德鲁克在1985年写了一本书《创新与企业家精神》，这是继熊彼特讲创新之后，又一本划时代的书。德鲁克讲到，第二次世界大战以后，欧洲经历了20年的繁荣，到1965年的时候开始衰退，而美国在1965年到1985年这20年里出现了繁荣。他研究为什么美国会出现繁荣，到底发生了什么。研究结果发现美国是用创新型经济取代了过去的管制型经济，所以出现了繁荣，从1965年到1985年，美国的就业人数从7000万人提升到了1.1亿人。

为什么在中国，创新也这么热？因为中国改革开放以来，经济实现了快速发展，现在进入新时代,我国经济发展由高速增长转向高质量发展阶段，我们需要通过创新，实现竞争力的进一步提升。

记者：中国正处于新常态经济周期中，也正是新旧周期变化导致经济持续处于一定阶段的状态。

宋志平：对，其实这就是经济周期。怎么解决这个问题呢？我们提出了“大众创业、万众创新”，希望用创新经济取代传统的经济模式。这就是我们提出创新的一个原因，因为只有创新才可以带来巨大的活力。这几年的实践也证明，创新确确实实起到了这个作用。各行各业都在创新，尤其是“大众创业、万众创新”激发了民众的创新热情以及中小微企业的创新活力，推动了整个经济和社会的高质量发展。

记者：我们在一些区域调研时发现，很多企业有创新创业的激情，但是在创新过程中也存在盲目创新，有的“只开花不结果”，停留在概念和故事中，导致“不创新等死，创新找死”的局面。您怎么看当下“创新热”的态势，在“创新热”背后如何比较理性地选择，减少“创新泡沫”？

宋志平：我经常提醒大家，我们应该进行有目的的创新和有效益的创新。创新应该是理性的、专业的、有定力的。当然创新失败是有概率的。但是我认为做企业有一定的约束，如果企业不赚钱、屡屡失败，那么这个企业就快倒闭了。所以企业创新的成功和企业的效益紧紧连在一起。从风险投资的角度来讲，可能做10个项目，有3个项目成功就可以了。但是如果从企业的角度来看，所做的创新项目中可能要有7个成功项目或者更多才行。所以我总是讲，创新实际上是有目的的活动。德鲁克在他的书里提到有目的的创新可以使创新的风险降低90%。创新是企业家有目的地寻求机遇的一个过程，而不是盲目的。所以对企业来讲，创新是附加了条件的。创新也要试错，要允许失败，每个创新都成功，那是不可能的。但是我们还要千方百计地减少创新的风险。企业家需要冒险精神，但是对企业家来讲，其实很重要的一点就是规避和降低风险，这是对企业家的要求。所以企业家还是要千方百计提高创新的成功率。

源自民间的创新文化至关重要

记者：目前，地方城市都希望自己成为国家的科技创新中心或国家实验室。现在有20多家国家自主创新示范区、50多家国家级高新技术产业开发区、169家高新技术开发区，可以说，地方对于创新的热情很高。您觉得政府主导的创新与企业个体自发的创新应如何结合起来？

宋志平：我们国家确实有举国体制的优势，我们也有在政府的推动下进行创新的条件。所以我们国家的创新是结合起来的，一方面是政府对创新的推动；另一方面是企业创新、民间创新，自上而下、自下而上地结合。我刚刚去过深圳，深圳的创新实际上是以企业创新为主的创新。有时候我会和大家说应该“倒立着”看深圳。这句话从哪儿来的？弗里德曼在博鳌论坛讲到，如果去美国的话，要“倒立着”看美国。因为正着看是华盛顿、华尔街，“倒立着”会看到美国民间的创新。民间创新的力量是巨大的。他讲到，美国的硅谷并不是开发区，而是斯坦福大学的老师带着学生敲敲打打做起来的。我这次去深圳，有一个特别强烈的感受。过去我也是“正着看”深圳，这次接触了很多民间的创业者。在调研过程中，我了解到一个家庭中的几个兄弟都在创业，父辈创新创业，孩子们也在创新创业，等于这一个家庭都在创业中进行“新组合”。这确实让我很受触动。

记者：深圳是一座创业之城，社会蕴藏着巨大的创新基因，这是深圳这座城市鲜明的城市价值。

宋志平：对，比如深圳的粤海街道，这个街道居然有100多家上市公司，令人震撼。深圳的创新实际是自下而上的创新，所以深圳是中国的“硅谷”，创新热度是民间自发的。回到刚才的问题，我认为在中国，政府为民间创新营造了良好的环境。各地那么多的高新开发区，那么多的创新中心，反映了各地政府对创新的态度。这是件好事。但是，创新归根结底是企业的事情，政府代替不了企业，光靠政府一头热也不行，不然搞了半天开发区，没有创新企业，是不成功的。像我刚才讲的粤海街道，居然有那么多创新企业在那里。深圳地方政府被认为是服务型机构，企业是跑在前头的。

创新很大程度源自民间的创新文化。所以，创新文化也是至关重要的。诺贝尔经济学奖得主费尔普斯所著的《大繁荣》提出了与创新有关的新观点。在这本书里，他揭示了一个原理，创新可能和制度、政策没太多关系，主要与价值观和文化相关。他认为大范围的创新活力只能由正确的价值观激发，比如提倡创新和探索、促进个人成长的现代价值观，这些价值观会点燃草根经济的活力。这是一个非常重要的提示。我国大力推进“大众创业、万众创新”，积极推动企业的创新。我们讲创新是以企业为主体的，政府积极为企业营造创新的环境，我们应鼓励自下而上主动作为、积极探索、勇于创新。

记者：企业家才是创新的英雄，是草根创新的涓涓细流，汇聚并浇灌了创新的土壤。

宋志平：我大学毕业的时候读过一本讲美国企业英雄的书，那本书的名字是《企业英雄》。当年美国西部为什么会出现那么多的创新英雄——企业家？书中认为当时开发西部，去了很多西部牛仔，他们是富于牺牲精神、冒险精神的人；还去了很多独立性很强的女孩，后来这些女孩变成了英雄的母亲，因为二代继承了父母的创新创业基因。深圳也是这样，我就在想，改革开放以后，很多内地人去深圳，他们都是那种有拼搏精神、有冒险精神的人，其中很多人留了下来，现在他们的孩子长大了。所以深圳这个地方实际上是有创新基因的，深圳是移民城市，是人们打拼的地方，容易形成这种创新的文化。

记者：正如《世界是平的》一书的作者弗里德曼所说，你们什么都可以拿走，但是有一招儿你们没学会我们就不怕，那就是美国民间的创新能力、创新文化。

宋志平：这对我们很多城市的启示是，可能最重要的不是建创新中心，而是要营造创新创业的文化。

中国人的创造能力其实是很强的，凡是能够编童话故事、神话故事的民族都有创造力。不要小看这些故事，这些其实都是创意。这种文化至关重要，我们是有这种文化的，应该认真思考如何激发大家的创新热情、保护大家的创新热情，宣传这些创新创业的英雄。

记者：您的《问道创新》那本书提到“费尔普斯之问”。他曾提出一个担忧：中国现在亟待进行高速的本土创新，但是到底中国是否有这样的文化能够去推动大规模的本土创新呢？

宋志平：一个民族的繁荣取决于创新活动的广度和深度。要让创新文化根深蒂固，我们应该从教育入手，保护孩子们的好奇心，支持他们大胆地假设。实际上孩子的好奇心就是创新的最初动力。

记者： 在提问题方面，两国家长的做法也是不一样的。中国家长喜欢说："这次你考了多少分？排第几名？"而有些国家的家长会问："今天在学校向老师提了什么好问题？"

宋志平： 能够质疑、能够提问，这些东西其实就是创新，是最初产生创意的思想基础。当然，除了父母引导孩子创新，在公司层面，我们还应该支持员工的创新思想，推而广之就是建立创新文化。我们现在也是在积极营造支持创新的文化氛围。

费尔普斯还讲到了草根创新。他认为大企业创新能力不够，创新主要靠草根创新，也就是我们讲的民间创新。比如，美国的Facebook、微软、苹果等，其实大多是从草根企业做起来的。

德鲁克认为，确实很多创新不是大企业主导的。比如，美国在汽车时代，铁路公司制造汽车，结果没造出来，造得好的是福特；在航空时代，汽车公司一股脑去造飞机，真正造出飞机的却是波音和麦道，而不是汽车公司。同时他认为，像美国的强生、3M等公司，也在一路创新。这里面就牵涉持续性创新和颠覆性创新的问题。其实大企业往往做的是持续性创新，一直研究怎么把东西做得更好，但是颠覆性创新往往是民间的创新。比如，特斯拉原来不是大企业，特斯拉的电动车颠覆了传统汽油车行业。汽油车厂家的持续性创新就是不停地改进汽油车的质量、降低燃油消耗、提高舒适度等。电动车的出现属于颠覆性的创新。

记者： 对，其实在中国存在这样一个问题，有的国有企业，它们往往有创新的资源聚集能力，但是创新动力不足。民间有创新的热情，但是没有创新的资源聚集能力，这两者似乎是一组矛盾。国企和民企的创新方式有何不同？如何发挥企业骨干的创新创业热情？

宋志平：实际上，国企和民企在创新上有所分工。实际上像航天航空等大规模的创新都是由国企来做的。这些企业的创新是要解决国家的战略性问题，属于关键性和前瞻性的创新，不是我们讲的民间的创新。但大企业都有自己的主业，它们会比较倾向于主业的持续性创新。炼钢的继续研究炼钢，做水泥的继续研究水泥，所以它们很难去做一个新的业务。

民间创新恰恰可以弥补这种不足，民间创新没有太大的包袱，只要产品能在市场上取得成功，就是好的创新。民间创新的缺点是缺少资本，资本市场的介入使这些创新的资源问题迎刃而解了。这就是为什么当下进行民间创新的年轻人，能够迅速成长为企业的英雄。他们在资本市场迅速成功，募集了资金，调过头来支持创新，使企业迅速变成独角兽企业。如果民间的企业没有资本介入，基本上是没有可能创新成功的。今天回过头来看，实际上美国的创新繁荣主要基于成熟的资本市场支持创新。我们现在充分认识到了这一点，我们的资本市场也在大力支持创新，解决了草根创新、民间创新的资源从哪里来的问题。比如，宁德时代、迈瑞医疗等上市公司有很高的市值，资本市场认同这些创新企业，这些企业从资本市场融到资金后去做创新就变得更加容易。

科技型企业和资本的结合会更加紧密

记者：对于有初创期、成长期和成熟期研发周期的新技术，很多风投并不看好。PE风投更喜欢三五年可以套现的项目，在进行投资决策时不重视创新。所以这样的创业企业就面临缺乏研发资金的困扰。您认为资本市场应该建立一个怎样的机制，能跟这些创业企业对接，激励它们在研发之路上走下去？

宋志平：一方面，目前，我国A股市场有4200多家上市公司，如果加上在境外上市的中概股公司，我国可能有5000多家上市公司，这是一个庞大的市场。另一方面，企业上市之前主要靠私募基金来培育。有的基金欲求短期变现，但有的基金会支持长期的创新。虽然风险大，但是将来获益也高。创业者要把故事跟更多的投资者讲清楚，为投资者描绘一个可以信任的未来。作为一个创业者，一是要扎扎实实做事；二是要把故事讲清楚；三是要懂得吸引投资者。

记者：现在资本市场有科创板、创业板等不同层次，我感觉现在科技企业进入IPO报备流程的数量在不断提升。您预测未来几年我国上市公司中，创新企业是否会有一个飞跃式的发展？资本和技术紧密结合的周期是否要开始了？

宋志平：是。从这两年来看，尤其是科创板在上海成功落地之后，去年整个A股市场募集资金在4800亿元左右，仅仅科创板就募集了2200多亿元，创新企业的募集资金规模占募集资金总量的比例是很高的。现在资本市场大力支持有科技含量的新技术、新产品，放眼未来，科技型企业和资本的结合一定会更加紧密。像刚才讲的独角兽，其实独角兽是创新企业和资本结合的果实。中国独角兽的数量会越来越多，独角兽数量的增长意味着我们的创新和资本市场的结合度越来越高，也就是得到资本市场认同的创新企业会越来越多。

记者：有没有这样一个机制：比如，中国建材这样能聚集资源的大型企业，建立一个产业联盟或者协同创新中心，能让没有资源的小企业能在这个公共平台上一起去做创新的事？

宋志平：其实现在大型央企也在和民间的科技公司合作，这也是创新的重要途径，大企业有一定的资源，民间企业有一定的科技创新精神。比如，中国建材的碳纤维是和民营科技公司合作的。中国建材有研究院，有雄厚的制造基础，关键还有资金实力，双方联合起来，经过十几年的发展，现在做到全国第一，同时荣获了国家科技进步奖一等奖，现在中国的大飞机、航天器等都在采用该技术。学校也一样，过去我们老讲产学研，创新的平台应该是开放的。像麻省理工学院的全球产业联盟连接着1700多家创新型初创企业和260余家联盟会员企业，架起了创新源头和产业转化之间的桥梁。我们的高校也可以有这样的联盟。创新实际上是个开放系统，不能关着门自己做。

记者：从国家层面来看更重要的是创新的生态，单纯地讲技术创新，很难走得远。您怎么看技术创新和其他创新体系的融合？

◎ 航发燃机在产学研合作方面的经验值得借鉴

宋志平：科创板的设立是资本市场的制度创新。正是这样的创新，带来了企业技术创新的动力，支持了这么多企业进行创新。我们大环境的改善、一些政策的出台、一些新制度的设立，实际上直接关乎企业的创新。企业创新不是孤立的，所以营造良好的创新环境、出台适应企业创新的政策，并不断在制度层面进行完善和提高，这对企业创新来讲至关重要。

提倡自立自强、自主创新

记者：在世界500多种主要工业产品里，中国有220多种产品的产量位居全球首位，形成了独立完整的现代工业体系，是全世界唯一拥有联合国产业分类当中全部工业门类的国家。曾有人提出，我们的产业链、供应链、价值链还有需要进一步完善的地方，遇到“卡脖子”问题，有些领域会受到影响，我们成为制造强国还需要一定的时间。您怎么看？

宋志平：目前我们的制造业企业更多是在做系统集成。当然我们的产品也满足了很多国家的需求。你中有我、我中有你，这也是全球化的意义所在。西方个别国家对我们技术“卡脖子”，搞技术脱钩等，确实给我们带来了压力。当然，如果继续下去也会损害他们自己的利益。因为科技是有价值的，如果长期不能变现，这些科技公司可能无法生存。反过来讲，透过这场技术封锁，我们应该深刻地反思。

记者：很多关键技术必须依赖自主创新。中国是制造大国，但自主创新能力还有待进一步提升。

宋志平：所以我们要弥补这些短板，我们要提倡自立自强、自主创新，这个时候我们应集中力量，发挥举国之力，大家团结起来，解决好“卡脖子”的技术问题。只要我们认识到了就能够做好，当然这需要大家持续奋斗。举个例子，过去我们讲“缺芯少屏”，电视机、手机的屏幕，过去我们做不了。但是今天通过技术创新、集成创新，我国在电视机和手机屏幕领域的供应量和市场份额均处于全球领先地位。这是很了不起的事情。屏幕上这块玻璃，过去主要依靠进口，现在我们都能做出来。

我们可以发现，只要认识到问题所在，自立自强，自主创新，问题慢慢都会解决的。从长远来讲，我们国家应该主动弥补产业链配套中的短板，这也是我们产业界要意识到的事情。当然，我们也希望和全世界的技术联系起来、联合起来，实现集成创新，互相借鉴，互相帮助。

记者：如何理解自主创新、集成创新、模仿创新的关系，处理好企业持续性创新和颠覆性创新的关系？

宋志平：对于自主创新，有几种理解。一是原始的和独立的创新。二是集成创新，也就是说把各种创新要素联系在一起的创新。三是模仿创新，使技术有所改善的创新。我们过去讲的引进、消化、吸收再创新，我们要把再创新也放在自主创新里面。所以对自主创新，我们可能有更宽泛的理解，其实自主创新不见得完全是关着门自己做出来的，今天的企业很难完全关起门来做产品，我们在做自主创新的时候，并不排斥集成、互相借鉴、合作。

持续性创新和颠覆性创新曾被哈佛大学教授描述为创新者的两难，像今天的汽车企业，既要做好汽油车的持续性创新，又要做好电动车的颠覆性创新，既做矛，又做盾，但汽油车和电动车有完全不同的技术逻辑，所以企业应让不同的专家分别进行创新，这样才能把矛和盾都做好。当然，如果行业被彻底颠覆，企业要果断地进行转型，比如当年数码相机是柯达发明的，但柯达不愿放弃胶片技术的眼前效益，最后被其他企业用数码技术颠覆了。事实证明，企业不重视颠覆性创新将会被颠覆。因此，我们看到不少汽车企业既做汽油车，也做电动车，甚至还做氢燃料电池汽车，说明如今的企业对于创新的敏感度极高，没有人敢掉以轻心，因为大意失荆州。

06 建设共享型企业，做有品格的企业家
——华夏基石专访

采访者：谭长春，华夏基石管理咨询集团
时　间：2022年3月1日
地　点：北京

建设共享型企业

谭长春：最近您一直在强调共享企业的建设，这也引发了多方关注和报道。我更关心的是其背后的信息，即您不再就企业谈企业管理，是这样吗？

宋志平：是的。既然叫共享，那就至少是多企业或者企业生态圈层面的内容。2019年我提出的共享型企业，是企业要与员工共享利益；而现在提出的共享型企业，更多的是从环境、社会与责任等层面出发。

谭长春：是什么因素促成您对“共享”这个主题进行更深层次的理解与主张？

宋志平：一是中国经济经过几十年发展，不少企业已经积累了大量的经营管理经验，企业家们有了经营管理层面的思考；二是在移动互联时代，中国本土企业的发展起跑点已经基本一致，像中国的新能源汽车产业就已经不再落后，这些有利条件都有可能促进中国的企业家开始出思想、出体系，而不只是埋头创造财富。

随着中国企业家的成长，探索企业经营管理更高层面理念的环境也逐渐成熟。习近平总书记特别精辟地诠释了企业家精神对于市场活力的作用：市

场活力来自于人，特别是来自于企业家，来自于企业家精神。企业家精神依附于企业家身上，是未来企业发展的动力，形成了中国企业家的洪流，促进经济发展、社会进步与国家富强。我现在也一直在一线与企业家交流，从很多企业家身上得到启发。2018年，我与任正非探讨机制问题，任正非说："老宋，华为就是分享。"从任正非这句话看，分享、共享是当下的重大主题。从任正非带领华为实现骄人业绩的实践经验来看，企业家的思想、格局、情怀等已经是企业成长、成功的重要因素之一。

谭长春：您认为中国企业家有什么样的特点？

宋志平：习近平总书记曾经在2020年7月21日的企业家座谈会上指出，企业家要带领企业战胜当前的困难，走向更辉煌的未来，就要在爱国、创新、诚信、社会责任和国际视野等方面不断提升自己。我们企业家要认真贯彻落实习近平总书记关于新时代企业家精神的讲话，就是爱国情怀、勇于创新、诚信守法、社会责任、国际视野。企业家要牢记并按照这五条标准去做，成为被社会认可的优秀企业家。做企业，曾经有一股思潮，即股东利益最大化，但西方国家其实也在反思股东利益最大化带来不平衡问题，企业不能只考虑股东利益，还要考虑利益相关者，客户、员工、社区、供应商等，尤其是客户与员工的利益。当前，现代企业新的发展理念是"平衡、和谐、共享"。让世界更美好，成为共同愿景。德鲁克曾经说过，企业家创新并且创造财富。共同富裕，就是共享的核心理念。结合习近平总书记的观点，企业家不只创造财富，还能够共享企业的一些利益，共享也让社会更加公平、公正。在西方已经有"觉醒企业"的说法，全球范围关于企业家的认识在升华，这也将是未来中国企业的特点。

企业家的品格

谭长春：创造财富是企业家的本分，今天我们讲的是更高层面的企业家的特点，您认为"更高层面"有哪些具体的描述？

宋志平：企业的目的是让社会更美好。企业如能让社会更美好，自身也将发展得更稳健、更美好。这是一个良性循环，也是必由之路。我认为可以分三点来阐述，一是环境的保护，环境保护使企业的可持续发展具备了外部的最基本条件，这也是人类生存的基本要求。二是社会责任的彰显，企业作为社会公民，责、权、利当中，责字当头，社会的发展，历史的传承，文化的积淀，都需要企业做出应有的贡献，主动承担起自身经营管理之外的社会职责。三是兼顾利益相关者利益，这也是经济运行越来越开放情况下的结果。我相信，随着社会进步，企业家的特点也会更加鲜明，具有时代特色。

谭长春：您心中的成功企业家能用一个词来概括吗？

宋志平：可以用“品格”一词概括，即我们的企业家要做有品格的企业家而不是简单的生意人。什么叫品格？我一直认为企业不是无机状态的经济组织，它是人格化的，有自己的思想、自己的情感、自己的风骨，人有品格，企业也有品格。我曾经写过一篇标题为《企业的品格》的文章，专门探讨“企业的品格包括哪些”，企业的品格就是企业在经营活动和社会交往中体现的品质、格局和作风，也可以说是集企业理念、文化和行为于一体的企业形象。做有品格的企业必须重视四点：环境保护、热心公益、关心员工、世界公民。在企业的品格里，我把环境保护放在第一位，因为这是关系人类命运的大事，企业责无旁贷。环境保护做不好，造成的不良影响将是不可逆的。热心公益，包括救灾扶贫，帮助弱势群体等。而关心员工，是我经营企业40年来的切身体会。世界公民，在企业的品格里指的是格局，世界是平的，共同发展是一个不可忽视的主题。

谭长春：其实“品格”这个词与我们刚刚谈到的新时代的企业家应该具有的精神和特质相契合。

宋志平：爱国、创新等都是一个高品格企业家应有的素质。中华传统文化本身也有这方面的基因。从国家层面来讲，有品格的企业家，应该去理解与推进共享经济；从企业层面来讲，企业应发展成为共享企业，企业家应成为有责任的共享型企业家。这其实也代表着全球未来的方向。再者，有品格的企业家需要通过慈善公益体现企业存在于社会的价值与自身的品格高度。近年来，我拜访过不少企业，他们在这些方面表现得非常优秀，体现和代表了部分中国企业在这方面已经向世界看齐，甚至有超越之势。

坚持做那些和企业眼前利益无关，甚至会影响眼前利益的事情，这一品格也至关重要。我认为做企业一定要问：道德高地在哪里？《论语》中讲："德不孤，必有邻。"一个企业要有高尚的品格，有厚重的道德，才能凝聚力量，才能稳定发展，才能得到大家的尊重和爱戴。老话讲"但行好事，莫问前程"，多做好事是不会吃亏的，甚至是有无限价值的。有品格的企业家应该也能认识到，保护环境、履行社会责任，其实不仅仅是奉献，也能提高企业的社会影响力与商业价值，能够回归到具体的经营成果上来。不少企业在这方面彰显了自己的责任与义务，虽然会付出一定的成本，但是回报也是很高的。有了对环境与社会的付出，企业家的思想境界达到应有的高度，企业家会拥有更加开放的心态，在商业社会中也会有更多更好的资源共享。所以这里就回到共享这个话题，对于企业家来讲，共享不只是付出，其实也有相应的甚至更大的回报。

谭长春：让企业家实现更多的共享，企业应该如何做？

宋志平：我经营企业40年，现在还在协会里为企业服务，一直提倡企业需要建立一种好的机制。机制，简言之就是如何处理好企业效益与员工利益的关系。好的机制，促使企业的蛋糕变大，有更大的竞争力、活力。共享，看上去像是分蛋糕，实际是通过更多资源，融合更多资源，开创更大的平台，去创造更大的蛋糕。有好机制的企业，一般都做得很好，而反过来，做得很好的企业，则肯定有好机制。如上所说，我在2018年与任正非交流的时候，他提到其实华为分钱的结果是赚到更多的钱，因而华为公司有个概念叫"以利他的方式来利己"。所以，企业还是要做到有好的价值创造体系，并且能够激发员工的活力。把员工激活了，企业经营管理就不是那么难的事情了。其实，企业利益相关者的需求，也是企业自己的需求。我相信，共享一定还能创造更多财富。

◎ 参观古井贡酒展厅，公司企业文化给大家留下了深刻印象

谭长春：您是从什么时候觉得中国应该到了总结企业家思想的时候了？

宋志平：到目前为止，我出版了18本书，总结了一些企业经营管理经验与心得。每个企业家都有自己的经营实践与经验，将这些实践经验不断积累、总结、升华，中国企业家的思想通过交流和融汇，自然就形成了中国企业经营实践的宝贵思想。我认为有情怀、有责任的企业家一定会越来越多。中国的企业家不再只是以财富的积累为唯一目标，而是会朝着共享有价值的思想、共享宝贵经验、共享先进文化、共享资源等方向迈进，促进中国的商业文明成长与发展。我们要重视企业思想、文化、理念的打造。企业家不只是创造财富，更要创造思想、文化，才会被人尊重。现在，中国企业已经发展到这个阶段。我始终期待中国企业家能够站得高、看得远、有品格，在这样一群企业家的带领下，打造出有品格的中国企业。在创新、协调、绿色、开放、共享的新发展理念指引下，让中国企业有更加美好的未来，让中国社会更具商业文明。

07 企业渡过难关的三个建议
——与陈为对话

对话人：陈　为，正和岛副总裁、总编辑
时　间：2022 年 5 月 16 日
地　点：北京

打造精健的组织

陈为： 您的新书《三精管理》中有一个重要的理念——组织精健化，要把企业打造成一个精健有力的组织。我想知道，组织的精健与人体的精健是否有着某种相似性？

宋志平： 其实是有的，“精健”这个词原本指的就是人体的精健。举个例子，我们经常讲人要瘦身健体、多运动，否则很容易陷入一种不健康的虚胖状态，组织也一样，如果不瘦身健体、提质增效，也会变得“虚胖”起来，也就是容易得形式主义、官僚主义等大企业病。过去几年里，国资委央企系统压减 19000 多家企业，占央企总户数的 38%，中国建材也减掉近 500 家企业，占企业户数的 20% 以上，这就是我们在组织精健化上的一个明显表现。

精健也不只与人和组织有关，植物界的例子也有很多。我早年下乡插队的时候就有一个很深刻的体会。那时候我在农场做农业技术员，需要定期给果树剪枝，砍掉一些枝干，看起来好像挺可惜的，因为会损失一些水果，但如果不剪，这些枝干就会疯长，最后整棵树的营养都被这些枝干抢走了，结不了多少果子。企业的成长逻辑不也一样吗？经常有人会问，怎么觉得企业经营得越久，越感觉乱套？其实就像给果树剪枝一样，如果企业管理者既不知道企业到底有多少家子公司、投了多少资，也不想着主动做减法，在组织精健上下功夫，企业的发展自然就容易乱套。所以，当我们用人体、用植物来理解“精健”时，就可以领悟得比较透彻了，包括书中提到的职能层级化、平台专业化、机构精干化等概念，其实都是围绕企业的健康成长展开的。

共富共享

陈为：我们知道，在企业家群体中，您很早就有了这种共富共享意识。这种意识是怎么形成的？

宋志平：共富共享其实是中国儒家文化里的一个基本点，儒家文化讲大同，讲不患寡而患不均，这些思想都是共富意识的体现。我知道，也有人觉得这种思想不能激发竞争、提升效率，但我们认为这要辩证地看，在一个没有竞争的社会里我们当然要提倡竞争，但在一个充分竞争的社会里，我觉得还是要注重和谐。过去很长一段时间里，我们其实都在追求公平与效率的平衡，早些年搞“大锅饭”就是过度追求公平而丧失了效率，挫伤了积极性。但只讲效率也不行，资本主义社会就非常重视效率，他们奉行股东至上和国家资本主义模式，这两种模式在很大程度上都提高了效率，但也导致了两极分化和环境恶化的难题。所以我们要探索出一个既能体现效率、又能兼顾公平的第三种模式，今天来看，共富共享正是出路所在。

从历史上看，中国企业其实也一直有这种共富共享的基因。比如清朝时期的晋商，300多年前他们就有年底分红，东家也就是今天的投资人分50%，账房先生也就是今天的管理骨干分25%，伙计也就是今天的员工分25%。取得的效果也很好。今天来看，华为在这方面做得就很不错，全员持股，任正非只有不到1%的股权，这也是共富共享在企业中的体现。归根结底，共享的蛋糕不是他人创造的，而是大家共同创造出来的，这是一个大前提。只有不断创造，企业才会有更强的创新力和竞争力，等到企业发展壮大后，无论所有者、管理者，还是企业员工，大家也都能受益。

陈为：您是一个舍得并且愿意吃亏的人。在中国建材任职的时候，您有两次把组织上奖励给自己的房子分给了高管和员工。您为什么这么做？

宋志平：这件事我至今没后悔过，那时候想的就是，虽然是奖励我的，但我的成绩是大家共同做出来的，我只不过是企业的一个代表而已，我不能把这个奖励据为己有，还是得留给企业。所以那时候无论是超额年终奖，还是分的房子，我都留给了企业，变成所有员工的奖励基金。今天想一想，这样做是对的，因为归根结底活是大家干的，未来还得靠大家加油干，我们做领导的，这么做是应该的。当然，那时候房子也没今天这么贵，但放到今天，我还是会那么做。

企业家的共享理念

陈为：前段时间有一个企业家评选的榜单，曹德旺和任正非是美誉度最高的两位。这二位您都熟悉，您觉得从他们身上，企业家可以学到些什么？

宋志平：我觉得他们两个人身上有几个共同点。首先，他们都具备强烈的企业家精神。我认为在任正非身上能看到勇于创新、勇于承担责任、勇于克服困难的精神。曹德旺也是这样，小时候生活环境很艰苦，但他能把一家小玻璃厂做到今天大几百亿元的市值，这都是企业家精神的体现。而且这两个人都特别直率，无论曹德旺还是任正非，他们说话都不会绕圈子，有什么说什么，很真实，我觉得这样的企业家特别好。

其次，他们都有共享的理念。任正非奉行财散人聚的机制，让每一个华为的奋斗者都幸福起来，直接喊出把钱分给奋斗者，分好钱可以赚更多的钱，这就是一种共享理念。曹德旺也是，他做了几十年公益，我上次去福耀，他跟我说："宋总，我做这么多年的慈善，但我没用过公司的一分钱，都是我自己的钱。"他使财富以另一种形式回归了社会，这种悲悯之心也是值得企业家们学习的。

所以，他们两个人身上都有企业家精神、"大我"精神，胸怀宽广。他们知道做企业不单要会赚钱，还要知道赚了钱该怎么用，他们也因此得到了社会的认可和尊重。

最后，他们都很讲诚信。任正非讲："爹还是那个爹，娘还是那个娘。做企业就是要对得起客户，你给他们满意的产品，他们付钱养活你；华为走到今天，就是靠着坚持把对客户的诚信做到极致。"曹德旺讲："做人最重要的是人格的完整，最需要的是取得他人的信任。"我们广大企业家要牢记习近平总书记的殷切嘱托，增强爱国情怀、勇于创新、诚信守法、承担社会责任、拓展国际视野，大力弘扬企业家精神。

陈为： 国企的领导一般比较低调，大家了解得不多，但他们当中其实也是卧虎藏龙，国企企业家里，您比较欣赏谁？

宋志平： 国企企业家里厉害的人也有很多，像中国中化董事长宁高宁，还有一些地方的国企企业家，像山东潍柴控股集团董事长谭旭光也很有特点。这些国企企业家也有共同特点，就是他们都有创新精神，都能勇于承担责任，也都能在企业里长期坚守，带领企业由小到大、由弱到强，无论是宁高宁还是谭旭光，他们都是这么走过来的。

沟通和宽容的企业文化

陈为： 我特别想请教宋会长关于沟通的问题。对于很多人来说，触及利益比触及灵魂还要难。您当年在企业中，不管是面对强势的董事、难缠的合作伙伴，还是有意见的员工，经常需要"舌战群儒"，有时候您谈笑间就化解了一些棘手难题，取得了很好的沟通效果。您有哪些好的沟通方法呢？

宋志平： 我觉得好的沟通在于理解对方，你要知道他到底是怎么想的，得让他把想说的话说出来，这样你才知道该如何与他沟通，而不是你来讲他只能听。我做企业那些年里，经常思考的就是大家都在想些什么，我怎么才能尽量让大家都满意。而且你要知道，沟通其实是很花时间的。我常说企业要做一个学习型组织，什么是学习型组织？不是说每个人拿本书读就是学习了，它是一个团队的深度互动。如何深度互动呢？就是大家反反复复地交谈。在我看来，很多矛盾和冲突往往都是因为沟通不到位所引发的，最后几句话的小事变成了棘手的大事，所以还是要多沟通，多去互相理解，当然，这也涉及沟通的技巧或者说是沟通的艺术。

我做过十年厂长，管理过几千号人，但我对员工从来没有拍过桌子、瞪过眼睛、红过脸，我和他们的沟通都是循循善诱式的，我们彼此间都很尊重。我觉得这就是沟通起了效果。

陈为：企业文化层面，您当时在企业里提倡“三宽三力”，也就是“待人宽厚，处事宽容，环境宽松”和“向心力、亲和力、凝聚力”。但是我们平常其实讲宽严相济比较多，如果一味地讲宽松宽厚，会不会影响组织的战斗力？

宋志平：在企业里，我觉得还是要营造宽松的环境。一个宽松的环境有利于发挥大家的积极性和创造力，也代表了你对员工的信任，就像那句老话，士为知己者死，让员工在一个宽松且充满信赖的环境里工作，我觉得这比什么都重要。再就是待人要宽厚，谁都愿意跟着人格厚重的领导干，你不能为了几件小事就没完没了地说他，甚至去翻旧账，那样就显得格局太小了。另外，处事要宽容，做事情要看大小、看方向、看本质，企业经营没有不犯错的，创新不也是从一次次错误尝试中诞生的吗？你不宽松、不宽容，很多事情就没有人敢做。当然，这个宽是宽而有度，和而不同，不是说放宽了就没有原则了，就可以做错事了。“三宽”的最终目的是要形成“三力”，也就是向心力、亲和力和凝聚力。向心力通过员工和干部对领导的尊重和支持体现出来；亲和力是指领导要认可和理解员工，拉近彼此间的距离；凝聚力就是领导和员工要拧成一股绳，劲儿往一处使。像我任职过的中国建材和国药集团，这两家企业都是重组起来的，中国建材重组了上千家企业，国药集团重组了600多家企业，如果没有“三宽三力”，没有对大家的包容，联合重组的企业是很难做起来的。

转型和升级是相通的

陈为：您之前有个观点叫“转型不是转行”，钟睒睒最近也谈转型，他觉得我们媒体百分之八九十的声音都用来讲转型是一种误导，升级其实更重要，您怎么看？

宋志平：我们最早的提法是转型升级，因为作为一个企业来讲，既有转型的任务，也有升级的任务，转型和升级在我们的语境里很难分开。我常和大家讲，我说转型不是转行，不是我们不做水泥了，不做钢铁了，去做别的了。我认为没有落后的行业，只有落后的技术和落后的企业，任何一个行业都有做得好的企业，如果我们能把各种类型的水泥都做到最好，企业就还是好企业。所以我想的是要通过技术进行转型和升级，成为细分领域里的头部企业。举个例子，酱油是一个足够传统的行业，但海天味业做得就很好，为什么？因为它能做100多种酱油，有小孩吃的，也有老人吃的，有炒菜用的，也有做海鲜用的，海天在这个行业里做到了足够细分，竞争力也随之体现了出来。

就转型而言，我常讲的是要做好四个转型：一是中低端向中高端转型，从

◎ 小浦南方物流码头

重视数量转向重视质量，实现高质量、高技术的发展；二是数字化转型，由自动化向智能化转型，提升质量，降低消耗；三是低碳化转型，过去我们的生产工艺是高碳的，现在要变成低碳的，要关注节约资源、保护环境和气候变化等问题；四是服务化转型，由制造业向服务型制造转型，也就是更贴近我们的客户。我认为转型和升级应该是相通的，就像是一种螺旋上升的结构，在转的过程中就上升了，企业在转型的过程中从中低端转到中高端，不就是升级了吗？从高碳转到低碳，不也是升级了吗？不能说自己转了型但没有升级。所以转型不是转行，我觉得这是最核心的一点，不要动不动就转行。

当然，如果这个行当确实要被淘汰掉了，那就必须得转，不转不行。就像柯达胶卷，当数码相机在一个更高的维度上逐渐占领市场时，柯达把胶卷做到最好也不行，企业也一样，如果这个行当注定要消失了，还要继续做下去吗？肯定是要转行的，但对绝大多数企业来讲，行业不可能完全消失，还是要把精力放在转型升级上。

陈为：中国企业在数字化、智能化方面做得挺不错，根据世界经济论坛发布的数据，全球103家“灯塔工厂”，中国有37家，占比超过1/3。不过，您的书中也谈到一个关键问题，就是如果将来制造业都智能化了，数量庞大的产业工人是不是就要失业了，您对这个问题最近有什么新思考吗？

宋志平：这也是一个大家都在关注的问题，我讲几个自己的亲身体会。过去提到富士康，一些人会想到“血汗工厂”，我前段时间去了深圳工业富联，其实工业富联今天也在打造“灯塔工厂”，过去一条需要318人的产线，今天30多个人就能完成了。还有云南白药，他们的工厂采用了全套机器人，几乎不需要人了。在云南白药参访时，有一个职工就问道：“智能化确实非常好，但是不用人了，我们这些工人该干什么去呢？”我说：“你的问题也是我的问题，从技术上我可能一下子回答不了，但从哲学上可以谈谈我的看法。”我和他讲，从工业革命到现在，发生过很多次这种大的技术革命，比如电气化以及后来的自动化，其实每一次人类都面临同样一个问题，就是机器把人类取代了怎么办，大家把机器视为万恶之源，甚至还出现过破坏机器的情

◎ 郑煤机集团积极参与智能化建设，带动煤炭安全高效生产

况。但我们今天回过头去看，每一次重大的技术革命过后，人类不都变得更幸福了吗？我们每天都在使用的汽车、电灯和电话，不都是科技革命的产物吗？所以我那天就问他们："你们愿意做装牙膏的工作吗？"有人愿意，也有人不愿意，那装牙膏的目的是什么呢？目的是要有工资，然后拿着工资去生活，也就是说，工作只是一个谋生手段。

如果机器代替人类做好这类工作，那人类工作就是乐生的手段了。大家不一定非要去做这些繁重的体力劳动，这不是人类进化的方向。我们还是要从体力劳动里逐渐解脱出来，减少对体力劳动的依赖。所以我觉得，其实不用有这个担心，一次又一次的技术革命已经证明了，这个担心是不必要的。

创新要通过机制调动人的积极性

陈为：克里斯坦森在其经典著作《创新者的窘境》中讲到，大部分创新是由小企业做出来的，大企业在创新上不占优势，甚至很难创新。您是专门管理大企业的，在这方面有什么心得？

宋志平： 的确，克里斯坦森认为很多创新来自小企业，但是德鲁克在《创新与企业家精神》一书中提出了不同的观点。德鲁克认为，只讲小企业创新其实也是片面的，很多大企业，像3M、强生这些公司，实际上都在进行持续性创新。所以我的理解是，其实大企业和小企业都在创新，只不过二者做的是不同层面的创新。像一些重大创新，必然是要有一定的企业规模才能实现的，比如航天产业，单靠小企业进行创新肯定不行。当然，大企业在创新上也确实有一定的问题，比如对市场的敏感度差，我们前面提到的柯达就是个典型案例，不愿意进行改变，错失良机。

创新理论的鼻祖熊彼特有个观点：在创新方面，今天的开拓者很可能成为明天的阻碍者，因为他不愿意打破均衡，不愿意打破自己统治的这个天下，这会对创新形成阻力。对大企业来讲，一定要克服自己原来的惯性，居安思危，提前看到那些有可能颠覆自己的未来技术。汽车行业的变化就很明显，今天，一汽、广汽、上汽、北汽无一例外都在做电动车，做得也都很好，为什么？因为他们知道电动车正在颠覆汽油车，这是时代的大趋势，即便做电动车目前可能还赚不到钱，但我看过他们的生产线，已经非常现代化。包括我们的央企和国企，也要成为重大创新的策源地，这点非常重要。无论是大企业、中企业还是小企业，都应该主动承担起创新的责任。未来，企业不去研究颠覆性创新，必然会被创新所颠覆。

陈为： 国企要真正成为创新的策源地，在机制上是不是也要有一些改进和提升？

宋志平： 是的，所以在经营机制上我们做了一些改革，从科技分红、员工持股、管理层股票计划、超额利润分红和跟投五个方面着手推进。比如科技分红，就是要让科技人员除了享有荣誉，还能享有良好的创新收益、个人成就和收入。德鲁克在《卓有成效的管理者》中也讲到，相较于体力劳动者，知识工作者有更大的诉求，他们的任何一个发明、任何一个巨大创新，都可能创造出巨大的财富。所以在创新上，应该给他们相应的激励机制，改革其实就是通过机制调动技术人员的创新积极性。

陈为： 共享机制很好，但也有很多民企老板担心，股权共享会影响他们对企业的掌控，您怎么看？

宋志平： 这其实又回到了治理的问题上，就是一家公司，到底该怎么治理。我们需要清楚的是，当我们注册一家公司时，其实这家公司是独立的，老板实际上是公司的股东。公司小的时候股东可以亲自做，等公司发展到一定规模，就需要靠一套科学规范的治理结构了。比如美的的创始人是何享健先生，但早在2012年，他就把公司的管理权交给了职业经理人方洪波。方洪波既是董事长，也是总裁，作为职业经理人他做得很好。

另一个例子是赤峰黄金。赤峰黄金是一家具有家族企业特征的上市公司，最开始股价才2元，后来请了职业经理人王建华加入，给了他一些股权。王建华加入后砍掉了企业的非核心业务，公司的股价在高点时达到20元左右。所以，股权共享不是让所有者退出企业，而是要让企业得到规范化治理。说到底，公司其实是社会的，即便是老板也只是股东而已，可以享受股东的权利，但从现代治理上来看，所有者与经营者、决策者与执行者其实是可以分离的。

再讲一个令我印象深刻的例子，20年前我去瑞士，有家公司叫霍尔希姆，是全球水泥行业的龙头，我去访问了他们的董事会，当时我特别惊讶，因为他们11个董事里，没有一个家族成员，全都是职业精英，董事会主席是一个欧洲的银行家。他们并不担心大权旁落，因为在他们眼里，公司能更好地经营和运作才是根本，家族成员只是股东，谁说了算，谁发号施令没那么重要。股东不得侵害公司的利益，这是一个共识。

在困境中扎实做事更重要

陈为： 您原来讲过，企业要想成功，企业家的逆商占全部成功因素的70%，是非常高的比例。当下，一些企业的日子难过，您对他们走出困境有什么建议？

宋志平：早些年，我们讲得比较多的是智商和情商，但最近这几年我有一个明显的感受，就是身处的环境越来越考验一个人的逆商了，也就是应对挫折和困境的能力。对于企业家而言，逆商也是他们一个非常重要的特征，大企业家里有谁没经历过困难呢？刚才我们讲的任正非和曹德旺不也都是从困境中一步步走出来的吗？其实企业家就是在克服困难中走过来的，不困难要企业家干什么呢？当下确实是一个很考验人的时刻，但再苦再难，路还是要往前走的。我觉得有以下三件事是我们现在需要做好的。

第一，调整心态，我们一直讲信心比黄金还重要，当前的困难是客观存在的，无论你多悲观也改变不了，还不如充满信心去应对。第二，掌握方法。仅仅有信心是不够的，我们还要有方法，要去探讨和摸索克服困难的方式方法，比如在基础管理、创新转型以及机制改革方面到底该怎么做。当前的大形势我们可能无法左右，但在大形势下创造一个属于自己的小环境，然后积极主动地去争取机会，这还是非常重要的。第三，研究政策。国家的大政方针必须第一时间了解，这里面往往藏着大机遇。

陈为：《三精管理》中有一句很有意思的话："能发现'黑天鹅'的人是聪明人，能发现'灰犀牛'的人是理性人，认为未来充满不确定的人是老实人。"意思是现在热衷于预测或者传播各种消息的人太多了？

宋志平：我记得2019年年末就有经济学家讲2020年的几大"黑天鹅"事件，但那个时候最大的一只"黑天鹅"其实正向我们飞来，可大家恰恰没有预测到。真正的"黑天鹅"其实我们是预测不到的，预测不到的才叫"黑天鹅"，能预测到的那是"白天鹅"。通过这些年的观察，我有一个发现，就是每当经济出现压力时，能预测的人就纷纷冒出来，尤其是悲观派的经济学家开始发表悲观言论，有人看到"黑天鹅"飞舞，有人看到"灰犀牛"狂奔。对我们这些做企业的来说，这些预测要不要听呢？我认为可以听，但要适度，因为我们不能每天都活在这些所谓的预测里，我们总得做事，总有自己的一亩三分地要种。未来充满不确定性，我们只能去实践、去亲身探索，没有什么救世主，也没有人能真正告诉我们究竟该怎么做，能告诉我们答案的，还是基本的常识和常理，但这需要我们自己去摸索，所以我不太建议企业家每天都竖起耳朵听各种分析和预测，扎扎实实地去做比什么都重要。

陈为：最后一个问题，如果年轻人也想拥有您这样的"美丽人生"，您会给他们分享哪几条人生经验？

宋志平：刚才你提到了克里斯坦森，他在《你要如何衡量你的人生》这本书中提了三条建议，我觉得挺好的。

第一，有一个好的事业，也就是一份好工作。什么是好工作？就是身心合一，工作时也并不觉得自己是在工作，每天睁开眼睛就想去做，会感到很开心。这些年我也是这么过来的，有人问我为什么工作，为什么负那么多责任，其实没有太多的原因，就是自己喜欢，乐在其中。

第二，有一个幸福的家庭和健康的身体。这一点也很重要，尤其是企业家，大家都很辛苦，有一个健康的身体才能更好地工作。前几天我见了王石先生，我觉得他就是企业家中的一名健将，一直坚持跑步、攀岩，身体锻炼得很好。

第三，有一个有始有终的人生。做人做事要尽心尽力、有始有终，这世上大多数失败不是因为不够努力，而是少了些善始善终的精神，最后浅尝辄止，半途而废。

选择一个好工作，拥有一个幸福的家庭和健康的身体，还有有始有终的人生，我觉得这也是人生正路的方向所在。

08 全球多元化大公司分拆的启示
——《财富》专访

采访者：章劢闻，《财富》（中文版）执行主编
时　间：2022年11月3日
地　点：温州

中国大公司发展迅速

章劢闻： 昨天晚上我研究了一下过去的数字，2011年您首次带领中国建材进入《财富》世界500强榜单的时候，榜单上的中国大陆公司的数量不如日本的多，不到美国的一半。但是，今天这个榜单上中国大公司数量超过了世界上任何一个国家。在这样巨大变化的背后，我们也听到一些声音，比如大和强的问题，中国公司的盈利能力和其他国家公司的差距等问题。您在这方面一直有深入的分析和研究，先请您评价一下这些观点。

宋志平： 我过去40多年带领企业经历了从小到大、从弱到强的过程。2002年，国资委成立之初，我们只有五六家世界500强。记得最早出国学习，我们有一个愿望就是请一家世界500强的CEO给我们讲课，或者到世界500强总部参观一下。一晃20年过去了，我们世界500强企业的数量超过了美国，这真是非常了不起的成绩。

所以我主张积极正面地看待这些问题。世界500强企业排行榜用营收来计算，营收本身也是公司实力和竞争力的表现形式，这有点像衡量一个国家的实力的时候，我们会用GDP这一指标。其实营收也表明了一家企业的经营规模以及它的市场占有率等，是一个综合指数。至于大而不强的问题，我觉得要进行实事求是地分析。我们衡量规模特别大的企业时，还会采用另一个

指标——社会贡献率，也就是企业的税收、交给银行的利息和财务费用、员工工资收入和保险、利润等。企业规模大了，社会贡献率也会变大，而不只是看净利润这一个指标。即使从净利润角度来看，我们也应该客观看待我国公司与美国公司对比的问题。因为美国的产业结构和我国的不同。我国现在还有一些公司处于中端，大部分公司属于普通的制造业以及基础建设产业。

还有一个问题：中国公司的息税前利润是可以的，但是，中国大部分公司的财务费用相对比较高；而美国公司在资本项下的直接融资比较高，间接融资比较少，所以它的财务费用相对较低。中国公司如果扣减掉利息、税收，就会感觉到利润低了一点，这是财务结构上的问题。对世界500强，我们首先要积极正面地看，因为本质上我们中国公司群体近年来的快速发展是一件好事情。

章劢闻：这为我们提供了一个看待复杂问题的平衡视角——在比较中国公司和美国公司的时候，不能忽视大企业群体产业结构、财务结构上的区别。此外，我们现在也在观察一个全球范围的趋势：大量的多元化大企业在不断分拆，比如标志性的事件就是通用电气被一分为三。这种资本市场对上市多元化大企业的深层影响给我们中国公司带来一些什么启示？

宋志平：这个问题非常好。在20多年以前，我们的资本市场在衡量企业价值的时候，就是采用净利润，如果股票投资报酬率是5%，市盈率就是20倍；有10亿元利润，市值就是200亿元。所以杰克·韦尔奇当年做多元化、进入金融业，他主要思考的就是如何不停地去创造高额净利润。因为有高额净利润，市场就会给出比较高的估值。所以通用电气从160亿美元上升到6000亿美元，成为当时世界上最高市值的公司。

但是，今天资本市场不完全这么看了。到了高科技、新经济时代，大家更看重的是公司未来的价值——把科技、新经济成分看得很重。市场的估值就不再简单地只看净利润，而是要看企业在行业的地位、创新能力等。这又促使企业去走专业化道路，去做行业龙头，或者做细分领域的头部企业。然后这些大企业就开始分拆。我们今天撇去GE公司其他的问题，主要看资本市场，它分拆成三家专业化公司的现象背后实际上就是这样一个过程。

中国公司其实也是一样。我们过去主张整体上市，做多元化，高额利润带来了高市值。高市值公司有三个特征：第一，它们是行业龙头或者是细分领域的头部企业；第二，它们有高成长性和高盈利性；第三，它们有规范的治理。所以今天GE的变化，反映了现在资本市场和以前资本市场的区别。你提的问题非常好，这是我们正在经历的过程。

成为世界一流需要管理创新

章劢闻：您刚才提到杰克·韦尔奇。中国要从制造大国变成制造强国，除了资本、技术的助力，还有一个非常重要的方面就是管理上的创新。我们需要什么样的管理创新？

宋志平：纵观40多年改革开放，我们早期是向西方国家和日本学习管理的。近十几年来，我们走上了一条学习“创新+资本”的道路。我们要成为制造强国和质量强国，打造世界一流企业，有四点特别重要：第一，产品卓越；第二，品牌卓著；第三，创新领先；第四，治理现代。其中，要做到产品卓越除了要创新，在管理上也要加强，还要把“技术+管理”做好。这样我们才可以从制造大国迈上制造强国的道路，中国的制造除了要满足14亿人的内循环，还要在国际市场上进行大循环，形成双循环。要成为制造强国，不能只有先进的技术，还必须有工匠精神和管理水平——像三精管理就是我对企业管理实践的总结：组织精健化、管理精细化、经营精益化。

章劢闻：如您所说，若是像爱迪生那样一心只想做大老板，拒绝管理团队的话，也许就不会诞生这家全球市值最高的公司。

宋志平：爱迪生是一位大发明家，但是他认为企业就应该是“创新+资本”，对管理重视不足。杰克·韦尔奇重视管理，他把摩托罗拉的六西格玛引入GE公司。现在宁德时代做的是极限制造，也就是近零缺陷率的制造，因此保持了电池的安全性。技术上的创新加上管理上的精益求精，就可以做成世界一流的企业。

金融业支持民营企业发展

章劢闻：我们看到北欧国家以及德国有背靠银行的百年家族企业、跨国公司，这些都是很好的案例。在吸取影子银行、民间借贷的教训之后，今天在温州，您给企业家和金融机构的建议是什么？

宋志平：改革开放这么多年，温州模式，即民营企业、家族企业对中国经济的带动作用非常大，创造了温州的繁荣。温州如今在推动结构调整，也希望积极发展上市公司，发展国有企业。因为过去民营企业虽然做得比较好，但是也有一些问题，例如，在新兴产业大规模布局等方面有所欠缺。

所以现在市政府抓紧布局，我非常赞同。纵观温州这些民营企业，很多做得非常好。我们国家有将近4800万家公司制的企业。作为对比，现在资

◎ 位于温州的万洋科技城

本市场A股公司也只有5000家左右，也就是说，大多数企业仍然不是上市公司，仍然要做家族企业。所以，做好家族企业，做好民营企业也非常重要。中央提出支持专精特新“小巨人”、单项冠军等，这有助于这些企业的发展。

此外，良好的金融体系的支持，是民营企业发展的必备条件。融资方式有两种：一种是直接融资，另一种是间接融资。直接融资就是直接投资或者上市，间接融资就是通过银行借贷来融资。过去这么多年，银行在支持民营企业方面做了大量的工作。温州的民营企业要健康发展，需要我们的金融业真正为中小微企业、家族企业创造良好的条件。

09 深圳创新启示录——总裁读书会专访

采访者： 陈小雨，总裁读书会公益形象大使，主持人
活　动： “美好生活 书香中国”城市行——走进深圳
时　间： 2024年7月17日
地　点： 深圳

深圳创新的十大启示

陈小雨：《创新高地》这本书出版后很受欢迎，但我们知道您以前的著作主要是关于经营管理方面的，而这本书主要讲的是深圳的创新内容，大家好奇的是，您是基于什么原因而写这本书的呢？您能给我们介绍一下当时的背景吗？

宋志平： 我在企业做了40年，这几年担任中国上市公司协会会长。中国上市公司中，在A股上市的公司有5400家左右，在海外上市的公司有1800家左右，加起来大约有7200家。这几年，除了做会长的工作，我也做了不少教学工作，主要针对学校的EMBA、DBA学员；如果有时间，我就跟年轻一代的企业家进行交流；还有就是为大家写写书，目前我写了24本书，前23本书都是关于企业管理方面的，将我过去在企业管理中的一些经验、思考和体会总结出来。《创新高地》和前面出版的书有所不同，这本书是围绕深圳创新创业这样一个主题来写的。

为什么写这本书呢？主要是有几个原因：第一，创新是这个时代的主题，我们现在讲“新质生产力”，实际上核心也是创新。第二，深圳作为我国最早建立的经济特区之一，在创新方面，深圳是全国的“领头羊”，快速

发展成为创新高地，其改革创新的经验一直被全国学习、借鉴，对创新具有重要的启示意义，我们感觉到需要一本系统介绍深圳创新创业经验的书。为此，我们希望能够把深圳的经验系统地总结出来，并分享给大家。第三，南科大创新创业学院组建了一个商业领袖学习的组织，给商业领袖和年轻的企业家进行培训，我参与了一些培训教育工作，也希望能够为南科大写这么一本书，为南科大做一点贡献。

陈小雨：这么多年来，写深圳的书不少，《创新高地》这本书有什么特点呢？这本书本质上的着眼点有哪些呢？

宋志平：这本书主要写了深圳创新创业的生态，其中既写了企业、政府，还写了学校、研究单位，以及企业家和企业家精神，等等。研究深圳到底是什么样的创新生态，这是非常重要的。

书中第一章写了为什么说深圳是创新高地，“高”在哪里；第二章至第八章讲的是深圳的企业创新创业的案例；最后一章讲结论，总结出深圳创新创业的十大启示。这本书的核心还是讲企业和企业家，并采用了大量的案例，实际上是一本案例书。

写这本书，我们先后走访了上百家企业以及政府相关部门，用了三年的时间完成，我们希望能够更加全面、系统地就深圳创新方面做一些介绍。其实，这不是一本理论书，而是一本对实践进行总结和归纳的书，是从大量的企业和企业家的案例中总结归纳出来的。相信这本书对政府官员、企业家与年轻的创业者、喜欢研究企业的专家学者，都具有一定的借鉴意义。

陈小雨：这本书的副标题是深圳创新启示录，据我了解，几乎每天都会有几十个外地政府和企业的学习团来深圳，更有不少城市的干部来深圳挂职学习，您概括的启示录的内容有哪些呢？会对大家有哪些启示呢？

宋志平：我们概括出深圳创新创业的十大启示。启示一，文化是灵魂，要创新首先要有创新的文化。诺贝尔奖获得者埃德蒙·费尔普斯在《大繁

◎ 国显科技拥有行业先进的生产线设备

荣》中提到，关于创新有两件事情很重要，一个是创新文化，另一个是草根创新，二者都是创新的底层逻辑。从深圳来看，它的创新文化究竟来源于什么地方？《创新高地》分析了两点来源：一是改革开放的文化，二是深圳的移民文化。深圳是一个移民城市，四面八方的人怀着改变生活、改变命运的想法汇聚到了深圳，这是非常重要的。深圳有人人都创新、家家都创业的氛围，在深圳的人可能不觉得有什么特别的，从其他地方来深圳的人会对这一点有深刻的感受，这是深圳最底层的逻辑，也就是创新的文化。

启示二，有效市场和有为政府相结合。有时候我们觉得创新是一个市场行为，但其实全世界的创新都依赖有为政府，在我国，政府的作为对于创新的作用也是非常重要的。有效市场和有为政府的结合，就是具有中国特色的创新，深圳在这方面体现得特别明显。

启示三，尊重企业家，弘扬企业家精神。市场活力来自于人，特别是来自于企业家，来自于企业家精神。深圳的一位领导曾说，其实我们的荔枝不如东莞的好，海鲜不如香港的好，深圳的土特产就是企业家和企业家精神。这句话说得很直白，但一语中的。深圳最重要的就是企业家和企业家精神，深圳是企业家成长的沃土。这么多年来，在这片沃土上成长出了一大批企业家，有顶天立地的大企业家，也有大量优秀的中小企业家，企业家是深圳最宝贵的财富。我们在研究深圳的创新时，也感觉到深圳创新的一个核心就是企业家精神，企业家和企业家精神是深圳创新的原动力。

什么是企业家精神？我着重讲讲企业家精神的三方面。一是创新。创新是企业家的灵魂，但是企业家也是创新的灵魂。二是坚守。做企业不是百米冲刺，不会马到成功，做企业是一场马拉松，可能十年磨一剑，可能磨了十年也不见得出一剑。我以前也跟大家说过，做企业没有十年二十年做不好，要想做到极致可能需要三四十年。大家会问：宋总，这是怎么算出来的？我说我不是算出来的，而是做出来的。我做过的企业都经过了三四十年的时间。三是责任。市场营销无国界，但是企业家有祖国，作为企业家要有强烈的家国情怀和社会责任感。

另外，关于“企业家社会”，德鲁克先生说过，大家都希望获得高福利，但高福利是养懒人的社会，它不可持续。他认为一个健康的社会是企业家社会，人人都创造财富，财富多了自然就有福利。企业家精神不只是关系到企业兴衰的问题，也关系到经济社会的健康发展。所以企业家精神很重要，应该建设企业家社会，而深圳就是这样的企业家社会。

启示四，民企创新活力强，要精心呵护。深圳在这些年的创新过程中，国有企业和民营企业都发挥了重要的作用，特别是民营企业从无到有、从小到大、从弱到强，它在整个深圳发展当中发挥了重要作用。像华为、腾讯、比亚迪等这些领头的公司，它们不只是深圳的领头公司，还是全国相关行业的领头公司，甚至是世界一流的公司。从这一点可以看出，深圳在保护和呵护企业成长方面做了不少工作。

启示五，用好资本杠杆，撬动创新创业。创新离不开资本。当年熊彼特在《经济发展理论》一书中，就讲到“创新是新组合，企业是创新的主体，企业家是创新的灵魂，资本是企业家创新的杠杆”。如果没有资本，企业家是没法创新的。从这一点上我们可以看到，在深圳的创新中资本发挥了重要的作用。深圳目前境内外上市公司数量达560家左右，我去过南山区的粤海街道，这一个街道就有100多家上市公司。这么多年来，资本对于深圳创新的作用是非常大的，我们一定要重视资本。

启示六，引才重要，用才更重要。我们都知道人才很重要，但有的地方引进人才是那种叶公好龙式的，比如引进了多少知名专家、多少院士等，但是否都用好了，是否给他们创造了很好的环境，他们的能力和价值是否都得到了很好的发挥，这都值得我们深思。而深圳不光是给人才创造了很好的环境，关键是给人才搭建了发挥作用的舞台。

启示七，完备产业链条，带动创新繁荣。创新需要有一个链条。硅谷的IT产业链是很齐全的，很多企业聚集在这里。其实深圳的产业链也非常齐全，现在还有针对5G、智能网联车、人工智能等重点产业链的“链长制”，也就是由市领导担任“链长”，推动产业链上下游、产供销、大中小企业协同发展，补链、强链、延链，打造具有国际性竞争力的产业链。为此，我们看到，这些创新企业、高科技企业并不是孤立的，不是几家企业就能够做起来的，一定要有产业链的配合。

启示八，办好教育，要重视“结构”。教育很重要，因为它是创新的基础。美国的范内瓦·布什曾写过一本书《科学：无尽的前沿》，主要讲的是美国要想在技术上发展，必须把教育和基础研究做好。深圳要想成为世界级的创新高地，要想成为中国的硅谷，同样也得重视教育和基础的科研。深圳这些年在教育上也是下了很大工夫的，一个地方的经济发展、企业的发展，与此地有没有好的商学院也是有关联的。

启示九，拓宽视野，在全球组织创新资源。创新要自立自强、自主创新，但是创新也要开放，要用好全世界的创新资源。我们不光要加大自主创新，还要加大集成创新，把各种资源引进来。像华为在全世界有很多研发中心，全世界的优秀人才都能为华为所用。为此，我们看到深圳不光要重视改革，还要重视开放。

启示十，建立共享机制，实现多方共赢。什么是机制？机制就是指企业的效益和员工的利益之间的关系，有关系就有机制，没关系就没有机制。企业里的员工、干部、技术人员，他们不光是劳动者，也是重要的人力资本。今天我们做企业分配的时候，不能只看到金融资本的作用，还要看到人力资本的作用。管理的真谛实际上就是要充分调动人的积极性，而调动人的积极性的前提就是要把机制制定好。

深圳的创新经验是可以学习的

陈小雨： 相信您之前已经来过深圳很多次了，通过这次写作，您是不是对深圳这座城市又有了一些不同的认识和感受？

宋志平： 过去我曾担任过央企董事长，在那段时期，来深圳时与政府交流比较多。后来，我担任中国上市公司协会的会长，以及在南科大担任教授，这几年也多次来到深圳，与这座城市的企业和企业家，特别是一些中小企业以及创新企业有了更深入的接触。例如，我曾前往一个创业之家，家中三兄弟均投身于创业。其中，长兄最初从潮汕地区来到深圳，从事过荔枝销售和养猪等业务。后来，他的创业企业逐步发展成为一家颇具规模的企业。大弟和二弟在长兄的鼓励下也走上了创业之路。长兄告诉他们，即便创业失败，家中仍有他们的一席之地。结果，大弟和二弟的创业均取得了成功。三个儿子并未完全继承父亲的产业，而是选择了另辟蹊径，进行创业。这让我深刻地感受到了深圳人民普遍的创新精神和创业热情，引发了我对不同地区创新文化和创业精神的深思。

深圳有一个叫“牡丹会”的组织，其成员都是女企业家。在一次访问中，我被邀请与这些女企业家进行对话，在听了她们的故事后，我也是深受感动。她们在初到深圳时，大多身无分文，完全是凭借自身的努力在深圳这片热土上打拼出一片自己的天地。有一个女企业家分享自己的经历：她曾经在乘火车时下错站，接她的人也没有及时到，当时，她的身上只有几毛钱。她们正是从这样艰难的起点，一步步发展起来的。这些故事都让我深受触动。我想起自己在大学毕业之后，为了学习英文，我读过一本书叫《企业英雄》，书中讲了美国西部很多企业家的故事。当年，美国开发西部吸引了许多牛仔，但故事的关键不在于这些牛仔，而是跟他们一同前往西部的英雄女性，她们不仅勇敢，还具备创新精神和拼搏意识。这些英雄的女性和牛仔二代又将父母的创业基因保留下来，成为美国所谓的“企业英雄”。这本书探讨的正是美国企业英雄的起源及其文化背景。在与牡丹会的女企业家交流时，我深刻地感受到，那些早期来到深圳的女性，她们不仅自身获得了成功，还培养了许多优秀的年轻一代——

她们的创业精神和拼搏精神已经对下一代产生了深远的影响。正如我们之前讨论的移民文化，来到深圳的移民并非简单的迁移，他们怀揣着理想，带着拼搏精神，而这种精神正在深圳的实践中代代相传。

◎ 在深圳参加上市公司女企业家“她享会”

我过去对深圳的认识还不够深入，现在更深刻地理解了深圳的底层逻辑，从不同的角度审视这座城市，看到了深圳民间的创新精神。这些“企业英雄”并非出身显赫或拥有超凡能力，他们只是拥有创新意识的普通人。在与粤海街道一些上市公司的企业家的交流中，我了解到深圳不少居民原本来自相对贫困的农村地区。他们之所以选择来到深圳，是出于改变命运的强烈愿望。正是这种愿望驱使他们不断努力，最终取得了成功。我也从中深刻认识到企业家精神的重要性。熊彼特在他的书中提到企业家精神时讲到，企业家是那种对成功充满渴望的人。我认为，来到深圳的每一个人都怀揣着对成功的渴望和热情。在撰写这本书的后记时，我用了一句话，“在深入调研这些企业创新创业的故事时，我的思想感情的潮水，在放纵奔流着”，后半句引自魏巍的《谁是最可爱的人》，也表达了我在深圳所受到的感染和启发。

陈小雨：您在深圳调研过程中发现企业家精神在深圳的独特作用是什么呢？它对于深圳的创新发展又意味着什么呢？

宋志平：企业家精神这一概念最早是由经济学家约瑟夫·熊彼特在1912年提出的，熊彼特在其著作《经济发展理论》中对这一概念进行了阐述。彼得·德鲁克在1985年的著作《创新与企业家精神》中对此进行了更为详尽的论述。我认为，这两部著作均极具价值，其观点至今仍对我们具有重要的指导意义。在深入研究深圳的创新现象时，我们发现其核心驱动力正是企业家精神。企业家及企业家精神不仅是深圳创新的原动力，更是推动深圳持续发展的关键因素。企业家精神的内涵包括对成功的渴望、勇于冒险、不断追求创新和变革等特质，这些特质在深圳的商业环境中得到了充分的体现和发挥。在调研的过程中，我深刻感受到深圳是企业家精神的沃土，深圳是一个典型的企业家社会，其成功的发展模式为我们提供了宝贵的经验和启示。

陈小雨：深圳的文化是有独特性的，通过对深圳的调研以及对这本书的精心打磨，在您看来，深圳的文化特性、创新的风格是不是可以在其他地方进行复制呢？

宋志平：深圳具有其独特之处，这一点在本书中得到了体现。我们认为，创新是可以学习的，尽管深圳具有特殊性，但这并不意味着其经验无法推广。我们的目标是将这些特殊、抽象的内容，形成一般性的规律，使之成为可供广泛学习和借鉴的知识。创新并非遥不可及的神秘现象，它完全可以通过学习和实践来掌握。这本书的核心理念就是揭示这一点，通过深入分析，把“窗户纸”捅破，将那些看似神秘莫测的创新过程，简化为易于理解和应用的一般性原则。我们不希望读者仅将深圳视为一个特殊的案例，而忽视了其经验的普遍价值。相反，我们致力于将深圳的特殊性转化为一般性，使之能够被更广泛的人群所接受和学习。这正是本书的重要意义所在。通过这种方式，我们希望能够激发更多人的创新意识，推动社会的整体进步和繁荣。我们相信，通过学习和应用深圳的经验，创新可以成为一种普遍的能力，而不仅仅是少数人的专利。这是我们撰写本书的初衷和愿景。

陈小雨：北京和深圳这两个城市，它们对于城市创新和企业创新的大思路有没有什么不同?

宋志平：从宏观层面来看，不同地区，比如北京和深圳在对创新的理解上是基本一致的，都是将创新视为推动社会发展的第一动力。因此，从总体方向和战略思路上，不同城市之间并没有显著差异。如果从细微的地方来看，相对而言，深圳更加注重底层的创新，尤其是中小企业的创新和成长。回顾华为、腾讯以及比亚迪等知名企业的历史，他们开始其实也是小企业，是在这片土壤中快速成长起来的，这一点可能与其他城市有所区别。相较之下，北京大中型企业比较多，政府也比较重视这些企业。现在，北京也在重视专精特新中小企业的发展。对于深圳而言，应当将这种基层创新作为其独特的优势，并不断加以强化和推广，进一步培养和激发民间的创新活力。这正是深圳创新文化的一个显著特点。

陈小雨：青年创业者在初创期对于创新的试错成本应该如何把控呢？对青年创业者在深圳创业，您有什么好的建议?

宋志平：对于新近抵达深圳的人们，深圳市也非常欢迎，市里的口号是“来了就是深圳人”。同时，我也在深思一个问题：对于“00后”这一代年轻人来说，他们选择深圳的原因是什么？这与我们当时选择深圳显然是不一样的。我们注意到，深圳的发展环境和条件已经发生了显著的变化，这为我们研究下一个深圳的浪潮提供了新的视角和思考空间。在创新试错方面，我个人觉得应该理性对待，像华为和中兴的早期发展阶段十分注重低成本试错，并且非常鼓励试错，但同时也会仔细评估试错的成本和潜在风险。他们会预测试错可能带来的影响和结果，然后在此基础上大胆地尝试。

10 上市公司是中国的优等生
——凤凰网财经专访

采访者： 凤凰网财经记者
时　间： 2024 年 9 月 27 日
地　点： 珠海

记者： 刚刚在凤凰湾区财经论坛上听了您的演讲，关于中国企业出海，您说了两组数据，我印象非常深刻，您讲到1/6的上市公司海外业务规模已经超过50%，未来还会持续增长吗？

宋志平： 我觉得这些数字目前都在快速地增长，因为中国的上市公司在很多方面都走在前列，这几年“走出去”的速度也比较快，在这方面会捷足先登。

记者： 所以这也是您对于中国企业现在重视双循环积极“走出去”的一个观点吗？

宋志平： 对，其实我们中国的企业确实有得天独厚的条件，我们“走出去”的速度加快了，很多上市公司的“走出去”战略已经取得了很大的成功。

记者： 您刚刚还提到了一个数据，我们上市公司的总收入约占GDP的60%。

宋志平： 中国上市公司是中国企业的优等生，虽然我们中国有5300多万家公司制的企业，上市公司占全部公司制企业的比例只有万分之一，但是上市公司的收入加起来占GDP的比例却接近60%，这也说明上市公司是我们国家经济的中流砥柱。

记者：所以上市公司的高质量发展正当其时。2024年新“国九条”和党的二十届三中全会都提出了要加快上市公司的高质量发展。

宋志平：关于上市公司的高质量发展其实有三件非常重要的事情。第一，要有规范的治理。第二，要有稳定的回报，也就是说要有良好的效益，还要多回报公司的投资者，要回报股东。去年上市公司分红共2.2万亿元。第三，要有长期稳定的成长性，这一点非常重要。

记者：所以这三点是我们上市公司需要去加强的。关于公司治理方面，我们上市公司具体应该怎样去做?

宋志平：公司治理的核心就是保障公司的独立性，因为上市公司有独立的法人财产权。公司的股东，尤其是大股东，要特别重视“三分开、两独立”，即控股股东、实控人与上市公司之间应当实行人员、资产、财务分开，机构、业务独立，各自独立核算、独立承担责任和风险。另外，要合规经营，不披露虚假信息，不搞内幕交易，不操纵股票价格，不侵害上市公司利益。这些都是上市公司治理的核心内容，尤其是信息披露，因为大家买股票也好，分析公司也好，都是建立在披露的信息上，假定一家上市公司披露的信息是虚假的，那就颠覆了整个上市公司的基础。为什么我们要把上市公司的治理放在第一位?原因就是公司治理是基础。

记者：您刚刚也提到了要提高对股东的回报，我们应该通过哪些途径提升上市公司的价值?

宋志平：讲到价值，上市公司一方面要有良好的利润，另一方面还得有良好的价值表现，就是市值，对上市公司而言，市值就是价值。在这些方面我们都要综合考虑。对一家上市公司而言，第一，要突出主营主业，把主营主业做好，这么多年，我们看到不少上市公司出问题就是出在了偏离主营主业上，进行了盲目的扩张。第二，要增强创新能力，打造出特有的优势。第三，要强化经营管理水平，进行降本增效。第四，要做好与股东的沟通。第五，要动态调整公司的结构，因为早期上市的不少公司都比较传统，我们现在也希望上市公司能够利用重组整合优势资源，把一些创新的资源、高成长性的资源通过重组组织到上市公司里来。第六，要注意防范风险。

记者：上市公司的市值表现，其实也是衡量上市公司价值非常重要的一个方面，您觉得一个高市值的上市公司应该具备怎样的特征？

宋志平：从我们最近的分析来看，现在这5300多家上市公司里，1000亿元市值的公司有115家，我们研究了这115家到底为什么能有高市值，通过研究发现这些公司有三个共同的特点。第一，高市值公司往往是行业的龙头或者是细分领域的头部企业，也就是说，上市公司做得好的，大部分都是业务归核化，很聚焦主营业务，或者进行了产品细分，专注做细分领域的产品。比如福耀玻璃，就是长期专注于做汽车玻璃，其实玻璃这个产业很宽泛，建筑玻璃的规模很大，但福耀玻璃只做汽车玻璃。第二，盈利性和成长性都很好，像格力、美的、海尔这三家家用电器公司，长期以来的利润很好，回报也很好。第三，治理都比较规范，尤其是大股东的行为比较规范，不侵害公司的利益。通过研究这些高市值公司的股价发现，这些企业之所以能够发展得很好，就是因为综合起来它们各方面做得都很好。

记者：我们应当关注头部企业，并借鉴它们的发展路径。例如福耀玻璃，专注于汽车玻璃配件领域，却能发展到如此大的规模。如今中国新能源汽车产业蓬勃发展，这是否意味着每一个配件领域都有可能孕育出头部企业呢？

宋志平：对，现在我们不少行业都在内卷，克服内卷有一个办法，就是做好差异化，做好细分领域。比如刚才讲到福耀玻璃做汽车玻璃，去年在全球的市场占有率达到33%，在中国市场的占有率达到60%左右。还有一家企业叫蓝思科技，过去就做手机上照相机的镜片玻璃，相当细分。佛山的海天味业，做酱油也做到100多种，如果就做一种大众化的酱油，那么价格提不起来，但细分到100多种酱油就有了附加值，所以做细分领域的头部企业也非常重要。尤其在行业产能过剩的情况下，企业进行市场竞争，应该更重视这种差异化、做细分领域的头部冠军。

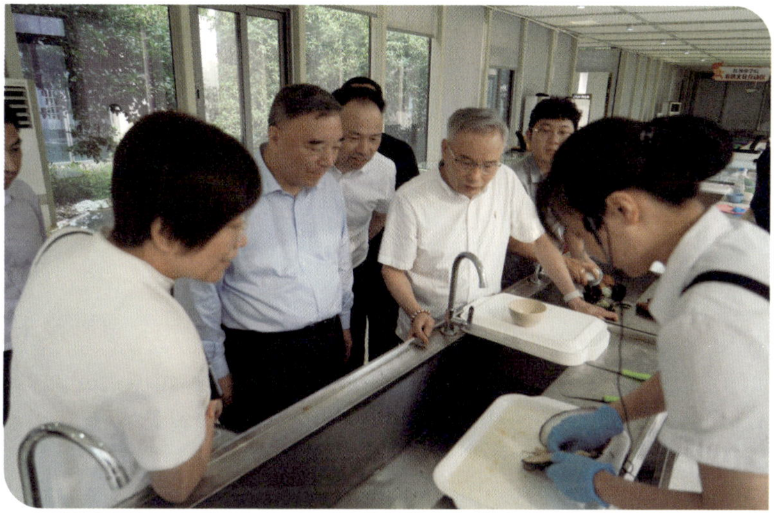

◎ 欧诗漫专于珍珠，秉承匠心精神

记者： 科创板也有很多企业，科创板推出到现在已经5年了，您觉得效果如何？

宋志平： 我们要积极正面地看待科创板的成绩。过去这5年科创板上市了537家企业，募集的资金有1万亿元，同时科创板市值也有5万亿元，这是过去取得的成绩。资本市场支持创新，我们要构造这种“资本+创新”的模式。1912年熊彼特先生写的《经济发展理论》就专门讲到，资本是企业家用于创新的杠杆，有了资本，企业家才能创新，假定没有资本，企业家也是巧妇难为无米之炊。资本往往是企业家创新的前提，资本市场的发展也支持了创新。当然，创新同时又能够反哺资本市场，推动资本市场快速成长 。

记者： 对，互相成就。我国的资本市场是如何促进企业高质量发展的？

宋志平： 资本市场要拥抱新质生产力，除了刚才讲的科创板，其实在主板真正支持创新的资本大概占募资的80%。这些年，我们国家创新发展比较快，和资本市场的重点支持是有关系的，多层次的资本市场都在支持创新，包括一级市场、私募基金、各种基金，都支持创新，培养了大量的瞪羚企业、独角兽企业，到一定规模再让这些企业上市，基金退出，形成良性的循环。其实资本市场发展的内核就是技术、创新，如果离开技术、离开创新，资本市场就是空洞的。

记者： 像您刚刚说的，资本市场上的募资80%都集中在创新企业上，那传统企业应该怎么做呢？

宋志平： 其实传统企业也有创新，我们讲新质生产力，既涉及未来产业，也涉及战略性新兴产业，其实还有传统产业的更新改造。比如汽车，其实是很传统的产业，新能源汽车代表了新质生产力。其实光伏产业也有几十年了，也不是一个新的产业，但是我们推出的一些技术，包括钙钛矿，就是新质生产力。不少企业实际上是传统的，二三十年以前上市，但是通过加大创新力度实现了转型升级，同时利用上市公司在资本市场上并购重组的优势，也可以吸纳一些高科技企业，这样也能够加大传统上市公司的创新力度。

记者： 我们看到今年上半年也有不少上市企业有回购股票的行为，您怎么看待上市企业回购股票，这对于他们而言，或者对于这个市场而言有什么积极的意义？

宋志平： 这是一个非常好的问题。过去我们进入资本市场，早期是大家募资、增发股票，增发股票就要不停地融资。也有不少公司经营得非常好，利润也特别好，这时候回报股东的一个方式就是回购股票，回购后注销掉，或者将回购的股票用于股权激励。今年承诺回购股票的企业大概有2300家，已经回购的金额有1700多亿元。回购股票以后注销可以减少股数，提高每股的净资产和每股的收益，这也是当前的一个趋势。

记者：哈尔滨的上市公司从数量规模上来说不算多，对哈尔滨当地的企业您有哪些建议？

宋志平：哈尔滨上市公司的数量相对来说不多，但是这几年当地的经济还是在稳步发展。一个地方的经济发展，有两点很关键，一是抓创新，创新文化很重要。二是抓资本，因为没有资本不行。我到一些城市，有人会说，我们这样的城市缺资金、缺技术，我回应，其实主要是缺创新文化、缺资本。如何能够提高创新能力，如何能够提高资本运营能力，是我们应该思考的，因为二者是影响经济发展的重要因素。